高等职业教育学前教育专业系列教材

儿童心理健康教育教程

主 编 曾文雄

副主编 张湘娥

中国水利水电出版社
www.waterpub.com.cn
·北京·

内 容 提 要

心理健康和精神卫生是健康的重要组成部分，儿童的健康成长牵动着每一个家庭的心，加强心理健康工作是儿童健康成长的必然要求。《儿童心理健康教育教程》是为儿童教育专业量身打造的一本教材，主要包括儿童心理健康教育基本理论、自我意识、情绪问题、意志品质、学习心理、人际关系、常见行为、障碍性心理八个方面的内容。每一章的内容结构分为主体理论、专题案例、拓展知识、课后心理游戏和课后知识巩固，把儿童心理健康教育的基础理论与应用研究成果结合起来呈现，在介绍儿童心理健康教育理论的同时，也联系有关的教育实际应用，可以为教师提供通俗易懂的儿童心理健康教育与辅导理论、方法和经典案例分析，有助于学生提高儿童心理健康教育的能力。

本书可以作为高等院校教师教育、学前教育等相关专业的儿童心理健康教育课程的教材，也可以作为小学和幼儿园教师、心理健康教育教师、家长和儿童教育工作者的参考书。

图书在版编目（CIP）数据

儿童心理健康教育教程 / 曾文雄主编. -- 北京：中国水利水电出版社，2024.8. --（高等职业教育学前教育专业系列教材）. -- ISBN 978-7-5226-2740-3

Ⅰ. G444

中国国家版本馆 CIP 数据核字第 2024K2W031 号

策划编辑：陈红华　　责任编辑：张玉玲　　加工编辑：刘 瑜　　封面设计：苏 敏

书　名	高等职业教育学前教育专业系列教材 儿童心理健康教育教程 ERTONG XINLI JIANKANG JIAOYU JIAOCHENG
作　者	主　编　曾文雄 副主编　张湘娥
出版发行	中国水利水电出版社 （北京市海淀区玉渊潭南路 1 号 D 座　100038） 网址：www.waterpub.com.cn E-mail：mchannel@263.net（答疑） 　　　　sales@mwr.gov.cn 电话：（010）68545888（营销中心）、82562819（组稿）
经　售	北京科水图书销售有限公司 电话：（010）68545874、63202643 全国各地新华书店和相关出版物销售网点
排　版	北京万水电子信息有限公司
印　刷	三河市德贤弘印务有限公司
规　格	184mm×260mm　16 开本　13 印张　283 千字
版　次	2024 年 8 月第 1 版　2024 年 8 月第 1 次印刷
印　数	0001—2000 册
定　价	42.00 元

凡购买我社图书，如有缺页、倒页、脱页的，本社营销中心负责调换

版权所有·侵权必究

前　言

2022年10月，习近平总书记在党的二十大报告中提出："人民健康是民族昌盛和国家强盛的重要标志。把保障人民健康放在优先发展的战略位置，完善人民健康促进政策。""重视心理健康和精神卫生。"重视心理健康和精神卫生，就是运用心理学及医学的理论和方法，预防或减少各类心理行为问题，促进心理健康，提高生活质量，形成自尊自信、理性平和、积极向上的心态。儿童心理健康教育是素质教育的重要组成部分，对儿童价值观、社会观的形成有重要影响。它旨在培养儿童积极向上的心态，增强他们的心理素质，以应对学习和生活中的各种挑战。通过有效的心理健康教育，儿童可以学会如何处理情绪，应对压力，建立良好的人际关系，从而更好地适应学校和社会生活。

本书特色是既注重系统理论的学习，也重视心理健康教育能力的培养，全书围绕儿童心理健康教育相关的问题，吸取了最新的儿童心理健康教育理论知识和辅导方法，构建了系统的儿童心理健康教育知识和方法体系；既注重针对性、指导性，也重视儿童心理健康生成性、发展性，围绕儿童发展过程中容易出现的心理健康问题或行为异常，从理论和方法上给予解决思路，利用经典的案例分析给予教师具体的指导，有助于教师学会儿童常见心理问题的矫治与辅导方法。同时，编写了相关拓展知识和心理游戏活动，指导教师平时从儿童心理健康积极发展的角度开展心理健康教育，利用富含积极心理品质培养的游戏活动，促进儿童积极心理品质和健康心理的培养和养成。通过教师合理、科学的心理辅导和行为训练，调适困扰儿童发展的常见的心理问题，帮助儿童形成健康的心理状态，培养他们的社会适应能力，为他们的未来发展打下坚实的基础。

本书由曾文雄任主编，张湘娥任副主编，吴碧红、黄莉莉参与编写。具体编写分工如下：曾文雄负责第一章、第三章、第五章、第七章；张湘娥负责第二章、第四章；吴碧红负责第六章；黄莉莉负责第八章。

本书编写过程中参考和引用了大量国内外儿童健康教育相关文献与资料，我们在此对作者表示诚挚的感谢！

由于编写时间过于仓促、编者能力有限，本书不妥之处恳请各位专家、教师和读者批评指正。

编　者
2024年1月

目　录

前言

第一章　儿童心理健康教育的基本理论 ……… 1
第一节　健康与亚健康 ……………………… 1
一、健康概念 …………………………… 1
二、健康标准 …………………………… 2
三、亚健康概念 ………………………… 2
四、心理亚健康 ………………………… 3
第二节　心理健康 …………………………… 6
一、心理健康的概念 …………………… 6
二、心理健康的划分 …………………… 6
三、心理健康标准 ……………………… 8
四、儿童心理健康影响因素 …………… 10
课后心理游戏 ……………………………… 14
一、传递喜怒哀乐 ……………………… 14
二、同心圆 ……………………………… 14
课后知识巩固 ……………………………… 15

第二章　儿童自我意识问题的健康教育 ……… 16
第一节　自我意识理论 ……………………… 16
一、自我意识的定义与特点 …………… 16
二、自我意识的分类 …………………… 18
三、自我意识的发展 …………………… 22
第二节　常见儿童自我意识问题的
　　　　　健康教育 ……………………… 31
一、儿童自我概念塑造 ………………… 31
二、儿童的自信塑造 …………………… 35
三、儿童自卑心理的辅导 ……………… 37
四、儿童自负心理的辅导 ……………… 40
五、儿童自我控制能力的辅导 ………… 43
课后心理游戏 ……………………………… 47
一、谁是密友 …………………………… 47
二、人格特质回响 ……………………… 48
课后知识巩固 ……………………………… 48

第三章　儿童情绪问题的健康教育 …………… 49
第一节　儿童情绪发展 ……………………… 49
一、情绪的概念 ………………………… 49
二、儿童情绪发展的特点 ……………… 51
第二节　常见儿童情绪问题的健康教育 …… 55
一、儿童常见的情绪问题的辅导 ……… 56
二、儿童情绪管理能力的培养 ………… 62
三、儿童消极情绪的调节 ……………… 64
课后心理游戏 ……………………………… 67
一、波涛汹涌 …………………………… 67
二、我笑你哭 …………………………… 67
课后知识巩固 ……………………………… 68

第四章　儿童意志品质问题的健康教育 ……… 69
第一节　儿童意志品质发展 ………………… 69
一、意志概念 …………………………… 69
二、儿童意志发展的特点 ……………… 70
三、意志的作用 ………………………… 70
第二节　常见儿童意志问题的辅导 ………… 73
一、过分依赖 …………………………… 73
二、执拗 ………………………………… 75
三、怯懦 ………………………………… 78
课后心理游戏 ……………………………… 80
一、同舟共济 …………………………… 80
二、站得稳 ……………………………… 81
课后知识巩固 ……………………………… 81

第五章　儿童学习心理问题的健康教育 ……… 82
第一节　儿童学习心理发展 ………………… 82
一、学习的概念 ………………………… 82
二、学习心理的概念 …………………… 83
三、学习兴趣 …………………………… 85
第二节　常见儿童学习心理问题的
　　　　　健康教育 ……………………… 87
一、学习焦虑 …………………………… 88
二、厌学心理 …………………………… 90
课后心理游戏 ……………………………… 99

一、备受攻击 …………………… 99
　　二、对对碰 ……………………… 99
　课后知识巩固 …………………… 100
第六章　儿童人际关系问题的健康教育 …… 101
　第一节　儿童人际关系 …………… 101
　　一、人际关系的概念 …………… 101
　　二、儿童人际关系的特点 ……… 103
　第二节　常见儿童人际关系的问题与辅导 …… 113
　　一、儿童在同伴交往中的主要问题
　　　　与辅导 ……………………… 113
　　二、儿童在师生交往中的主要问题
　　　　与辅导 ……………………… 118
　　三、儿童在亲子交往中的主要问题
　　　　与辅导 ……………………… 120
　课后心理游戏 …………………… 122
　　一、下闸 ………………………… 122
　　二、斗气比赛 …………………… 122
　课后知识巩固 …………………… 122
第七章　儿童常见行为问题的健康教育 …… 123
　第一节　行为与行为理论 ………… 123
　　一、行为的概念 ………………… 123
　　二、行为理论 …………………… 124
　　三、行为塑造 …………………… 127

　第二节　常见儿童行为问题与行为塑造 …… 129
　　一、儿童的常见行为问题 ……… 129
　　二、行为塑造的方法 …………… 147
　课后心理游戏 …………………… 158
　　一、气球大对抗 ………………… 158
　　二、乐乐球 ……………………… 158
　课后知识巩固 …………………… 159
第八章　儿童常见障碍性心理问题与教育 …… 160
　第一节　儿童障碍性行为问题 …… 160
　　一、病理性偷窃 ………………… 160
　　二、注意缺陷与多动障碍 ……… 164
　第二节　学习障碍 ………………… 171
　　一、学习障碍及其特征 ………… 171
　　二、学习障碍的症状及分类 …… 172
　　三、学习障碍的原因和矫治 …… 175
　第三节　特定性发育障碍 ………… 187
　　一、言语障碍 …………………… 187
　　二、运动技能障碍 ……………… 192
　课后心理游戏 …………………… 197
　　一、顶球 ………………………… 197
　　二、火箭登陆月球 ……………… 198
　课后知识巩固 …………………… 198
参考文献 …………………………… 199

第一章　儿童心理健康教育的基本理论

知识目标

1. 了解健康、心理健康的内涵。
2. 了解我国儿童心理健康状况。
3. 掌握心理健康及儿童心理健康标准。
4. 熟悉儿童心理健康的影响因素。

能力目标

1. 能够运用儿童心理健康标准准确分析儿童心理健康问题。
2. 会评估儿童心理健康的表现与水平。
3. 能够对儿童心理健康状况进行鉴别。

第一节　健康与亚健康

2016年8月，习近平总书记在全国卫生与健康大会上强调，没有全民健康，就没有全面小康。2022年10月，习近平总书记在党的二十大报告中提出："推进健康中国建设。人民健康是民族昌盛和国家强盛的重要标志。把保障人民健康放在优先发展的战略位置，完善人民健康促进政策。"《中国居民营养与慢性病状况报告（2020年）》数据显示，中国成年居民超重肥胖率超过50%，我国因慢性病导致的死亡数占总死亡数的88.5%，其中心脑血管病、癌症、慢性呼吸系统疾病死亡比例为80.7%。而世界卫生组织报告显示，60%的慢性病与不健康的生活方式有关。我国居民健康素养仍然不足，吸烟、过量饮酒、缺乏锻炼、不合理膳食等不健康生活方式比较普遍，由此引起的健康问题不容小觑。而由于生活压力加大，心理健康方面的问题也日益凸显，数据显示我国抑郁症的患病率达到2.1%，焦虑障碍的患病率达到4.98%。

一、健康概念

1948年世界卫生组织（World Health Organization，WHO）在成立时，在《世界卫生组织宪章》中指出："健康乃是一种在躯体、心理、社会适应的完好状态，而不仅仅是没有疾病和身体不虚弱。"

1990年世界卫生组织对健康的阐述是："在躯体健康、心理健康、社会适应良好和道德健康四个方面皆健全。健康是指一个人在身体、精神和社会等方面都处于良好的状态。"

  传统的健康观是"无病即健康",现代人的健康观是整体健康,根据世界卫生组织给出的解释:健康不仅指一个人身体有没有出现疾病或虚弱现象,还是指一个人生理上、心理上和社会上的完好状态,这就是现代关于健康的较为完整的科学概念。因此,现代人的健康内容包括躯体健康、心理健康、心灵健康、社会健康、智力健康、道德健康、环境健康等。健康是人的基本权利;健康是人生的第一财富;健康是一种心态。

二、健康标准

世界卫生组织提出了如下十条健康标准。

(1) 精力充沛,能从容不迫地应对日常生活和工作的压力而不感到过分紧张。
(2) 处事乐观,态度积极,乐于承担责任,事无巨细,不挑剔。
(3) 应变能力强,能适应环境的各种变化。
(4) 善于休息,睡眠良好。
(5) 体重正常,身材均匀,站立时身体各部位协调。
(6) 肌肉、皮肤富有弹性,走路轻松有力。
(7) 眼睛明亮,反应敏锐,无炎症。
(8) 牙齿清洁,无空洞,无痛感,齿龈颜色正常。
(9) 头发有光泽,无或较少头屑。
(10) 能够抵抗一般性感冒和传染病。

三、亚健康概念

亚健康即指非病非健康状态,这是一类次等健康状态,是介于健康与疾病之间的状态,故又有"次健康""第三状态""中间状态""游移状态""灰色状态"等称谓。一般指介于健康和疾病之间的一种生理功能低下的状态。通俗地讲,"亚健康状态"是指在医院检查化验不出问题,但自我感觉身体不舒服的情况。"亚健康状态"是一种动态的变化状态,有可能发展成为第二状态,即生病,也可通过治疗恢复到第一状态,即健康。24种常见"亚健康"状态表现如表1-1所示。

表1-1 24种常见"亚健康"状态表现

	"亚健康"状态表现										
1	浑身无力	5	容易疲倦	9	思想涣散	13	坐立不安	17	心烦意乱	21	头脑不清爽
2	头痛	6	耳鸣	10	面部疼痛	14	眼睛疲劳	18	视力下降	22	鼻塞眩晕
3	咽喉异物感	7	手足发凉	11	手掌发粘	15	手足麻木感	19	便秘	23	颈肩僵硬
4	胃闷不适	8	睡眠不良	12	心悸气短	16	容易晕车	20	起时眼前发黑	24	晨起有不快感

处于亚健康状态的人不能达到健康的标准，表现为一定时间的活力下降、功能和适应能力减退的症状。处于亚健康状态的人如果及时进行疏导，会变为健康状态；如果任其发展，则会转成疾病。亚健康高危人群中，糖尿病、高血压、肿瘤又是高危中的高危因素，如果不及时干预，会威胁人的生命，导致早亡的结局。

四、心理亚健康

心理亚健康是指在环境影响下由遗传和先天条件所决定的心理特征（如性格、喜好、情感、智力、承受力等）造成的健康问题，是介于心理健康和心理疾病之间的中间状态。主要表现为不明原因的脑力疲劳、情感障碍、思维紊乱、恐慌、焦虑、自卑以及神经质、冷漠、孤独、轻率，甚至产生自杀念头等。

心理亚健康状态的具体表现如下。

1. 记忆力下降，注意力不集中

在日常生活、工作中，老是忘记很多事情，在进行学习工作时，容易走神，无法集中自己的精力，这些都是心理亚健康的表现。

2. 思维缓慢，反应迟钝

如果发现自己想问题时有些困难，与人交流时，偶尔"短路"，大脑的反应变慢，总会慢上半拍时，那么就说明心理处于亚健康的状态了。

3. 长时间的不良情绪

每一个人都会出现不良情绪，一般来说都能自我调整，但是如果不良情绪持续的时间比较长，无法自我调整，那么就需要注意了，如果不及时进行心理保健，就有可能会恶化，出现抑郁症、焦虑症等心理疾病。

4. 不自信，安全感不够

对自己越来越不自信，总是对未来忧虑，喜欢独处，回避社会。

拓展知识

世界卫生组织提出的健康四大基石

1992年，世界卫生组织在著名的《维多利亚宣言》中首次提出健康四大基石概念，即合理膳食、适量运动、戒烟限酒、心理平衡。

1. 合理膳食的颜色法则

法国有研究表明，根据颜色选择食物能有效改善身体健康状况。平日餐桌上，我们也不妨按颜色搭配，来满足合理膳食的目标。

（1）红色。指红色、橙红或棕红色的食品：如红柿子椒、西红柿、胡萝卜、红心白薯、山楂、红苹果、草莓、红枣、老南瓜、红米、柿子等，有增加食欲、防止皮肤衰老、治疗缺铁性贫血、缓解疲劳、预防感冒等作用。红色食品富含番茄红素、胡萝卜素、铁和部分氨基酸，是优质蛋白质、碳水化合物、膳食纤维、B族维生素和多种无机盐的重要来源，可以弥补粳米、白面中的营养缺失。牛肉、猪肉、羊肉等红肉也是红色食品，主要含蛋白质、脂肪、无机盐等。不过，世界癌症研究基金会建议，每天每人食用红肉应少于80克，因为红肉在烧烤、煎炸时，易产生多种杂环胺致癌物。

（2）黄色。黄色食品以蔬菜居多：如老玉米、南瓜、胡萝卜、黄豆、香蕉、梨、柚子、生姜等。黄色源于胡萝卜素和维生素C，在抗氧化、提高免疫力、维护皮肤健康等方面有协同作用。黄色食品可提供碳水化合物、膳食纤维和B族维生素等，刺激胃肠蠕动，加速粪便成形和排泄。

（3）绿色。绿色食品包括各类绿叶菜及西蓝花、芦笋等。它们含丰富的抗氧化剂，热量低，富含膳食纤维与各类维生素，有助减脂、排毒、增强免疫力。绿色食品还有绿茶，可增强记忆力，降低胆固醇和血糖，控制体重。

（4）白色。白色食品包括海鲜、禽、蛋，蔬菜类中的百合、茭白、藕、白萝卜、竹笋、大蒜，菌类中的猴头菇、鸡菌、姬菇、鲜蘑、平菇、银耳、竹荪等，果品中的荔枝、莲子、梨、杏仁等。其中，白菜、白萝卜功效最好。白萝卜含芥子油、淀粉酶和粗纤维，具有促进消化、增强食欲、加快胃肠蠕动、止咳化痰的作用。

（5）黑色。黑色食品如黑米、黑豆、黑芝麻、黑木耳等，通常含有大量膳食纤维和抗氧化剂，能降低患糖尿病和心脏病的风险。此外，黑芝麻富含不饱和脂肪酸，黑豆富含优质蛋白、核黄素、黑色素，黑米富含维生素B1以及铁、钙、锰、锌等微量元素，都是健康食品。

2. 适量运动的数字法则

常锻炼能让身体保持良好状态，远离亚健康和慢性病。有医学教授向大家推荐一套适量运动的数字法则。

（1）建议一般人群每周进行3~5次中等强度的运动，每次约30分钟。特别是体脂较高的人，一般要坚持40分钟以上的有氧运动，才能有效燃烧脂肪。

（2）有氧运动的最大心率有个计算公式：（220-年龄）×60%至（220-年龄）×80%。例如一位40岁的成年人，应该是（220-40）×60%=108，（220-40）×80%=144，因此40岁的成年人，运动的时候心率保持在108~144次/分钟即可。有氧运动包括快走、慢跑、游泳、跳舞、太极拳、瑜伽、划船、打乒乓球、门球等，具体的运动可以根据个人的喜好而定。

（3）上班族不妨用碎片化时间，每天做5~7分钟的工间运动，如深蹲、弓步等，每次做1~2组，每组20~30次。

（4）另外要注意：第一，年龄偏大、身体较弱的人，运动中要适度休息，留意自己的呼吸频率（喘气程度）、脸色、出汗量以及心脏、胃部的反应。若感到胸闷、心慌、心悸、腹痛，应立即停止运动。最佳运动量应该是运动后微微出汗，略感疲劳，食欲增加，第二天精力充沛。忌运动时间长，又不补充能量，避免引起暂时的低血糖。第二，锻炼方式要有氧和无氧相结合。老年人也要适当锻炼肌肉力量，能帮助稳定血糖，增加关节稳定性。举杠铃、俯卧撑都是较低强度的力量训练，老年人可以量力而行。还可以练习跳舞，锻炼平衡协调能力；打乒乓球、羽毛球，练反应速度，让大脑保持灵活。第三，老年人不适宜爬山、爬楼梯、打篮球，以免发生运动创伤以及损伤膝关节。

3. 戒烟限酒的时间法则

吸烟，任何时候开始都有害。有研究发现，开始吸烟的年龄越小，将来对健康的危害就越严重。但这并不是说，年纪大了就可以学着吸烟。不管什么年纪开始吸烟，都会让身体受伤。吸烟与肿瘤的发生密切相关，吸烟者肿瘤的发病率比不吸烟者高7~11倍，其中肺癌与吸烟的关系更密切，吸烟者患肺癌风险是非吸烟者的25倍，约80%的肺癌是由吸烟引起的。

酒可以少喝点，但晚上9点后就不能喝了，服药期间更不要饮酒。世界卫生组织建议，男性每日摄入的纯酒精量不超过20克，中国的安全饮用标准是不超过15克，女性应更少些。每日酒精摄入量=饮酒量×酒精浓度×0.8，大约等于500毫升啤酒，2两低度白酒，5两葡萄酒。人体各种酶一般在下午活性较高，因此晚餐时适量饮酒对身体损伤较小。

4. 心理平衡的乐活法则

在世界卫生组织提出的健康标准中，心理健康是重要组成部分。生活中保持心理健康途径很多，其中，做到三大"乐活法则"是个可行有效的途径。

（1）助人为乐。美国密歇根大学的研究发现，真心实意地帮助他人可增寿4年。另一组对照研究表明，做义工10周后，身体的炎症症状、胆固醇水平和体重指数都有所下降。一方面，做了善事能得到别人的尊重、赞许，心里会产生愉悦感和自豪感，促进体内有益的化学递质、激素等的增加；另一方面，心理学有句话叫"助人自助"，意思是帮助别人的过程中，可以不断认识自己、提高自己，让自己的心胸更开阔，情绪更平稳。所以，不妨日行一善，利人利己。

（2）知足常乐。没有十全十美的人生，如果总是纠结"得"与"失"，就会徒增很多不必要的烦恼。对待那些缺憾，要怀着"塞翁失马，焉知非福"的心态，乐观豁达一点，才是利于心理健康的好性格。

（3）自得其乐。许多人恐惧孤独，总希望通过与他人的共处获得安全感。如果我们学会与自己相处，不把自己的快乐依附于别人，而善于独自捕捉生活中令人快乐的因素，培养兴趣爱好，就能克服孤独带来的恐惧感，更容易获得满足感，并感受到人生中的快乐。

第二节 心 理 健 康

在现代社会，随着人们生活、工作节奏的加快和压力的增大，心理健康问题日益突出。儿童时期是心理问题、情绪问题及行为问题发生的高危时期，大约 3/4 的心理障碍都出现在这一时期。根据《中国国民心理健康发展报告（2019—2020）》，全国中小学生存在不同程度抑郁症状的总体比例超过 24%，且随着年级升高而上升。《中国儿童健康成长白皮书》的调查显示：小学阶段学生抑郁检出率约 10%，其中 1.9%～3.3%有重度抑郁风险；初中阶段学生抑郁检出率约 30%，其中 7.6%～8.6%有重度抑郁风险；高中阶段学生抑郁检出率约 40%，其中 10.9%～12.5%有重度抑郁风险。

一、心理健康的概念

心理健康是指心理的各个方面及活动过程处于一种良好或正常的状态。心理健康的理想状态是保持性格完好、智力正常、认知正确、情感适当、意志合理、态度积极、行为恰当、适应良好的状态。个体能够适应发展着的环境，具有完善的个性特征；且其认知、情绪反应、意志行为处于积极状态，并能保持正常的调控能力。在生活实践中，能够正确认识自我，自觉控制自己，正确对待外界影响，从而使心理保持平衡协调。与心理健康相对应的是心理亚健康以及心理病态。

二、心理健康的划分

心理健康从不同的角度有不同的含义，衡量标准也有所不同。

心理健康的划分

（一）心理健康状态

心理健康状态与非健康状态的区分标准一直是心理学界讨论的话题，一般是从本人评价，他人评价和社会功能状况三方面进行分析。

（1）本人不觉得痛苦，即在一个时间段中（如一周、一月、一季或一年）快乐的感觉大于痛苦的感觉。

（2）他人不感觉到异常，即心理活动与周围环境相协调，不出现与周围环境格格不入的现象。

（3）社会功能良好，即能胜任家庭和社会角色，能在一般社会环境下充分发挥自身能力，利用现有条件或创造条件实现自我价值。

（二）不良状态

不良状态又称第三状态，是介于健康状态与疾病状态之间的状态，是正常人群组中常见的一种亚健康状态，它是由于个人心理素质（如过于好胜、孤僻、敏感等）、生活事件（如失败、被批评、挫折等）、身体不良状况（如劳累、疾病）等因素所引起。它具有如下特点。

1. 时间短暂

此状态持续时间较短，一般在一周以内能得到缓解。

2. 损害轻微

此状态对其社会功能影响比较小。处于此类状态的人一般都能完成日常工作学习和生活，只是愉快感小于痛苦感，"很累""没劲""不高兴""应付"是他们常说的词语。

3. 能自己调整

此状态者大部分通过自我调整如休息、聊天、运动、旅游、娱乐等放松方式使自己的心理状态得到改善。小部分人若长时间得不到缓解可能形成一种相对固定的状态。这小部分人可以寻求心理医生的帮助，以尽快得到调整。

（三）心理障碍

心理障碍是因为个人及外界因素造成心理状态的某一方面（或几方面）发展的超前、停滞、延迟、退缩或偏离。它具有如下特点。

1. 不协调性

其心理活动的外在表现与其生理年龄不相称或反应方式与常人不同。如：成人表现出幼稚状态（停滞、延迟、退缩）；儿童出现成人行为（不均衡的超前发展）；对外界刺激的反应方式异常（偏离）等。

2. 针对性

处于此类状态的人往往对障碍对象（如敏感的事、物及环境等）有强烈的心理反应（包括思维、情绪及动作行为），而对非障碍对象可能表现正常。

3. 损害较大

此状态对其社会功能影响较大。它可能使当事人不能按常人的标准完成某项（或某几项）社会功能。如：社交焦虑者（又名社交恐惧）不能完成社交活动；锐器恐怖者不敢使用刀、剪；性心理障碍者难以与异性正常交往。

4. 需要心理医生的指导

此状态者大部分不能通过自我调整和非专业人员的帮助解决根本问题，必须要心理医生指导。

（四）心理疾病

心理疾病是由于个人及外界因素引起个体强烈的心理反应（思维、情感、动作行为、意志）并伴有明显的躯体不适感，是大脑功能失调的外在表现。其具有如下特点。

1. 强烈的心理反应

可出现思维判断上的失误，思维敏捷性的下降，记忆力下降，头脑黏滞感、空白感，强烈自卑感及痛苦感，缺乏精力，情绪低落或忧郁，紧张焦虑，行为失常（如重复动作、动作减少、退缩行为等），意志减退等。

2. 明显的躯体不适感

由于中枢控制系统功能失调可引起所控制人体各个系统功能失调：如影响消化系统出现食欲不振、腹部胀满、便秘或腹泻等症状；影响心血管系统出现心慌、胸闷、头晕等症状；影响到内分泌系统出现女性月经周期改变、男性性功能障碍等。

3. 损害大

此状态患者不能或勉强完成其社会功能，缺乏轻松、愉快的体验，痛苦感极为强烈，"哪里都不舒服""活着不如死了好"是他们真实的内心体验。

4. 需要心理医生的治疗

此状态患者一般不能通过自身调整和非心理科专业医生的治疗而恢复。心理医生对此类患者的治疗一般采用心理治疗和药物治疗相结合的综合治疗手段。在治疗早期通过情绪调节药物快速调整情绪，中后期结合心理治疗解除心理障碍并通过心理训练达到社会功能的恢复并提高其心理健康水平。

三、心理健康标准

（一）成人心理健康的标准

1. 智力标准

智力正常是人正常生活的最基本的心理健康条件，良好的智力水平是一切社会人学业成功、事业有成的心理基础。用 IQ 值来表示。智商大于等于 90 为正常，上不封顶，小于 70 为智力落后。智力不正常的人的心理认知异于同龄人，心理不可能健康，但是 IQ 不能说明一个人的成就，IQ 高也不能完全保证心理健康。

2. 情绪标准

情绪是指人对客观事物是否符合需要所产生的一种主观体验。心理健康的人的情绪稳定和心情愉快，且情绪的变化应由适当的原因引起，还要与情绪反应的程度相适宜。

3. 意志标准

意志标准是指人自觉地确定活动目标，支配自己行动，克服重重困难，以实现预定的目标的心理过程。意志是成功做任何事情的阶梯，如果做事过于优柔寡断、徘徊不前、思前想后，或不计后果、草率等都是意志不健康的表现。

4. 社会适应标准

社会适应标准是指具有较好的社会适应性，具有较好适应自然环境的能力，能建立积极和谐的人际关系，能适应周围的人际关系。人际关系既治病也致病，所以，和谐的人际关系是身心健康之必备条件。心理健康的人应该具有处理和应对家庭、学校和社会生活的能力。例如，进行决策、解决问题、批判性思维、情绪控制、心理换位、人际沟通等能力。

5. 理想的我与现实的我基本相符

研究证明，不能有效地面对现实、处理与周围环境的关系是导致心理障碍、心理疾病的重要原因。心理健康的人的理想的我与现实的我基本相符，所以正常人要面对现实、把握现实、主动适应现实。

6. 心理活动特点应符合年龄、性别特点

人的一生要经历各个不同年龄阶段，每个年龄阶段都有该年龄阶段的特点。心理健康的人的心理活动特点应符合年龄、性别特点。

7. 注意力集中度

注意力是一切活动取得成功的心理保证。如果一个人缺乏注意集中和保持稳定的能力，就不能很好完成有目的的活动，如儿童多动症、成人的焦虑抑郁症等都会存在注意力问题。

8. 人格健全

心理健康的最终目标是使人保持人格的完整性。健康人格就是宽容、悦纳、善待他人，不斤斤计较、怨天尤人、百般挑剔，就是要有自知之明，能正确评价自我，即有正确的人生观和价值观。

9. 适度表现个性特征

心理健康的人的能够适度表现个性特征，在不违背公众的利益和社会伦理道德规范和法规的前提下，社会允许每个人有限度地发挥自己的独特的个性特征。

10. 合理满足自己的需求

心理健康的人的会合理满足自己的需求，在不违背社会伦理道德规范和法规的情况下，对个人的基本需求能给予恰当的满足。

（二）儿童心理健康标准

1. 智力发育正常

正常发育的智力指个体智力发展水平与其实际年龄相称，正常的智力是学习文化知识的最基本的心理条件，智力发展水平要符合实际年龄的智力水平。

2. 情绪的稳定性与协调性

心理健康的儿童经常保持轻松、愉快、稳定、协调的情绪，乐观、满意等积极情绪体验占优势。尽管也会有悲哀、困惑、失败、挫折等消极情绪出现，但不会持续长久，他们能够适当表达和控制自己的情绪，使之保持相对稳定。

3. 能正确认识自己

对自己有充分了解，清楚自己存在的价值，对自己感到满意，并且努力使自己变得更加完善。对自己的优点能发扬光大，对自己的缺点也能充分认识，并能自觉努力去克服。有自己的理想，对未来充满信心，在学习、工作等各方面不断取得新的成就。

4. 有良好的人际关系

心理健康的少年儿童，有积极、良好的人际关系。尊重他人，理解他人，善于学习他人的长处补己之短，并能用友善、宽容的态度与别人相处。他们在别人面前能做到真诚坦率，从而容易得到别人的信任，并建立起融洽的人际关系。在集体中威望很高，生活充实。

5. 稳定、协调的个性

人格亦称个性，人格表现为一个人的整个精神面貌。心理健康的人有健全的"自我"，对自己有正确的认识，并能对自己进行客观的评价，能对自己的个性倾向性和个性心理特征进行有效的控制和调节。

6. 有心理耐受力

儿童正处于心理发育和个性形成时期，其可塑性强，应及早培养他们不怕苦、不怕累、耐受失败和挫折的坚强意志力，不断提高心理承受能力，有利于其心理健康。心理健康者热爱生活，能深切感受生活的美好和生活中的乐趣，积极憧憬美好的未来，能在生活中充分发挥自己各方面的潜力，不因遇到挫折和失败而对生活失去信心。能正确对待现实困难，及时调整自己的思想方法和行为策略以适应各种不同的社会环境。

7. 心理年龄符合实际年龄

心理健康的少年儿童具有与其实际年龄相符合的心理、行为特征，并形成与年龄阶段相适应的心理、行为模式。如果心理、行为严重偏离相应的年龄段特征，可能存在心理发育问题。

四、儿童心理健康影响因素

影响心理主要因素包括如下一些内容。

（一）生物、遗传因素

生物、遗传因素主要包括病菌或病毒感染、躯体疾病、脑外伤等方面。儿童受生物、遗传因素影响，个人的智力、气质会出现发育迟缓或者痴呆。有躯体疾病者，容易出现敏感、暴躁、易怒、情绪冲动、自制力减弱，还会导致抑郁症。

（二）家庭因素

不良的家庭因素一般表现为家庭成员不完整，例如，父母离婚或再婚，婆媳关系、兄弟姐妹关系紧张，缺乏家庭温暖，教育方式不正确等，这些对中小学儿童的身心健康影响是非常大的。

1. 专制型

专制型家庭教育方式，这种教育方式比较常见，家长有很强的控制欲，对孩子要求很严格，尤其是对孩子日常的生活习惯以及日常的交友，甚至在活动以及学习方面都有干预，还会干预孩子的兴趣爱好，以及在就业过程中的工作选择，在这些方面都会有强制性的要求。

2. 溺爱型

溺爱型家庭教育方式，这种方式目前也较常见，对孩子日常提出来的各种要求，父母都会顺从，即便是自身并没有合适的物质条件，也会给孩子创造满意的条件。此外还表现在日常生活中，孩子犯错也不会批评。

3. 民主型

民主型家庭教育方式，这一类家庭教育方式是比较好的，因为在教育的过程中，父母尊重孩子，会比较注重孩子个人的发展，对于孩子也充满了日常的关爱。同时也有一定的限制和约束。这种家庭教育方式培养出来的孩子自主独立，有自己的想法，在遇到问题时也会协商解决。

4. 放任型

这是父母对子女教养采取接受和服从态度的家庭教育方式。其特征：父母对子女的言行不闻不问、放任自流，不对孩子进行控制，对孩子也没有什么要求。在这种类型家庭中，父母缺乏孩子身心发展规律的知识，在"树大自然直"的思想影响下，总认为孩子年龄小，不懂事，长大自然会好的。对孩子的言行不进行严格的要求和必要的约束，任其发展。这种家庭培养出的孩子往往自由散漫，自以为是，任性固执。

案例

怪异的小明

小明父亲在外地工作，很少回家。而母亲对他的教育简单粗暴，母子间的交流很少，学习上对他的关心和督促更少。他不适应学校规章制度的约束，纪律较差，在学校里和教师、同学很少沟通。上课听讲不专心，有时还会发出怪叫声，故意破坏纪律以引起他人的注意。本学期开学后的一天，小明放学后没有按时回家。原因是他今日上学前因无理取闹被他母亲打了一顿，以前也发生过类似的情景。半夜时分，家长与老师最终在街上的一个角落里找到了不愿意回家的小明。

案例分析

不良的家庭教育使小明慢慢养成了自卑、散漫的个性。进入学校后，又因为学习成绩、行为习惯较差，经常受到批评、指责，产生了逆反心理，变得性格孤僻、行为偏激、自暴自弃而甘居落后。家长应改变教育的方法，多加引导。老师应多加关注，发现他的闪光点后及时表扬。以平等、商讨式的方式与其交流，培养他在校有事与教师、同学交流的好习惯，课堂上多加鼓励和启发，引导他慢慢愿意回答教师的问题，帮助小明建立自信。

（三）学校因素

学校因素包括教育条件、学习条件、生活条件。师生关系、同学关系如果处理不当，就会影响到学生的身心健康。如学习压力过大，同学关系不和等，这些会使人感到心理压抑、精神紧张等。

（四）社会因素

社会因素主要包括经济、文化教育、社会关系等。现代网络传媒快速的传播，使人们的生活紧张、冲突、竞争激烈，加重了人们内心的冲突和心理负担，损坏了心理和身体健康。

（五）自身认识因素

自身认识因素是对客观的事物的认识，反映客观事物的特性和联系，揭露客观事物对人的意义和作用的心理活动。当自身认识因素中的某些因素之间关系失衡时，会导致认知之间的矛盾和冲突，容易让人产生紧张、烦躁和焦虑等不良心理。自身情绪因素是一个适应社会的内在动力，是保持身体健康的重要因素。经常波动消极的情绪，会使人心情压抑、精力涣散、身体虚弱。

拓展知识

一、区分心理健康的标准

目前最常用的区分标准主要有如下几种。

1. 自我评价标准

如果自己认为有心理问题，这个人的心理当然不会完全正常，但一般不可能存在大问题。心理基本上正常的人，完全可以察觉到自己心理活动和以前的差别、心理表现和别人的差别等。

2. 心理测验标准

心理测验通过有代表性的取样，成立常模样本，使检测信度、检测效度和方法标准化，形成测评量表，可以在一定程度上避免专家的主观看法，但是，心理测验也存在误差，尚并不能代替医生的诊断。

3. 病因病理学分类标准

这种标准最客观，是将心理问题当作躯体疾病一样看待的医学标准。如果一个人身上表现的某种心理现象或行为可以找到病理解剖或病理生理变化的依据，则认为此人有精神疾病。其心理表现则被视为疾病的症状，其产生原因则归结为脑功能失调。

4. 外部评价标准

人的心理活动总是表现在生活的各个方面，如果大家都认为某个人有问题，一般就是正确的。即使旁边人没有看出来，专业人员也可以通过各种表现判断当事人是不是有问题。

5. 社会适应性标准

在正常情况下，人体维持着生理心理的平衡状态，人能依照社会生活的需要适应环境和改造环境。因此，正常人的行为符合社会的准则，能根据社会要求和道德规范行事，亦即其行为符合社会常模，是适应性行为。如果由于器质的或功能的缺陷使得个体能力受损，不能按照社会认可的方式行事，致使其行为后果对本人或社会不适应的时候，则认为此人有心理异常。

二、心理健康自测

自测一：客观回答如下心理健康的 16 个问题，请回答："是"或"不是"。

1. 是否变得很健忘？
2. 是否经常束手无策？
3. 是否总把心思集中在以自己为中心的事情上？
4. 是否喜欢谈起往事？
5. 是否总是爱发牢骚？
6. 是否对发生在眼前的事漠不关心？
7. 是否对亲人产生疏离感，甚至想独自生活？
8. 是否对接受新事物感到非常困难？
9. 是否对与自己有关的事过于敏感？
10. 是否不愿与人交往？
11. 是否觉得自己已经跟不上时代？
12. 是否常常很冲动？
13. 是否常会莫名其妙地伤感？
14. 是否觉得生活枯燥无味，没有意义？
15. 是否渐渐喜好收集不实用的东西？
16. 是否常常无缘无故地生气？

客观地回答上述问题，如果你的答案有 7 条以上是肯定的，那么你的心理就出现健康危机了，要小心保护自己的心理了。

自测二：客观回答如下心理健康的 13 个问题，请回答："是"或"不是"。

1. 有些人或事是否很容易让你不开心？
2. 有人对不起你，你是否超过半年还耿耿于怀？
3. 你是否一路上对那个在公共汽车上或地铁里碰了你却不道歉的人很气愤？
4. 你是否经常不想跟人说话？
5. 你在做重要的工作，是否觉得旁人的说话打扰你，让你很烦？
6. 你是否长时间地分析自己的心理感受和某一行为？
7. 你是否经常觉得别人看不起你？
8. 你是否常常情绪不好？
9. 你与别人争论时，是否常常无法控制自己的嗓门，导致声音太响或太轻？

10. 你是否习惯于自言自语？

11. 别人不理解你，你是否会发火？

12. 是不是看喜剧片、听笑话也开心不起来？

13. 是不是常觉得有人捉弄你？

客观地回答上述问题，如果答案多为"不是"，那么恭喜你，目前你具有健康的心理；假设答案多为"是"，那么要格外小心了，你的心理可能已经出现问题，影响心理健康，应及时调整改善。

课后心理游戏

一、传递喜怒哀乐

（一）目的：康乐游戏，增加欢乐气氛，可突破非语言沟通的限制。

（二）时间：20~30分钟。

（三）材料：字条。

（四）内容。

1. 先选出 5~6 人进行"传表情"，其他人在旁作观众。

2. "传表情"的组员排成一行向前看，可坐也可站立，但不可以回头看。

3. 主持人把表情字条等让最后的组员抽出一张。准备好后，以身体动作或表情向倒数第二个人传达字条的内容，但不可发出声音，倒数第二个人转过来看着他表达完后，按自己的理解传递给下一位，以此类推。

4. "表情"一直传到最前面一位，主持人提供答案表让他选择，看看能否猜中所传表情的准确意思。

5. 进行一二次后，在旁观者中选出另一组人，继续游戏。

（五）注意。

1. 在这游戏中，每人都应有机会做旁观者及传表情者，传表情的过程往往令旁观者捧腹大笑。

2. 最好选一位活泼调皮的组员作为第一位传表情的人。

二、同心圆

（一）目的：摒除隔膜，互相信任。

（二）时间：30~40分钟。

（三）内容。

1．认真解释游戏目的，培养气氛。

2．参与人围圈站立，肩膀贴肩膀，脸向圈内。参与人前后脚站稳，双手向前，准备向前推的动作。

3．选一人站在圈中，闭上眼，双手交叉胸前。大家大声问："准备好没有？"圈中人回答："准备好啦！"（这很重要，可令气氛更认真，他们会觉得这"岗位"很重要。）

4．喊完口号，中间的人把身体挺直向后跌，其他人托着他，轻轻向左或右传递，组长在圈外轻声讲："做得好！"亦要安慰中间那位："不要怕，他们在支持你！"

5．约一分钟转完，圈中人站定，张开眼向每位支持者道谢。望三秒，点头，微笑。

6．换另一人站在中间，直至每个人都体会过被支持的感觉。

7．大家坐下谈论感受，增进彼此的信任。

课后知识巩固

1．简述健康的内涵。
2．简述心理健康的概念。
3．儿童心理健康的标准是什么？
4．影响儿童心理健康的因素有哪些？

第二章　儿童自我意识问题的健康教育

知识目标

1. 了解自我意识的内涵。
2. 了解自我意识理论。
3. 掌握儿童自我意识的发展特点。
4. 熟悉儿童自我意识的影响因素。

能力目标

1. 能够准确分析儿童自我概念的特点。
2. 会设计提升儿童积极的自我概念的辅导方案。
3. 会设计改善儿童自卑的辅导方案。
4. 会设计改善儿童自负的辅导方案。
5. 会设计提升儿童自控能力的辅导方案。

第一节　自我意识理论

2014年5月30日,习近平总书记在北京市海淀区民族小学主持召开座谈会时提出,"少年儿童的心灵都是敏感的,准备接受一切美好的东西。'自古英雄出少年。'为了中华民族的今天和明天,我们要教育引导广大少年儿童树立远大志向、培育美好心灵,让少年儿童成长得更好。"中小学生正处在身心发展的重要时期,随着生理、心理的发育和发展以及社会阅历的扩展及思维方式的变化,他们在学习、生活、人际交往、升学就业和自我意识等方面,会遇到各种各样的心理困惑或问题。自我意识是人的个性的重要特征,它对儿童个性发展起着调节制约作用,它是儿童进行自我教育的基础。了解儿童自我意识的发展规律,从而培养他们的自觉性和独立性等良好的个性品质,是目前学校个性教育的一项重要任务。

一、自我意识的定义与特点

(一)自我意识的定义

自我意识是人对自己身心状态及对自己同客观世界的关系的意识。自我意识是对自己身心活动的觉察,即自己对自己的认识,具体包括认识自己的生理状况(如身高、体重、体态等)、心理特征(如兴趣、能力、气质、性格等)以及自己与他人的关系(如自己与周围人们相处的关系,自己在集体中的位置与作用等)。自我意识包括三个层次:对自己及其状态的认识;对自己肢体活动状态的认识;对自己思维、情感、意志等心理活动的认识。自我意识不仅是人脑对主体自身的意识与反映,而且自我意识也反映人与周围现实之间的关系。自我意识是人类特有的反映形式,是人的心理区别于动物心理的一大特征。

自我意识在个体发展中有十分重要的作用。首先,自我意识是认识外界客观事物的条件。一个人如果还不知道自己,也无法把自己与周围相区别时,他就不可能认识外界客观事物。其次,自我意识是人的自觉性、自控力的前提,对自我教育有推动作用。人只有意识到自己是谁,应该做什么的时候,才会自觉自律地去行动。一个人意识到自己的长处和不足,就有助于他发扬优点,克服缺点,取得自我教育积极的效果。再次,自我意识是改造自身主观因素的途径,它使人能不断地自我监督、自我修养、自我完善。可见,自我意识影响着人的道德判断和个性的形成,尤其对个性倾向性的形成更为重要。

(二)自我意识的特点

自我意识具有意识性、社会性、能动性、同一性等特点。

1. 意识性

意识性是指个体对自己以及自己与周围世界的关系有清晰、明确的理解和自觉的态度,而不是无意识或潜意识。自我意识是个体在周围人的期待中,以及周围人的评价过程中,通过自己的主观体验而逐渐发展起来的。当个体觉察到对方的态度和言语中所包含的内容时,自我意识的内容也就得到了丰富。因此,个体的自我意识从本质上说,就是从他人对自己的情感和评价中发展自我态度。心理学家柯里把自我意识的这一侧面称为"自我形象"。他说:"人与人之间相互可以作为镜子,都能照出他面前的人的形象。"人们由于把自己的容貌、姿态、服装等作为自己的东西,通过对镜子中的形象的观察,以一定的标准衡量美丑,便会产生喜悦和悲哀。同样个体在想象自己在他人心目中关于自己的姿态、行为、性格时,也会时而高兴时而悲伤。

2. 社会性

自我意识是个体长期社会化的产物。这不仅因为它是在社会实践中产生的,而且因为它的主要内容是个体社会属性的反映。对自我本质的意识,不是意识到个体的生理特性,而是意识到个体的社会特性,意识到个体的社会角色,意识到个体在一定的社会关系和人际关系中的地位和作用,这是自我意识发展到成熟的重要标志。自我意识的形成和发展过程,实际上就是个体角色化的过程。一个刚出生的婴儿只是一个自然的实体,一个生物的人,具有较大的依赖性,必须得到成人的关怀和照顾才能长大成人,产生人的意识。如果婴儿从一开始就被剥夺了人类的社会环境,使其同动物生活在一起,就会由于失去了人类的社会文化环境和物质生活条件而不能形成人的意识。因此，一个人只有处在人类的社会环境中，才能发育成长，并在成长的过程中，逐渐产生对周围世界的认识，与此同时也产生对自己的认识，即形成自我意识。

3. 能动性

自我意识的能动性不仅表现在个体能根据社会或他人的评价、态度和自己实践所反馈的信息来形成自我意识，而且还能根据自我意识调控自己的心理和行为。人对自身的存在，对自身和周围关系的存在，是通过自我意识获得的，正因为具有自我意识，人才能够认识到自己在想什么、做什么和体验什么。一个人只有认识到自己的痛苦，才会有痛苦之感；一个人只有认识到自己与周围的利害关系，才能体验到自身的安全，才会知道一些事情为什么这样做而不那样做；同样，一个人只有当自己意识到自己行为错误的时候，才能够主动矫正自己的行为，改变和修正原来的计划。

4. 同一性

心理学研究表明，自我意识一般需要经过20多年的发展，直到青年中后期才能形成比较稳定、成熟的自我意识。虽然这种自我意识有可能因个体实践的成败和他人的评价的改变而发生变化，但到青年期以后，个体会对自己的基本认识和态度保持同一性。正因为自我意识的同一性，才会使个体表现出前后一致的心理面貌，从而使自己与其他人的个性区别开来。"自我同一性"本意是证明身份，指个体尝试着把与自己有关的各方面结合起来，形成一个协调一致不同于他人的独具"统一风格"的自我。简单理解就是，把自己"众多的人格"统一起来，形成一个比较稳定的人格。这是个体在寻求自我的发展时，对自我的确认和对有关自我发展的一些重大问题，诸如理想、职业、价值观、人生观等的思考和选择。同一性的形成标志着青年期的结束和成年期的开始。从这时起，生活的任务就是引导他按照自我方向度过人生的其余阶段。同一性完成意味着人格独立了。

二、自我意识的分类

（一）自我意识的结构分类

自我意识的结构由自我认识、自我体验和自我监控三个子系统构成。

1. 自我认识

自我认识是主观自我对客观自我的认识与评价，自我认识是自己对自己身心特征的认识，自我评价是在这个基础上对自己作出的某种判断。自我认识是自我意识的认知成分。它是自我意识的首要成分，也是自我调节控制的心理基础，它又包括自我感觉、自我概念、自我观察、自我分析和自我评价。自我分析是在自我观察的基础上对自身状况的反思。自我评价是对自己能力、品德、行为等方面社会价值的评估，它最能代表一个人自我认识的水平。正确的自我评价，对个人的心理生活及其行为表现有较大影响。

自我认识是主我对客我的认知和评价，即自我认知和自我评价。自我认知是自己对自己身心特征的认识；自我评价是在自我认知的基础上对自己作出的某种判断。在客观的自我认知基础上作出正确的自我评价，对于个人的心理生活、行为表现及协调个人在社会群体中人际关系的协调，都具有重大的影响作用。如果一个人在社会生活中，认为自己低人一等，没有价值，那么，他就会产生自卑感，做事缺乏胜任的信心，没有主动性和积极性，无论做什么事情都难以保证质量。相反，如果一个人只看到自己的长处，那么，他就会产生盲目乐观的情绪，自我欣赏、自以为是，其结果往往不能处理好人际关系，难以与人合作，或被他人拒绝、被群体所孤立。可见，对自我的客观认知和评价，对个人的健康发展有着不可忽视的影响。

进行客观的自我认知并在这一基础上对自己作出正确的自我评价是一个极为复杂的过程。社会比较理论认为这一过程是一个社会比较的过程，是个体通过对自己的价值和他人的能力及条件的比较而实现的。个体生活在社会群体中，要想与他人和睦相处，适应周围环境，完成社会化，就必须十分清楚周围的社会环境，知道自己所处的社会地位和所产生的社会作用。如果个体对周围的社会环境不了解，就会无所适从，会感到紧张不安，甚至产生焦虑。个体在进行自我认识时，还同时要受到个体本身的需要、愿望、动机等诸多心理因素的影响，因此，个体对自己身心的自我认识总是或多或少存在着一定的误差。当个体发现自己对自己的评价与社会对自己的评价一致时，个体就会有安全感，对自我充满信心；反之，当个体发现自我评价与社会对自己的评价相距甚远时，个体则会与周围人的关系失去平衡，产生矛盾，而丧失安全感。长此下去，就会导致个体自满或自卑，不利于个体心理的健康成长。

2. 自我体验

自我体验是主体对自身的认识而引发的内心情感体验，是主观的我对客观的我所持有的一种态度，如自信、自卑、自尊、自满、内疚、羞耻等都是自我体验。自我体验是自我意识在情感方面的表现。自尊心、自信心是自我体验的具体内容。自尊心是指个体在社会比较过程中所获得的有关自我价值的积极的评价与体验。自信心是对自己的能力是否适合所承担的任务而产生的自我体验。自信心与自尊心都是和自我评价紧密联系在一起的。自我体验往往与自我认知、自我评价有关，也和自己对社会的规范、价值标准的认识有关，良好的自我体验有助于自我监控的发展。对我们进行自我体验训练，就是让你有自尊感、自信感和自豪感，不自卑、不自傲、不自满，做错事时感到内疚，做坏事时感到羞耻。

自我体验是个体对自己怀有的一种情绪体验，即主我对客我所持有的一种态度。它反映了主我的需要与客我的现实之间的关系。客我满足了主我的要求，就会产生积极肯定的自我体验，即自我满足；反之，客我没有满足主我的要求，则会产生消极否定的自我体验，即自我责备。客我能否满足主我的要求，往往与个体的自我认知、自我评价和个体对社会规范、价值标准的认识有关。自我体验的内容十分丰富，比如自尊心与自信心、成功感与失败感、自豪感与羞耻感等。自尊心是一种内驱力，激励着个体尽可能地努力获得别人的尊重，尽可能地维护自己的荣誉和社会地位。自信心是对自己智力与精力的坚信，使个体遇难而进，走向成功。但是，如果自尊心和自信心把握不当，就会产生脱离集体、追求虚荣的个人英雄主义，稍有点成绩就趾高气扬，瞧不起他人，而一旦遇到点挫折，则会自卑、自贬，一蹶不振。成功感和失败感是根据个体的自我认知与自我期望水平而确定的，取决于个体的内部标准。比如当个体在完成某项工作时，他人可以认为他未获成功，而个体则可以认为自己取得了成功，或者是他人认为他已取得成功了，而个体自己却认为是失败的。由于个体的自我期望水平要受社会的期望标准的影响，因而，决定个体成功与失败的情绪体验的内部标准在一定程度上要与社会的共同标准相适应。当个体体验到成功感时，就会产生积极的自我肯定，向更高的目标进取；反之，当个体体验到失败感时，则常会产生消极的自我否定，闷闷不乐，甚至放弃努力。可见，如何恰当地处理自我体验，对个体的身心发展具有重大的意义。

3. 自我监控

自我监控是自我意识的意志成分。自我监控主要表现为个人对自己的行为、活动和态度的调控，它包括自我检查、自我监督、自我控制等。自我检查是主体在头脑中将自己的活动结果与活动目的加以比较、对照的过程；自我监督是一个人以其良心或内在的行为准则对自己的言行实行监督的过程；自我控制是主体对自身心理与行为的主动的掌握。自我调节是自我意识中直接作用于个体行为的环节，它是一个人自我教育、自我发展的重要机制，自我调节的实现是自我意识的能动性质的表现。自我意识的调节作用表现为：启动或制止行为；心理活动的转移；心理过程的加速或减速；积极性的加强或减弱；动机的协调；根据所拟订的计划监督检查行动；动作协调一致等。

自我监控是自己对自身行为与思想言语的控制，具体表现为两个方面：一是发动作用；二是制止作用，也就是支配某一行为，抑制与该行为无关或有碍于该行为进行的行为。进行自我认知、自我体验的训练目的是进行自我监控，调节自己的行为，使行为符合群体规范，符合社会道德要求，通过自我监控调节自己的认识活动，提高学习效率。为提高我们自我监控能力，重点应放在促使一个转变上，即由外控制向内控制转变。我们自我约束能力较低，常常在外界压力和要求下被动地从事实践活动，比如只有教师要求做完作业后检查，你才会进行检查。针对这种现象，你应学会如何借助于外部压力，发展自我监控能力。

（二）自我意识的内容分类

自我意识是个体社会化的结果。自我意识的内容分为生理的自我、社会的自我和心理的自我。

1. 生理的自我

生理的自我又称为物质的自我，它是一个人对自己身躯的认识，包括占有感、支配感和爱护感。心理学家奥尔波特等人认为，婴儿出生以后，最初他们不能区分属于自己与不属于自己的东西。对于自己的手、脚和周围的玩具，都视为同样性质的东西加以摆弄，3个月的婴儿能对人发出微笑，这表示婴儿对外界的刺激有了反应。8个月的婴儿开始关心自己在镜子里的形象，但 10 个月的时候依然不知道镜子里的形象就是自己。一般认为，婴儿要到 2 岁零 2 个月以后，才会认识自己在镜子里的自我形象，大约与此同时，开始学会使用"你"这个人称代词。心理学家大都认为儿童要到 3 岁的时候，自我意识中的生理自我才能形成，同时也开始更多地使用人称代词"我"字。这时候儿童所表现出来的行为，大都是以我为中心的，所以有些心理学家称这一时期为"自我中心期"。

2. 社会的自我

社会的自我时期又称为个体客观化时期。这个阶段大约是从 3 岁到青春期之前，即到 13~14 岁的时候，这段时间是个体接受社会影响的重要时期，也是个体实现社会自我的最关键的阶段。这期间儿童的游戏，往往是成人社会生活的缩影，儿童在游戏中扮演某种社会角色，也是他们学习角色行为的一种方式，在游戏中儿童揣摩着角色的心理状态，体验着角色与角色间的相互关系。特别是儿童通过学校中的社会化生活，更加速了他们社会自我的形成过程。

学校中的社会化过程，是个体自我意识形成的重要阶段。学校与家庭不同，在家庭中儿童往往是以我为中心，尤其是独生子女，而学校则是中性的，对任何人都一视同仁，老师对每一个学生都一样的关心、一样的严格要求。儿童在学校只能是班级和集体的一分子，在学校他们必须承担一定的社会义务和社会责任，要完成这些义务和责任，本身就是一种压力，压力则会使他们产生焦虑和不安。在家里可以听之任之的事，在学校则要认真对待，否则就要受到集体舆论的谴责，在学校必须学习文化科学知识，掌握各种技能技巧，按照一定的道德规范严格要求自己，逐步地使自我实现的愿望和动机与社会的要求相吻合，最终达到社会的自我。

3. 心理的自我

心理的自我又称精神的自我，这个阶段主要是从青春期到成年大约 10 年的时间。这期间，个体无论在生理上还是在心理上，都发生了一系列急剧的变化，骨骼的增长、性器官的成熟、想象力的丰富、逻辑思维能力的日益完善，进一步使个体自我意识的发展趋向主观性。所以，这一时期又称为主观化时期。个体的主观性主要表现在以下四个方面。

（1）独立地认识外部世界。这个阶段的青年人，往往用自己的观点来认识和评价客观事物，自我意识是个体认识外界事物的中介因素。青年与儿童不同，在客观化时期，儿童是以社会的观点来认识和评价事物的，他们受成人的观点的指导，而青年人则不同，他们不愿意盲目地追随别人，把跟在别人的后面随声附和看成是耻辱，在观点上喜欢标新立异，在行为上喜欢别具一格。个体自我意识的发展并不是到此为止，否则人类社会的进步和创造力就无从谈起，人类社会将变成一个划一的群体。其实个体早在客观化时期，就已经不断地把他们从社会吸取的知识、观点、理想和愿望等进行了综合加工，到了主观化时期，个体就把这些经过综合加工形成的主观态度和主观意识来作为评价客观事物的依据。

（2）个人价值体系的产生。在这个时期，青年人常常强调自己所独有的人格特征，目的是用以保护和提高自己在社会上的地位。强调自己的个人价值,这实际上是一种自我防御机能。例如,一个身怀绝技的青年人,往往过分地强调该项技能的重要性,同样一个学习优异的青年人,也会强调学习文化知识的重要。青年人大都具有自我欣赏的人格特征,心理学中把这种自我欣赏的人格特征,纳入一个人的价值体系,它能使一个人感到自豪、自信和自尊。实际上,这种价值体系也是在个体自我意识发展的过程中产生的,并被看成是一个人的价值观。

(3) 追求自我理想。自我理想就是一个人对追求目标的向往。个体所追求的目标对他本人来说,总认为是最有意义的。想当医生的人,就认为医生的职业最高尚,想当企业家的人,就认为企业家的工作最有意义,同样,想当社会活动家的人,也就认为社会活动家的工作最光荣等。由此可见,自我理想往往与价值观是一致的。一般来说,青年人在这个时期,由于精力充沛,大都具有自己追求的目标。目标在这个时期往往成为他们自我奋斗的一种象征,并由此产生巨大的吸引力。

(4) 抽象思维的发展。抽象思维的发展是个人智力发展的一个飞跃。抽象思维能力提高了,就能使人们的思维超越具体的环境,而进入精神的境界,即所谓达到了心理的自我。心理的自我主要是通过人们的思维和想象实现的。当自我意识的发展从成人的约束下独立出来,而强调自我价值和自我理想的时候,个体的自我意识也就确立了。因此,自我意识形成的过程,也就是个体不断成长的过程。

三、自我意识的发展

自我意识是指一个人对自己的意识,如自我认识、自我评价、自我监督等。自我意识的发展过程是个体不断社会化的过程,也是个性特征形成的过程。自我意识的成熟往往标志着个性的基本形成。

(一) 婴儿期的自我意识的发展

婴儿期指从出生到满3岁以前的一段时期,是人出生后生长发育最迅速的时期。当代学者对婴儿自我发展的研究大多运用镜像技术即"镜像自我",这一概念以自我指向行为作为指标,来确定个体最早出现的自我认知。哈特总结了各种有关研究,提出了婴儿主体我和客体我的发展过程。新生儿不具有自我意识;1岁半左右的儿童,从成人那里学会使用自己的名字;两岁以后的儿童,在语言学习中掌握了物主代词"我的"和人称代词"我",就实现了他们自我意识发展的一次飞跃,标志着真正的自我意识的出现。

1. 主体我的自我意识

婴儿在8个月前还没有萌发自我意识。在1周岁前后,婴儿显示出主体我的认知,主要表现在以下两个方面。

(1) 婴儿把自己作为活动主体的认知。表现为主动使自身的动作与镜像动作相匹配,用自己的动作呈现镜像的动作,这显示婴儿能够把自己作为活动的主体来认知。

(2) 婴儿能把自己与他人分开。对自我镜像与自己动作之间的关联有了清楚的觉知，表明婴儿已经能够区分自己的活动与他人的活动。如婴儿热衷于扔玩具，让成人拾起，再扔，再拾，反反复复。这就说明，他把自己视为活动主体，并能把自己与他人分开，显示主体自我得到明确的发展。

2. 客体我的自我意识

约在 2 周岁前后，幼儿具有了人类个体自我意识发展的第一次飞跃，表现为客体自我意识的出现，幼儿客体我的自我认知主要表现在如下两个方面。

(1) 幼儿开始把自己作为客体来认知。2 岁左右的幼儿已经能够意识到自己的独特特征，能从客体（如照片、录像）中认出自己，这表明幼儿已经具有明确的客体我的自我认知。

(2) 能运用人称代词"你、我、他"称呼自己和他人，如用"我"表示自己。

3. 安全的亲子依恋关系促进婴儿自我意识发展

发展心理学家指出，安全的亲子依恋关系是健康自我发展的重要条件。早期自我能否健康发展取决于亲子交往的质量。父母对孩子充满爱心，给孩子以安全感；一贯对孩子的需要给予及时的反应，使他享受满足感；热情鼓励孩子的进步和努力，使他体验成就感；能够合理地安排和组织好孩子的生活环境，让孩子感觉到周围环境的规律性以及环境变化的可预测性。这些都有利于积极健康地自我发展。

反之，如果父母对孩子缺乏爱心，对孩子主动、自主的愿望不提供尝试和学习的机会，而采取否定的态度，贬低他们的能力，甚至羞辱、责骂他们，这会导致儿童产生否定的自我表征，对其自我的健康发展非常不利。

(二) 幼儿期的自我意识的发展

3~7 岁的儿童属于幼儿期，多数儿童人生发展的第一逆反期处在这一期间。第一逆反期的表现是幼儿要求行为活动自主和实现自我意志，反抗父母控制，这是发展中的正常现象，年龄主要集中在 3~4 岁，因个体发展的需要会有所提前或延后。反抗的对象主要是父母，其次是其他养育者。

1. 第一逆反期有其特殊的心理需求和行为表现

逆反期幼儿的心理需求在于：要实现自我意志，实现自我价值感，希望父母和亲近的他人接纳自己"我长大了"并"很能干"的"现实"。

逆反期幼儿的行为表现在于：要参与成人的生活活动，自以为别人能干的事自己也能干，并大胆付诸实际行动；自以为能干的或自己要做的事被成人代做，往往坚持退回原状态，自己重做；常常逆着父母的意愿，说"不"，并按自己的愿望说"我自己做"；喜欢听"你真棒"等表扬。

2. 第一逆反期是儿童心理发展的阶段性特点

在这之前婴儿处处依赖父母，父母紧密地控制儿童的行为，这是依赖和控制的平衡期。

到了 3 岁左右，儿童的心理发展出现"跃入"新阶段的动力和趋向。

这个时段，儿童的认知发展、言语发展和行为活动能力等都有了明显的进步，积累了一定的自身的"心理资源"。这些心理资源构成进一步发展的驱动力，所以他们便跃跃欲试地趋向新的发展阶段。

3. 第一逆反期的教育

（1）父母要明确认识到第一逆反期是儿童心理发展的正常现象，并应积极理智地面对。

（2）父母要正确认识到第一逆反期的矛盾焦点，孩子出现超出自己实际发展水平的"长大感"，而父母对幼儿的"长大感"认识不足，应对不力，引起反抗。

（3）父母要因势利导、循循善诱地帮助儿童，指导儿童并创造条件，适宜地满足儿童的发展需求。

1）最好的教育方式是通过游戏活动，特别是扮演社会角色的游戏活动，以满足他们参与社会活动的需要。

2）培养并持之以恒地训练儿童的生活自理能力和力所能及的家务劳动能力，以实现他们"很能干"的价值感。

3）了解儿童的特长和优势，创设条件，有针对性地培养认知方面的、艺术方面的或其他方面的才能，使儿童获得成就感。

4）以民主型等良好教育方式，正确地选择、积极地引导，帮助儿童顺利度过人生的这一个重要转折期，为以后的发展奠定良好的基础。

（三）童年期的自我意识的发展

这一时期的儿童自我意识正处于所谓客观化时期，是获得社会自我的时期。在这一阶段，个体显著地受社会文化的影响，是学习角色的最重要时期。角色意识的建立，标志着小学儿童的社会自我观念趋于形成。小学儿童自我意识的发展是随年龄增长从低水平向高水平发展的。在整个小学时期，儿童的自我意识不断发展，但不是直线的、等速的，而是既有上升的时期也有平稳发展的时期。儿童的自我意识发展表现为：小学一年级到小学三年级处于上升期，小学三年级到小学五年级处于平稳阶段，小学五年级到小学六年级处于第二个上升期。

1. 儿童自我评价能力的特点

（1）从顺从别人的评价发展到有一定独立见解的评价，自我评价的独立性随年级而增高。

（2）从比较笼统的评价发展到对自己个别方面或多方面行为的优缺点进行评价。

（3）开始出现对内心品质进行评价的初步倾向。但是，直到小学高年级，能进行抽象性评价和内心世界评价的学生不多。

（4）在整个小学阶段，学生的自我评价处于由具体性向抽象性、由外显型向内部世界的发展过程之中，小学生的抽象概括性评价和对内心世界的评价能力都在迅速发展。

（5）儿童自我评价的稳定性逐渐增强。

2. 自我体验的发展特点

自我体验主要是自我意识中的情感问题，发生于学前期 4 岁左右，在小学阶段有了较大的发展。自我体验的发展与自我意识的发展总趋势比较一致。小学生自我体验与自我评价的发展具有很高的一致性，自我体验的发展与自我认识、自我评价的发展密切相关。随着小学生理性认识的增加和提高，他们的自我体验也逐步深刻。一般来说，儿童愉快感和愤怒感发展较早，自信感、羞愧感和委屈感发展较晚。

3. 儿童自我控制能力

（1）自我控制能力的发展。自我控制能力的发展对儿童的学习成绩、控制攻击、协调人际关系等都具有重要意义，它的作用体现在个体对自身发展的能动性影响。

罗滕伯格通过"延迟满足"研究儿童自我控制行为。延迟满足是抑制欲望的即时满足，学会等待。他要求被试者完成实验任务，并给予奖品。可供儿童自主选择的奖品有两种，一种是当时即可拿到的小奖品，另一种是第二天才可以得到的很好的奖品。

结果发现：6~8 岁的儿童中有 1/3 选择等待；9~11 岁的儿童中有 1/2 选择等待；12~15 岁的儿童几乎都愿意等待。

这说明，童年期儿童延迟满足能力随年龄增长而有显著提高；自我控制行为的发展主要集中在童年期。

（2）影响儿童自我控制能力的因素。儿童自我控制能力存在显著的个体差异，研究表明造成这种差异的因素如下。

1）认知和策略。如果儿童能够将注意力从奖品上移开，去做其他感兴趣的事情，将使儿童的等待变得轻松容易。

2）榜样的作用。让两组儿童观察两种榜样，一组被试者的观察对象总是选择及时得到微小的满足，这种榜样的作用驱使观察者倾向于放弃自我控制；另一组被试者的榜样总是选择延迟得到的大满足，这组观察者多倾向于等待。

3）家庭教育对儿童自我控制能力的影响。父母注重培养儿童的独立自主性的、宽松而又民主的教育类型，可使儿童形成抗拒诱惑的自我控制能力。独裁型、惩罚型或溺爱型的家庭教育方式，会剥夺儿童练习自我控制的机会和动力，使之缺乏自我控制能力。

（四）少年期的自我意识的发展

青春发育期以少年期为主。少年期的年龄是指 11~16 岁，是个体生理迅速发育直至达到成熟的一段时期。该阶段的儿童的生理、心理和社会性发展方面都出现显著的变化，其主要特点是身心发展迅速而又不平衡，是经历复杂发展，又充满矛盾的时期，因此也被称为困难期或危机期。

1. 自我意识第二个飞跃期

发展心理学家认为，青春发育期进入自我意识发展的第二个飞跃期（婴儿期是自我意识发展的第一飞跃期）。进入青春期，生理发育的加速和性发育走向成熟，使他们感到不适应，出现不平衡的感受及种种矛盾和困惑。面对这些矛盾和困惑，少年体验着危机感，这促使他们关注自我的发展和变化。

儿童的发展历程，使他们从面向母亲到面向家庭、幼儿园和学校，不断向外界环境展开。青春期的"疾风暴雨"式的变化，让少年产生惶惑的感受，他们自觉不自觉地将自己的思想从外向的客观世界抽回一部分来指向主观世界，使思想意识进入再次自我，从而导致自我意识发展的第二次飞跃。

2. 少年自我意识发展的特点

（1）强烈关注自己的外貌和仪表风度。青春期自我的兴趣首先表现在关注自己身体形象上。他们强烈地渴望了解自己的体貌，如身高、胖瘦、体态、外貌、品位，并喜欢在镜中研究自己的相貌、体态，注意仪表风度。青春期少年特别注意别人对自己打扮的反应：对他人的良好反应，体现着自我欣赏的满足感；对某些不甚令人满意的外貌特点而产生极度焦虑。

（2）深切重视自己的能力和学习成绩。中学学生的能力和学业成绩更加影响着他们对自己的能力和在群体中社会地位以及自尊感的认识，并逐渐影响着自我的评价。因此，能力和学习成绩是少年关注自我发展、体现自我价值的重中之重。

（3）强烈关心自己的个性成长。他们认认真真地看待自己个性特点方面的优缺点；在自我评价中，也将个性是否完善放在首要地位；对他人针对自己个性特征的评价非常敏感。

（4）有很强的自尊心。他们在受到肯定和赞赏时，内心深处会产生强烈的满足感；在受到批评和惩罚时，会受到重大打击，容易产生强烈的挫折感。这是学校和家庭教育不可或缺的心理依据。

3. 少年期逆反期的表现

（1）为独立自主意识受阻而抗争。他们滋生着强烈的独立自主的心理需求，而父母往往对此缺乏认识，总想在精神和行为上予以约束和控制，导致其反抗。

（2）为社会地位平等的欲求不满而抗争。他们需要成人将其视为独立的社会成员，给予平等的自主性，父母却一味地把他们置于"孩子"的地位，而予以保护、支配和控制，从而导致反抗，使亲子矛盾突出。

（3）观念上的碰撞。教师和父母的教育，多将成人的观点强加于少年，在大小事情方面都已经具有自己的观点和主张的"被教育者"会抵触或拒绝接受，从而表现出观念上的某种对抗。

4. 少年期逆反期反抗的主要对象

反抗的对象主要是父母，但也具有迁移性。当某人或某集团成员的言行引发其反感时，便会排斥或否定该人物或该集团的作为，有时因情绪左右，会将是和非一起排斥掉。

5. 少年期逆反期反抗的形式

反抗的形式可归纳为如下两个方面。

（1）外显行为上的激烈抵抗。主要表现为态度强硬、举止粗暴，且往往具有突发性，自己都难以控制。事后会后悔而平静下来。但再遇矛盾，又会以强烈冲突的方式应对。

（2）将反抗隐于内心，以冷漠相对。他们不顶撞，对不满的乃至需反抗的言行似乎置若罔闻，但内心压力很大，充满痛苦，并会将其内化为不良的心境，难以转移。

6. 第一、第二两个逆反期的异同

第一逆反期出现在 2~4 岁期间，多在 3 岁左右；第二逆反期出现在小学末期至初中阶段的 10~16 岁，突出表现在青春发育期。

（1）两个逆反期的共同点。两个反抗期的少年儿童都聚焦于独立自主意识的增强、向控制方要求独立自主权。两个反抗期的少年儿童都出现成长和发展的超前意识，第一反抗期的儿童具有"长大感"，第二反抗期的少年具有"成人感"。

（2）两个逆反期的不同点。第一逆反期儿童所要的独立自主性体现为，要求按自我的意志行事，其重点是要求行为、动作自主和行事自由，反抗父母的控制，反对父母过于保护和越俎代庖，而其中有许多是力所不能及和不切实际的。第二逆反期少年所要的独立自主性是要求人格独立，要求社会地位平等，要求精神和行为自主，反抗父母或有关方的控制，这种内在需求和对环境的要求是发展性的需要，是必经的，但也由于发展现状的矛盾性给他们带来许多不适宜和不适应，乃至困惑和危机。

（五）帮助少年儿童顺利度过逆反期

逆反期是少年儿童心理发展过程中的正常现象，是发展性现象。它出现在人生发展历程中两个具有"里程碑"意义的转折期，可以说，具有"划时代"意义。逆反期阶段能否较为顺利地度过，能否减轻挫折和危机，对他们后续的发展至关重要。尤其是处于第二逆反期的少年，这一时期是他们一生发展的鼎盛时期，对外在环境非常敏感。因此，父母、教师和有关者如何理解和帮助他们是一件既困难又复杂的事情，但父母、教师和有关者必须积极面对这重大责任。

1. 父母、教师要认识和理解逆反期对心理发展的意义

为了更好地认识逆反期现象，需要了解儿童心理发展特点，学习有关知识并将其转化为自己的认识。

2. 父母、教师要正确面对儿童逆反期这一客观现实

逆反期是大多数儿童都要经历的现实，不能存在侥幸心理，也不能被动应付。要事先做好思想准备，提前调整对待孩子的方式，使关系和谐，做能够平等沟通的朋友，为下一步打下良好基础。

3. 父母、教师要理解少年期多重矛盾的焦点所在

青春期的生理发育使他们产生成人感，这是心理上、自我意识中的成人感。现实中，他

们仍然是少年，心理发展水平并未成熟。从这个意义上说，他们对自我的认识超前。而父母、教师只把他们视为尚未发展成熟的儿童，未能认识到"成人感"是儿童心理发展中存在着的"现实"。从这个意义上说，父母对儿童的认识滞后。一个超前，一个滞后，这种认识上的差距就成为双方矛盾的焦点。

4. 父母、教师必须正视少年儿童独立自主的需求

正视儿童心理上的"独立自主""社会地位平等""人格受到尊重"的需求，是处理好亲子矛盾的关键。为此，父母、教师需进一步端正儿童观和教育观。儿童本身是积极主动的发展者、学习者、前进者，不能视他们为被动的受教育者或被塑造的对象。对他们的教育应遵循双向互动、教学相长的原则，正视、重视孩子们成长中的需要，理解他们，尽心尽责地完成父母、教师的责任。

拓展知识

自我意识相关理论发展

在西方，早在古希腊时期，亚里士多德关于读书方法的专门论述就蕴含着丰富的在学习中进行自我监控与调节的思想。在20世纪初，瑞士认知发展心理学家皮亚杰、美国教育家杜威、心理学家桑代克等学者都从不同角度论述、研究了认知活动中的自我监控与调节问题。他们在一定程度上都说明了自我意识过程、积极监控行为以及批判性评价能力在认知活动、学习活动中的重要性。自我意识让人类知道自己需要什么，可以动态地选择适合自己的环境（植物不能走动），可以储备食物（动物只能简单地吃了上顿，下顿不能把握）。

在苏联心理学界，20世纪20—30年代，著名心理学家维列鲁学派创始人维果斯基就对认知思想有过精辟的论述。在《思维与言语》一书中，他指出："意识活动可以指向不同方向，它可能只集中在思维或动作的某些方面。我刚才打了个结，我是有意识做的，但我不能说我是如何做的，因为我的意识集中在结上，而不是在我自己的行动上，即我是如何进行我的行动的。当后者成为我意识的目标时，我可以充分地意识到它。我们使用意识去表示对大脑自身活动的意识，即对意识的意识。不言而喻，对意识的意识和对动作的意识都是元认知的典型表现。"

在我国心理学界，学者们从辩证唯物主义的观点出发，十分强调和重视人的主观能动性和意识的能动作用。早在1962年，朱智贤教授在其《儿童心理学》一书中，对儿童自我意识、自我评价的发生、发展及其作用进行了深刻的分析。许多心理学理论工作者发表了文章、论著，对意识、意识活动、意识与心理，特别是自我意识的实质、作用等问题进行阐述。

我们知道，意识是人脑对客观现实的反映，它可以分为自我意识和对周围事物的意识。马克思曾经指出："意识在任何时候都只能是被意识到了的存在。"这个被意识到了的存在，包括自身的存在、客观世界的存在，以及自身同客观世界的复杂关系。人不仅能意识到周围事物

的存在，而且也能意识到自己的存在。能意识到自己在感知、思考和体验，也能意识到自己有什么目的、计划和行动，以及为什么要这样做而不那样做，这样做的后果将是怎样，应如何调节自己的行动等，这就是人的自我意识。

自我意识是人的意识的最高形式，自我意识的成熟是人的意识的本质特征。它以主体及其活动为意识的对象，因而对人的认识活动起着监控作用。通过自我意识系统的监控，可以实现人脑对信息的输入、加工、贮存、输出的自动控制，这样，人就能通过控制自己的意识而相应地调节自己的思维和行为。

在学习活动中，这种自我意识、自我监督、自我检查、自我调节和修正的元认知实质上是一种反馈活动，它对个体的学习提高有着重要的意义。皮亚杰曾经说过："自我调节是主体以一种既是逆向动作（回路系统或反馈）又是预见性的适应，来构成一个永久性的补充系统。"他在这里特别说明了逆向动作即反馈，它可预见哪些是不适应的行为、哪些是适应的行为。在系统的活动中，它是自我调节的依据，通过它可以使系统不断地向前运动、发展。控制论的创始人维纳也曾说过，反馈就是"根据过去操作的情况去调整未来的行为"。无论在生物还是机器的系统运动中，通过反馈可以使行为得到调整和控制，使预定的目的得以实现。如果没有反馈，系统就无法进行有目的的运动。人的学习实际是一个接受、传递知识信息的自控系统运动，在学习活动中进行自我监控、自我调节是关系到学习效果的重要环节。

自我监控是以一种监控主体及监控对象为同一客观事物的监控。具体来说，自我监控就是某一客观事物为了达到预定的目标，将自身正在进行的实践活动过程作为对象，不断地对其进行的积极、自觉的计划、监察、检查、评价、反馈、控制和调节的过程。由于人类具有能进行自我监视反馈和调节控制的意识，才使自己得以成为区别于一切非生物和其他一切生物的特殊生物。这就是说，严格意义上的自我监控首先应该是一种智能监控。当然，并不是所有的智能监控都是自我监控。智能监控中的自我监控就是人类的自我监控，在实质上属于人对自身活动的自我意识和自我控制。人类自我监控贯穿于人类所从事的形形色色的实践活动之中，可以说无处不在。对每个人来说，从生活作息到学习工作，要保证每项活动的正常进行和顺利发展，都离不开自我监控。由此可见，人类生活与社会实践中任何自我监控行为或活动的出现，其本身就体现了个体的主体能动性。

认知活动的自我监控与调节，表现在主体根据活动的要求，选择适宜的解决问题的策略、监控认知活动进行的过程，不断取得和分析反馈信息，及时相应地调节自己的认知过程，坚持或更换解决问题的方法和手段。在这里，主体主动进行自我反馈是非常重要的，它使主体能及时发现认知活动的效率与成功的可能性。我国古代思想家老子说："知人者智，自知者明。"这句话精辟地说明了认知活动中自我意识、自我监控所具有的重要意义和地位。

自我监控是个体自我发展和自我实现的基本前提和根本保证。一方面，正是由于具有了自我监控能力，个体才得以对自我进行审视与反省，进而才得以树立自己的奋斗目标、制订自己的行动计划,从而为随后的自我发展和自我实现奠定基础。如果缺乏自我意识和自我监控能力,个体没有也无法去对自我进行审视与反省,当然也就不会有自我发展和自我实现了。因此,自我监控是个体自我发展和自我实现的基本前提。另一方面,在个体自我发展和自我实现的过程中,无论是目标的树立、方向的确立、计划的制订还是具体行为、行动的采取、实施、调整、控制,每一步骤的顺利完成都是以个体的自我监控与调节为手段,实际上是个体自我监控能力的具体表现。因此,在这个意义上,可以说自我监控是个体自我发展和自我实现的根本保证。自我监控与调节对于个体成功适应社会相当重要,它是完成各种任务,协调与他人关系的必要条件。

对自己在时空中的存在给予认可、首肯、欣赏、褒奖,悦纳自己由此实现;对他人在时空中的存在给予认可、首肯、欣赏、褒奖,悦纳他人由此实现;对眼前的时空及其内涵给予认可、首肯、欣赏、褒奖,悦纳现实由此实现。烦恼源自对自己、对他人和对现实的不认可、不首肯、不欣赏。倘若能悦纳自己、悦纳他人、悦纳现实,则欢悦盈溢自我生活的空间,烦恼也就自然烟消云散。自我监控与自我调节在教育中的作用,表现为它能最大限度地调整个体的内动力与外动力并进行定向。自我监控与自我调节是一切教育的基础,尤其在当今科学技术高度发展的信息时代,自我监控与调节显得更为突出和重要。在教育领域里,有意识地引入自我监控和自我调节是十分必要和有效的。知识量几何级数的增长,知识日新月异的更新,信息生产周期、陈旧周期的迅速缩短,信息传播与交换速度的明显加快,社会的飞速进步,对新一代人才的培养和教育提出了更新、更高的要求。其中能不能适应时代的发展,形成独立学习新知识、获取新信息、把握新进展、更新知识结构的能力,培养灵活应变和创造能力,增强自我意识、自我监控与调节和约束能力,已成为新型人才的必备素质。

人的一生是一个不可逆的过程,要提高人的社会价值,使人生更有意义,就必须善于认识自己、设计自己、安排自己、控制自己,使个人的发展与社会的进步相协调、相和谐,尽可能去发展自我监控能力。这样,不仅有利于每一个人,而且有利于整个社会、整个人类。

虽然人们从事的认知活动千差万别,但是元认知的自我意识和自我调节却是各项活动所具有的共同特征,也是决定各项活动效率的主要因素。由于人们对各种活动进行监控、调节的实质是相同的,因此,在任何一项认知活动中的元认知的自我意识和自我监控与调节水平的培养训练效果都具有广泛的迁移性。"认知和元认知策略的知识往往不足以提高学生的学业成绩,他们还必须具有使用这些策略同时调节他们认知与努力的动机。"近年来齐默尔曼等人提出的自我调节学习理论,整合了元认知、动机和行为三个方面,比元认知理论更进了一步。可见,元认知的自我意识和自我调节在人们的学习、心理、动机和行为等活动中具有十分重要的意义。随着科学的发展和人类认识的不断深入,人类必将更加精确和深刻地揭示高级认知过程的本质,以提高自我意识和自我调节能力。

第二节　常见儿童自我意识问题的健康教育

2019年3月18日，习近平总书记在学校思想政治理论课教师座谈会上强调，"青少年阶段是人生的'拔节孕穗期'，这一时期心智逐渐健全，思维进入最活跃状态，最需要精心引导和栽培"。儿童时期是个体自我意识迅速发展的阶段，此时儿童开始认真地审视自我，并对自己形成一定的评价。了解儿童自我意识及其发展特点，有助于我们有针对性地引导其自我意识的发展，促进其健康成长。

一、儿童自我概念塑造

（一）自我概念

自我概念，即一个人对自身存在的体验，它包括一个人通过经验、反省和他人的反馈，逐步加深对自身的了解。自我概念是一个有机的认知结构，由态度、情感、信仰和价值观等组成，贯穿整个经验和行动，并把个体表现出来的各种特定习惯、能力、思想、观点等组织起来。自我概念的作用包括自我引导作用、自我解释作用、自我期望作用和自我成败归因作用。

案例

我 是 谁

爸爸最喜欢和女儿说话了。这天他拿着米老鼠玩偶问女儿："这是谁啊？"

女儿说："这是米奇。"

爸爸又拿了唐老鸭玩偶问："这是谁啊？"

女儿说："这是唐老鸭。"

爸爸一时兴起，逗女儿说："那我是谁啊？"

女儿不以为然地说："呵！你连自己是谁都不知道啊？！"

案例分析

儿童的自我概念的发展是从具体到抽象，在幼儿时期，孩子可能会说出自己的姓名、性别、长相、居住的地方、会做的事情等，这些都以外在的特征来描述自己。到了学龄阶段，您开始会听到孩子描述一些内在特质，比如他喜欢的事物、他的心情和感觉。随着年龄逐渐增长，孩子也开始从别人对他的看法和评价来认识自己。儿童自我概念的发展是从"外在我"到"心理我"，再到"社会我"的过程。当儿童开始意识到自己的外在行为会引发别人的反应，为了获得别人的赞赏，他会小心表现自己，并借由观察别人的响应来修正自己的行为。透过每次的回馈与修正，儿童慢慢学会在不同的场合中，做出最适当的行为，并从别人的赞赏中获得正向的自我概念。

（二）自我概念的作用

1. 保持自我看法一致性

自我概念在引导一致行为方面发挥着重要的作用。自我胜任概念积极的学生，成就动机和学习投入及成绩明显优于自我胜任概念消极的学生。有关品德不良学生的研究也证明，学生有关自己名声与品德状况的自我概念直接与其行为的自律特征有关。当学生认为自己名声不佳，被别人认为品德不良时，他们也就放松对行为的自我约束，甚至破罐子破摔。很显然，通过保持内在一致性的机制，自我概念实际上起着引导个人行为的作用。在这个意义上，在儿童的发展过程中，引导他们形成积极的自我概念，对于"学会做人"有着非常重要的意义。

2. 决定人对经验的解释

一定的经验对于个人具有怎样的意义，是由个人的自我概念决定的。每一种经验对于特定个人的意义也是特定的。不同的人可能会获得完全相同的经验，但他们对于这种经验的解释却可能很不同。某次考试，学生 A 和学生 B 都考 95 分。学生 A 平时认为自己能力一般，对这门功课学习起来感到困难，对于这次能考 95 分感到欣喜，鼓舞他继续努力争取更好成绩；而学生 B 平时对这门功课很感兴趣，学习也很有信心，一般都能取得好成绩，这次考试却由于粗心只考 95 分，他认为是失败和挫折，感到懊恼、沮丧，决心再努力，决不再考这样的成绩。因此，个人的自我满足水平并不简单决定于他获得多大的成功，还决定于他的抱负水平，以及个人如何解释成功对于个人的意义。

自我概念形成不仅是儿童社会化的重要方面，引导儿童一开始就形成积极的自我概念是一种先定的教育定向。自我概念就像一个过滤器，进入心理世界的每一种知觉都必须通过这一过滤器。知觉通过这一过滤器时，它会被赋予意义，而所赋予意义的高度则决定于个人已经形成的自我概念。

3. 决定着人们的期望

心理学家伯恩斯 1982 年指出，儿童对于自己的期望是在自我概念基础上发展起来，并与自我概念相一致的，其后继的行为也取决于自我概念的性质。

自我概念积极的学生，他的自我期望值高。当他取得好成绩时就认为这是意料中的事，好成绩正是他所期望的；自我概念消极的学生，当他取得差的成绩时，也认为这是意料之中的事，假如偶尔考了个好的成绩，却觉得喜出望外。反过来，差的成绩又加强了他消极的自我概念，形成恶性循环。消极的自我概念不仅引发了自我期待的消极，也决定了人们只能期待外部社会消极的评价与态度，决定了他们对消极的行为后果有着接受的准备，也决定了他们不愿更加努力学习，决定了学习对于他们不再有应有的吸引力，丧失了信心与兴趣。由于自我概念引发与其性质相一致或自我支持性的期望，并使人们倾向于运用可以导致这种期望得以实现的方式行为，因而自我概念具有预言自我实现的作用。

4. 引导成败归因的作用

社会心理学家海德和温纳提出并建立了一套从个体自身的立场解释自己的行为的归因理论。温纳的自我归因论认为动机并非个人性格，动机只是介于刺激事件与个人处理该事件所表现行为之间的中介。每当个人处理过一桩刺激事件之后，个人将根据自己所体会到的成败经验，并参照自己所了解的一切，对自己的行为后果，提出以下六个方面的归因解释。

（1）能力因素，根据自己的评价，个人应付此项工作是否有足够的能力。

（2）努力因素，一个人反省此次工作是否尽了最大努力。

（3）工作难度因素，凭个人经验，对此次工作感到困难还是容易。

（4）运气因素，一个人自认为此次工作成败是否与运气好坏有关。

（5）身心状况因素，凭个人感觉工作当时的心情及身体健康状况。

（6）别人反应因素，在工作当时及以后别人对自己工作表现的态度。

这六项因素中，（1）、（2）、（5）三项属于内在因素，（3）、（4）、（6）三项属于外在因素。对工作成败的归因取向，将影响个人以后再从事类似工作时动机的高低。一个人具有积极的自我概念，相信自己的努力，将成败归因于自己的努力程度，归因于自己的细心或疏忽，自己愿意承担责任，从主观上找原因，凡事决定于自己的主观努力，命运掌握在自己手里，形成积极的控制信念，可以提高人的自我实现的能力。

（三）影响自我概念的因素

1. 早期的生活经验

当我们小的时候，"我"的观念非常模糊，很多的价值取向都处在一个摸索未定的状况，因此这个时候，生活中的经验对我们影响就变得非常重大，特别是一些重要的人对我们的影响尤其大。心理学家发现，自我概念在生命早期就基本定型，大约在儿童中期，也就是10岁左右，一个人对自己的看法已经相当的稳定，环境只会导致自我评价的短暂改变，很快，一切都会回到原来的自我概念。

2. 认知发展水平

自我概念随着认知经验的发展不断完善，认知水平使儿童具备了发展成熟自我概念的可能性。一个人年龄越大，心理越趋于成熟，他的自我概念也会逐渐变得客观。研究者发现，小学六年级学生的自我评价比小学三年级学生更接近老师和同学对他的评价。总的来说，年龄越大，越能"自我知觉"，对环境越具有主导性和客观性判断，不至于随波逐流、莫衷一是。自我识别能力为自我概念的形成奠定了基础；学龄期儿童的认知能力已经比较完善，能从自己的行为规律中总结出一些恒定特质，考虑人和环境之间复杂的互动关系，基本形成多维度多层次的自我概念；青春期的社会性认知不断增加，逐渐达到理解的元认知水平，即个体通过对自身认知活动的过程和结果进行调节与反馈，不断自我分析、自我调整形成的认知水平，发展出成熟的自我概念。

3. 文化背景和社会地位

一个人所处环境的整体文化水平会明显影响到一个人对自己的评价。来自总体文化水平比较高的区域的人们，通常表现出一种"安全、自信乃至优越"的自我评价；而来自总体文化水平偏低区域的人们，通常会对环境表现出一种不安全感。环境的变化也同样帮助人更好地认识自我。研究显示，一个人接触的环境越丰富，则他的身心各方面发展都要比单一环境中的个体更好。不同的环境会给人带来不同的"刺激"，从而产生不同的经验，总结出更为丰富的环境互动方式。环境接触得较多的人，相对于在单一环境中成长的人有更多的安全感。

4. 重视他人的作用

不断发展的自我意识在很大程度上来自和他人的交互作用，重要他人的评价和态度对自我概念的发展产生深刻影响，决定了自我概念的个体差异。

（1）家庭成员的影响。家庭是儿童心理发展的主要环境，父母作为儿童早期的重要他人发挥了关键性作用。鲁萨等发现，父母对婴儿的行为信号给予持续、敏感的反应，可以帮助婴儿发展出安全的依恋关系，更好地理解自我和社会环境之间的关系，特征识别能力也较高。温暖、积极的教养方式让儿童感到自己值得被爱，合理期望帮助儿童明确行为准则，根据理性标准评价行为，形成较高的自我概念；粗暴惩罚具有消极作用，低自尊儿童在生活中常有被拒绝、不确定和无助的感觉。和父母冲突、交流少的儿童自尊感低，易出现各种行为问题，得到父母关注和照料的儿童即使生活在单亲家庭仍有较高的自我概念。青春期自我概念的发展中，既依恋又能自由发表观念的青少年常常达到同一性实现。此外，有兄弟姐妹的学龄前儿童表现出更高的社会性认知水平和自我概念的分化程度。同胞间通过谈论各自的心理状态、开玩笑、互相帮助等方式为儿童提供了更多的交往机会，促进了自我概念的发展。

（2）教师的作用。儿童进入小学阶段后，认知能力、心理的随意性和目的性不断提高，他们已进入自我概念发展的重要时期。此时，教师作为儿童生活中的重要他人发挥核心作用。6～8岁儿童的道德认知发展处于权威阶段，教师具有很高的权威性，同时，儿童个性的可塑性和模仿性很强，师生交往中教师对学生行为的评价、情绪反应和行为表现直接影响学生的自我概念。教师和学生接触中表现出的一般人际行为特点和态度，即"教师互动行为"是影响学生学业成绩以及学业自我概念的重要变量。教师自身的心理问题会不可避免地带入到教学风格和学生的互动关系中，由此对学生心理健康产生影响。研究发现，师生关系与小学生自我概念的发展密切相关，亲密型师生关系比冲突型和冷漠型师生关系更有利于学生自我概念的发展。

（3）同伴关系。随着年龄增长，儿童寻求更多他人对自己的看法，来自外界的评价与自身体验相结合形成不同水平的自我概念。对于学龄儿童，同伴的看法发挥了比父母更重要的作用。人有被同类赞赏的本能倾向，同伴交往经验对自我概念和人格发展具有重要影响，如果没有得到足够的关注，就可能对自我价值产生疑问。同伴关系为儿童进一步理解社会规则和社会角色构建了基本框架，Parkhurst 等发现少年期被群体孤立的体验将导致自卑感，被拒绝或交往退缩的儿童由于与同伴积极交往的机会有限，发展受到明显影响。研究表明，学校中遭受同伴欺负的次数和儿童自我概念水平呈显著负相关，而被欺负儿童的低自尊无形中加固了这种恶性循环。此外，欺负他人的儿童自我概念也较低，研究发现儿童欺负行为常是父母间争吵、冲突的结果。

（四）儿童积极的自我概念的培养

1. 父母的积极型教养方式

一个人自我概念的形成，既来自自己过去经验的总结，也来自他人对自己的反应和评价，生活中父母的影响尤为重要。如果父母采取积极型教养方式，给予子女情感温暖与理解，子女较易形成积极的自我概念，而父母的拒绝、否认、惩罚，以及过度保护和干涉则使子女体验挫败与无力，从而形成消极的自我概念。

2. 教师的赏识教育

"教也者，长善而救其失者也"，每个人都有不足之处。但总有某方面的特长优势，多开展各式各样的活动，提供展现自我的机会，鼓励他们参与到活动中来，细心捕捉他们身上的闪光点，适时给予表扬，在一点一滴中，引导他们加入集体，对自己产生信心。"表扬学生微小的进步，要比嘲笑其恶迹高明得多"，及时的肯定与表扬，既满足他们的自尊需要，又有利于积极自我概念的形成。

3. 增加成功体验

家庭和学校可以设置各种各样简单的学习任务和文体活动，增加个体的成功体验，有助于个体获得内在一致感，产生积极的自我评价。积极的认知体验，能增加个体对成功的期望，进而提升其努力性和坚持性。积极的情感体验能够影响决策的效率和创造性，提升自我概念，促使个体形成自信、自强的健康心态。

4. 全面客观认识自我

个人要想全面客观认识自我，首先必须积极进行社会交往，充分表现自我，发现自己的优点和不足；其次合理运用社会比较策略，每个人在认识自我的过程中，免不了要与别人进行比较；最后结合周围人对自己的评价与态度，留意来自父母、老师、同学、朋友、异性等多方面的信息，这样就能够逐步形成对自我的全面客观的认识。

二、儿童的自信塑造

（一）儿童的自信

自信心，在心理学中，与其最接近的是班杜拉在社会学习理论中提出的自我效能感的概念，是指个体对自身成功应对特定情境的能力的估价。自信与否原本是描述人在社会适应中的一种自然心境，即人尝试用自己有限的经验去把握这个陌生世界时的那种忐忑不安的心理过程。但我们必须清楚，信心只是成功后的良性情绪，自信不是自大、自傲，但从逻辑来讲依然有其盲目性。可以通过刻意的训练如挑前面的位子坐、正视别人、把走路的速度加快25%、当众发言等方法建立自信。

广义地讲，自信本身就是一种积极性，自信就是在自我评价上的积极态度；狭义地讲，自信是与积极密切相关的事情。没有自信的积极，是软弱的、不彻底的、低能的、低效的积极。自信是发自内心的自我肯定与相信。自信无论在人际交往上、事业上还是在工作上都非常重要。只有自己相信自己，他人才会相信你。自信是对自身力量的确信，深信自己一定能做成某件事，实现所追求的目标。把许多"我能行"的经历归结起来就是自信。

（二）儿童自信心的培养方法

自信是成功的基石，培养孩子的自信，对现阶段成长及未来发展都极为重要。自信是一个孩子成长过程中极佳的养分，会成为孩子现在及未来最好的装扮。拥有自信的孩子永远愿意站在最璀璨的地方，不带一丝怯弱地展现自我，因而也更容易得到命运的眷顾。

1. 认真对待孩子的要求

在孩子眼里，父母是最值得信任和依靠的人。当孩子向父母提出了要求，这就说明孩子真的需要父母的帮助。而作为父母无论孩子的要求合理与否，都要认真对待。

2. 尊重孩子的意见

人与人交往贵在尊重，父母与孩子相处更是如此，不能因为自己是大人就在孩子面前树立高高在上的权威。父母要树立威信，这是为了方便管教孩子。孩子在长大的过程中会形成独立意识，会有自己的想法，父母必要时可以听取孩子的想法意见，结合自己的经验给孩子提出建议。

3. 多肯定孩子

孩子年纪小，但同样有自尊心和自信心。有些人喜欢拿孩子打趣，或者嘲笑孩子说话的发音，或者嘲笑孩子的考试成绩甚至长相，这些都会在孩子的心里埋下自卑的种子。作为父母要多肯定孩子的努力，孩子要多夸，才更有动力去做得更好。

4. 认真对待孩子的问题

孩子总是有着很强的好奇心，会向大人问一连串的为什么，这些一连串的甚至毫无联系的为什么也会让大人摸不着头脑。作为父母要认真对待孩子的提问，自己会的力所能及解答，对于不会的可以借助工具书或与孩子一起寻求答案。父母正确对待孩子的提问，会让孩子感觉到被重视，他们会更加乐于思考、善于提问。

5. 不要盲目拿孩子对比

几乎每个父母的口中都有别人家的孩子，自家的孩子没有别人家孩子的成绩好，父母乐此不疲地试图拿别人家孩子来刺激自家孩子的成长。聪明的父母永远不拿自己的孩子与别人的孩子进行比较，在他们的心目中自己的孩子就是最好的，独一无二的。与其比较，不如改进自己的教育方法，真正认识到孩子的进步或退步之处，针对性地教育孩子。

三、儿童自卑心理的辅导

（一）儿童的自卑

自卑是指一个人严重缺乏自信，自我评价过低，自己瞧不起自己。他们常常认为自己在某些方面或各个方面都不如别人，常用自己的短处和别人的长处相比，具体体现在遇事不相信自己的能力，办起事来爱前思后想，总怕把事情办错被人讥笑，且缺乏毅力，遇到困难畏缩不前。自卑是一种不能自助和软弱的复杂情感。自卑心理表现为对自己缺乏一种正确的认识，在交往中缺乏自信（主要因素），办事无胆量，畏首畏尾，随声附和，没有自己的主见，一遇到有错误的事情就以为是自己不好，这样导致他们失去交往的勇气和信心。

案例

我是一个多余的人

小丽是一个女孩，家在某农村，由于家人重男轻女，所以她生下来就被爷爷奶奶嫌弃，被爸爸妈妈冷落。得不到家庭温暖的她觉得自己就是多余的，她变得不接纳自己，认为自己是个没用的人，做什么事都没信心，在家的言行举止都很小心翼翼，稍有不对就会遭到白眼和辱骂。她很害怕回家。她觉得在家里，父母只疼爱弟弟，并不爱她，她恨极了父母。她无时无刻不想逃离这个家。小丽对家庭的厌烦、恐惧影响了她在学校的正常生活，成绩逐渐下滑。

案例分析

由于小丽被家人冷落而变得不接纳自己、自卑，从心理学的角度来看，小丽所表现出来的行为，必然是有其心理原因的。自卑的人，对自己的评价过低，办事缺乏信心，处处感到自己没用。自卑心理形成原因比较复杂，既有个人生理、心理上的原因，也有家庭、学校和社会因素的影响。父母的冷落责骂给了小丽很大的心理压力，诱发自卑心理。小丽父母不懂得如何爱孩子，如何尊重她的自尊，小丽从小受到了不平等待遇，因此形成了强烈的自卑心理。

（二）自卑的主要表现

自卑的意思是低估自己的能力，觉得自己各方面不如人。表现为对自己的能力、品质评价过低，同时可伴有一些特殊的情绪体现，诸如害羞、不安、内疚、忧郁、失望等。自卑是一种自我否认，对自己没有信心，也对自己不认同的心理表现。

1. **情绪低落、过度怕羞**

如果孩子常常无缘无故地郁郁寡欢，那很可能就是自卑心理使然，如怕羞过度，包括从来不敢面对小朋友唱歌，从来不愿抛头露面，从来不敢接触生人等，则可能内心深处隐含有强烈的自卑情绪。

2. 拒绝交朋结友

一般来说，正常儿童都喜欢与同龄人交往，并十分看重友谊，但具自卑心理的孩子绝大多数对交朋结友或兴趣索然，或视为"洪水猛兽"。

3. 回避竞争

虽然有的自卑儿童十分渴望在诸如考试、体育比赛或文娱竞赛中出人头地，但又无一例外地对自己的能力缺乏必要的自信心，因而断定自己绝不可能获胜。由此，绝大多数自卑儿童都是尽量回避参与任何竞赛，有的虽然在他人的鼓励下勉强报名参赛，但往往在正式参赛时又会临阵脱逃，当"逃兵"。

4. 语言表达较差

据专家所作的统计，八成以上的自卑儿童的语言表达较差。他们或表现为口吃，或表述不连贯，或表达时缺乏情感，或词汇贫乏等。专家们认为，这是因为强烈的自卑感阻碍了大脑中负责语言学习系统的正常工作。

5. 对挫折难以承受

自卑儿童大多不能像正常儿童那样承受挫折、疾病等消极因素带来的压力，每每即便遇到小小失败或小小疾病便"痛不欲生"，对诸如搬迁、亲人过世、父母患病等意外感到难以适从。

（三）自卑的产生原因

1. 生理因素

一个人的生理特征不及常人容易产生自卑，身材、肤色、体重、健康状况等生理因素都有可能导致一个人自卑。

2. 自我认识不足

儿童的自卑主要是没有全面、客观地认识自己，自我评价过低。人的自我分为主观自我和客观自我，自己对自己的看法就是主观自我，周围人对自己的看法就是客观自我。如果儿童出现主观自我的水平远远低于客观自我的水平，那么儿童就会出现自信心严重不足，出现自我认识偏差，自我评价过低，从而产生自卑。

3. 家庭环境因素

父母职业、家庭经济条件等都会影响儿童自卑心理的产生，部分儿童由于出身贫寒，生活困难，与别的儿童相比，觉得自己家庭经济条件实在太差而感到自卑。

4. 成人的评价

父母和教师是儿童心目中的权威，父母与教师对儿童的评价都会对儿童产生巨大的影响。每个人总是以他人为镜来认识自己，如果他人对自己的评价过低，特别是较有权威的人的评价，就会影响对自己的认识，从而过低评价自己，产生自卑心理。

5. 耐挫力低

儿童耐挫力低是导致自卑产生的根本原因。儿童人生阅历、自控能力和耐挫力有限，面对不如意或者失败时会形成较重的挫败感。若经常遭受挫折和失败，耐挫力低的儿童很容易引起自卑。自卑又会导致失败，自信心再次降低，自卑则日益严重。

6. 个人性格特点

气质抑郁、性格内向者大都对事物的感受性强，对事物带来的消极后果有放大趋向，而且不容易将其消极体验及时宣泄和排解，产生自卑的可能性也相应增大。而自觉性、果断性和自制力较强的儿童在其上进心、自尊心受到压抑时，不是变得自卑，而是激起更强烈的自尊，及时调整自己的行动，以更大的干劲冲破压抑，努力拼出一条成功之路。但有自卑心理的儿童则正好相反，在经过一番努力后尚无效果，便会泄气，认为自己不行，甚至自暴自弃。

（四）儿童自卑心理的辅导方法

1. 消除不恰当的成人评价

儿童由于心智发育不成熟，还没有成熟的自我评价意识和自我认知能力，对自己的认识和判断，往往来源于成人的判断。经常数落孩子会

儿童自卑心理的辅导

导致孩子自卑，儿童承载太多来自父母、老师的负面语言会刺伤自己。谁也不喜欢总是受父母、老师的数落、指责。儿童是越表扬越上进，越批评越下滑。多发现儿童的闪光点，少关注无关大局的小缺点。父母、老师平时对儿童应该多赏识赞扬，少批评指责。

2. 帮助儿童建立正确的自我评价

自卑的人往往注重接受别人对他的低估评价，而不愿接受别人的高估评价。在与他人比较时，也多半喜欢拿自己的短处与他人的长处相比。越比越觉得自己不如别人，越比越泄气，自然产生自卑感。其实，我们每个人都有各自的优点和缺点。因此，有自卑心理的人，首先要正确认识自己，提高自我评价，要经常回忆自己的长处和自己经过努力成功的事例；要善于发现自己的优点，肯定自己，以此激发自己的自信心，不要因为某些缺点的存在而把自己看得一无是处，不能因为一次失败而以偏概全，认为自己什么都干不了。具有自卑心理的人，总是过多地看重自己不利和消极的一面，而看不到有利和积极的一面，缺乏客观全面分析事物的能力和信心。这就要求我们努力提高自己透过现象认识本质的能力，客观分析对自己有利和不利的因素，尤其要看到自己的长处和潜力，而不是妄自嗟叹、妄自菲薄。

3. 建立积极的自我暗示系统

暗示法就是个人通过积极的自我暗示、自我鼓励，进行自助的方法。人的自我评价实际上就是人对自我的一种暗示作用。它与人的行为之间有很大的关系。消极的自我暗示导致消极的行为，而积极的暗示则带来积极的行动。始终坚信"我能行""我也能够做好"。成功了，自信心得到加强；失败了，也不气馁，不妨告诉自己："胜败乃兵家常事，慢慢来我会想出办法的。"

4. 确立合理的目标

很多孩子产生自卑，往往是由于对自己要求过高，把自己已经取得的小成绩淹没在大目标无法实现的焦虑中，心理上就常常笼罩在悲观、失望的阴影中。孩子可以自己制定一个个能在短期实现的小目标，引导自己向前看，从已经实现的小目标中得到鼓舞，增强自信。随着一个个已实现的小目标的积累，不仅会形成一个实现大目标的动力源，还会使孩子形成足以克服自卑的信心。凡事应不怀奢望，要善于自我满足，知足常乐，这样，就容易达到目标，避免挫折的发生。

5. 加强肯定性训练，提高自信心

肯定性训练又称自信训练，放手让儿童独立完成一些力所能及的事，这当中要多鼓励多赏识，帮助孩子体验一次次成功。要从小多带儿童走出家庭小圈子，参加集体活动，在社会交往中培养乐观自信、大方活泼的好品格。多让儿童做一些把握较大的事情，一举成功后便会有一份喜悦，每一次成功都是对自信心的强化。自卑的儿童如能多参与社会交往，可以感受他人的喜、怒、哀、乐，丰富生活体验。通过交往，可以抒发被压抑的情感，增强自身的勇气，走出自卑的泥潭。通过交往，可以增进相互间的友谊、情感，使自己的心情变得开朗，自信心得到恢复。

6. 建立积极防御机制，提高耐挫力

自卑的人心理防御机制多数是不健全的，自我评价认知系统多数比较偏低。因此，培养儿童以宽容、豁达的态度对待挫折、失败，当遭受挫折与失败的时候，不怨天尤人，也不轻视自我，进行正确归因，客观地分析环境与自身条件，找到心理平衡。

四、儿童自负心理的辅导

（一）自负心理

自负心理就是盲目自大，过高地估计个人的能力，失去自知之明。自负心理有其独特的价值，尤其对青少年来说，在适当的范围内，自负可以激发他们的斗志，树立必胜的信心，坚定战胜困难的信念，使他们能够勇往直前。但是，自负又必须建立在客观现实的基础上，脱离实际的自负不但不能帮助事业成功，反而影响自己的生活、学习、工作和人际交往，严重的还会影响心理健康。

案例

自命不凡的瑶瑶

瑶瑶是个非常优秀的学生，人长得漂亮，有一双会说话的大眼睛，能歌善舞，素质发展比较全面。在学校里，她是个受欢迎的学生，学校领导看着喜欢，班主任老师更是视为左膀右

臂；回到家里，爸爸妈妈又把她视为掌上明珠，宠爱有加。班主任一直都很重用她，凡事都让她管，可渐渐地她越来越自命不凡，和同学之间的矛盾也越来越大。这学期开学初重新成立班委会时，班主任征求她的意见，她说这个"太笨"，那个"不会说话"，不是摇头就是撇嘴，意思十分露骨，全班除了她没人能当班干部了。也许正是她的这种态度，引起了同学们的不满，班干部竞选时，她落选了，当时她就哭了，以中午拒绝吃饭表示对竞选的不满。

案例分析

瑶瑶从小就成绩好、能力强，备受家长老师的宠爱，渐渐养成了自负心理，竞选失败后没有从自身找原因，而是以不吃饭等偏激行为来表达自己的不满，受挫能力极差。

（二）自负心理表现

自负的人难免心高气傲，有的自视过高，总爱抬高自己贬低别人，把别人看得一无是处，总认为自己比别人强很多；有的固执己见，唯我独尊。自负的人也很少关心别人，与他人关系疏远。他们经常从自己的利益出发，不太顾及别人。

1. 自视过高

自视过高的人认为自己非常了不起，别人都不行。自信不是自负，不能过于觉得自己很了不起，很少关心别人，与他人关系疏远。这种人时时、事事都从自己的利益出发，从不顾及别人，似乎人人都应为他服务，以自我为中心。

2. 看不起别人

看不起别人的人总认为自己比别人强很多，这种人总是将自己的观点强加于人，在明知别人正确时，也不愿意改变自己的态度或接受别人的观点。总爱抬高自己贬低别人，把别人看得一无是处。

3. 过度防卫

这种人有很强的自尊心，当别人取得一些成绩时，其妒忌之心油然而生，极力去打击别人，排斥别人。当别人失败时，幸灾乐祸，不向别人提供任何有益的信息。同时，在别人成功时，这种人常用"酸葡萄心理"来维持自己的心理平衡。

（三）儿童自负心理产生原因

1. 他人过度的夸奖

儿童大多都是通过他人的评价来认识自己的。如果儿童小时候听到的都是父母、老师的夸奖与表扬，即使犯了错误也没有得到父母、老师的批评与指正，儿童就容易想当然地认为自己没有缺点，那么儿童就会产生自负的心理。

2. 自我认识的偏差

自负的儿童对自己认识不足，只看重自己所具有的优点与长处，忽视自己的不足与短处，同时夸大自己的能力；而看别人时正好相反，只看别人的缺点，不看别人的长处，忽视别人的学识。自负的儿童还会拿自己的特长与别人的不足去比较，这样儿童就会感到自己比别人优越，因而就会产自负的心理。这是自我认识的偏差，是没有自知之明的表现。

3. 过于优越的条件

有的儿童因为各方面条件比别人强，比如家庭富裕、长相漂亮、成绩出色等，如果没有得到较好的价值观引导，这样的条件容易使他们看不起别人，从而产生自负的心理。

4. 自尊心方面的补偿

有些儿童自尊心比较强，如某一方面不如别人，怕别人看不起自己，就表现出不在乎的态度，显示出自负清高的神态，其实，这是一种自尊心过度敏感的表现。

5. 缺少挫折与磨练

现在的儿童在生活上都比较富足，如果生活中有点困难往往也是父母帮忙解决，几乎没遇到过挫折，生活得一帆风顺，要什么有什么。于是，他们就感觉到无所不能，从而产生自负的心理。

（四）儿童自负心理的辅导方法

儿童产生自负心理和行为之后，教师首先要找到儿童产生自负心理的原因，并通过合适的方法教育儿童回归理性，正确地评价自己和他人。具体包括以下几种方法。

1. 给儿童正确的评价

父母、老师要逐渐转变对儿童的评价方式，对儿童的评价应客观实际。儿童总是有不足的地方，父母、老师不要因为溺爱儿童就不切实际地吹捧他，这样易助长儿童的自负心理。父母、老师对儿童的表扬要适当，对儿童的批评也要恰如其分，既不能以偏概全，也不能掩耳盗铃、视而不见，而要客观指出儿童的不足。

2. 教儿童正确全面地认识自己

教儿童学会以辩证的眼光去看世界中的任何事情，包括自己；还要让儿童认识到"金无足赤，人无完人"，每个人身上都是优缺点并存。要教儿童勇于承认自己的缺点，自负的儿童只有认识到自己的不足之处，明白自己还有不如别人的地方，才不会产生自负的心理。当儿童存在自负心理时，要抓住一切机会教育儿童，特别是在儿童面对失败的时候，要告诉儿童"人外有人，天外有天"，不仅要看到自己的优点，还要注意自己身上存在的不足，这样才能正确认识自己。只有教儿童正确全面地认识自己，才能帮助儿童学会正确地评价自己和别人，从认知方面减少自负心理的产生。

3. 教儿童乐于接受别人的批评

自负的儿童总是自以为是，哪怕是明知道自己错了也会固执己见，不愿听从别人正确的观点，不能接受别人对自己提出的任何批评与指责。只有让自负的儿童学会接受别人的批评，才能从根本上改变儿童的自负心理。

4. 让儿童学会与他人平等相处

自负的儿童往往唯我独尊，什么事都想让别人听从自己的吩咐，把自己凌驾于所有人之上，对别人指手画脚，呼来唤去，这种不平等的相处方式是自负儿童的显著表现。要克服儿童的自负心理，就要让儿童学会平等地与人交往，真正融入集体之中，这样才会有和谐的人际关系。

5. 教儿童学会换位思考问题

自负的儿童易存在自私心理，缺乏修养，做什么事情不顾别人的感受，不知道尊重别人。应当教会他们换位思考，让他们站在别人的位置上感受自己的所作所为，才能使儿童减少或者杜绝类似让别人听从自己等自负的念头与行为。

6. 让儿童学会发现别人的优点

自负的儿童常常无视别人的优点与长处，所以总认为别人不如自己。多让儿童接触比自己更优秀、更具专长的人，认识到"强中自有强中手"，让儿童学会发现别人的优点，多去看别人的长处，并且对别人这些好的方面给予发自内心真诚的赞赏，减少儿童的自负心理。

7. 让儿童养成谦虚的良好品质

"满招损，谦受益"，儿童如果学会谦虚地做人处事，就不会产生自负的心理，也就不会带来自负的行为，而这样的人就很容易取得成功。因此，应该让儿童养成谦虚的好品质。

五、儿童自我控制能力的辅导

（一）自我控制能力

自我控制能力（简称自控能力）是自我意识的重要成分，它是个人对自身的心理和行为的主动掌握，是个体自觉选择目标，在没有外界监督的情况下，适当地控制、调节自己的行为，抑制冲动，抵制诱惑，延迟满足，坚持不懈地保证目标实现的一种综合能力，表现在认知、情感、行为等方面。

案例

静不下来的宋晓东

课堂上，学生们正在安静地做着作业。宋晓东却不做作业，他不是转来转去看别人，就是东摸摸西摸摸，再不行就研究自己的手指，嘴里还不停地发出声音……直至老师站在了他的身边，他才停止自己的动作，拿起笔，慢慢地做起作业来。悠扬的音乐声突然响起，原来下课时间到了。老师正要宣布下课，宋晓东就已经迫不及待地冲出了教室，而他的书、作业本摊了一桌子……

案例分析

案例中宋晓东出现上课注意力不集中，下课铃响起，下意识地冲出教室玩耍，不管老师的安排和自己的课桌上乱糟糟等现象，是自我调控能力薄弱的表现。自我调控能力是儿童善于控制和支配自己行动的能力，是一种重要的人格特征和心理素质。

（二）儿童自我控制能力差的表现

如说一些使人恼怒的话，好插嘴和干扰大人的活动，常引起大人的厌烦，自制力差还有如下表现。

1. 费时拖拉

自控力差的人往往大部分时间都在纠结、犹豫、徘徊，不容易下定决心直接去做。做事总是延期，一拖再拖，不仅浪费了时间，还丧失了机会。

2. 注意力不易集中

他们注意力不易集中，如上课时常东张西望，心不在焉，或貌似安静，实则"走神"等。做事容易开小差和分神，很难集中精力和时间完成一件事情，容易半途而废。

3. 情绪易激动

他们胆大不避危险，尤其在情绪激动时，出现不良行为，喜争吵打骂。说话不顾及人物、场合，不经意之间就破坏了感情，伤害了别人。

4. 行为轻率

不能遵守规则，不能以身作则，表现轻浮，行为轻率，做事浮躁，漠视规则，我行我素。

（三）儿童自我控制能力影响因素

1. 生理因素

神经系统尤其是大脑皮质发育对儿童自我控制能力的发展有着直接的影响。相关研究表明，儿童的脑部皮下组织和第一级投射区在其刚出生时发育是较为成熟的，而相对复杂的脑部二级和三级皮质结构的发育还尚未成熟，这些是儿童对客观事物的认知及自身行为调控的生理基础。儿童在刚出生时，其大脑相关区域的抑制功能还并未发育完善，这些生理原因导致了儿童大脑的兴奋区域占用了主要的支配作用，所以儿童容易出现较多的冲动性行为。

2. 性别因素

经过研究发现，男孩在对情绪及行为方面的控制通常要差于同龄女孩。因此，性别的不同也是使男女自我控制能力存在差异的重要原因。导致这种现象的具体原因是由于个体性别差异而使生物激素分泌的差异，这些会对儿童的心理及行为产生不同的作用。由于社会文化对个人观念的影响，大多数的人认为，女性就应该具有丰富的情感、细腻的心思、温柔的行为等特征。而男性则应该具有更强的攻击行为、支配行为等特征。

3. 认知因素

研究发现，儿童认知能力的发展将对其自我控制能力的发展起到至关重要的作用。通过认知能力的发展可以调控个体的注意及想象的分配，从而间接影响儿童面对刺激物时，对自我情绪、行为的调控，最终使自我控制能力得到发展。维果斯基通过实验证明，儿童在问题解决的过程中，通常会采取自言自语的方式来调控自己的情绪和行为。

4. 家庭因素

研究发现，父母的行为及教养方式将对儿童的自我情绪和行为的管理具有很重要的影响。适应性的、敏感的教养方式与儿童的自我控制能力具有显著相关。父母的反应性教养方式对儿童情绪及行为等方面的控制具有积极的影响作用。

5. 社会因素

儿童在接触社会环境过程中，通过环境的影响及行为的模仿而使自己的认知及行为得到潜移默化的影响。研究发现，榜样是影响儿童自我控制的一个具有决定性的重要因素。此外，外界的诱因也是影响儿童自我控制能力发展的一个关键因素，研究发现诱因可以对儿童的自我控制能力产生一定的激励作用。

（四）儿童自我控制能力的辅导方法

1. 培养儿童的规则意识

儿童只有具备了规则意识，才能提高自控水平。家长可以先在生活常规方面着手，制定规则如按时起床、睡觉、不挑食等。家长要长期坚持一贯的要求，儿童就会逐步约束自己。除了生活常规，爸爸妈妈还可以给儿童订立一些规矩并坚决执行。

2. 提高儿童的自我评价水平

一个人只有正确地认识和评价自己，才能提高自我控制的动机水平。只有当儿童认识到欺负别人是不良行为时，他才会不骂人、不打人；只有认识到助人为乐是一种高尚行为时，他才会放弃自己的利益去帮助其他人。所以应当不断提高儿童的自我评价水平，从而实现他对自身行为的调节。

3. 通过榜样引导孩子的行为

儿童善于模仿，易受感染，为儿童树立自控力好的榜样，可以提升其自控力。这些榜样一般是父母、老师或者同伴，平时儿童很容易从父母对待他人的方式中学会怎样对待他人。父母要恰当表达自己的感受，指导儿童在不压抑自己的情绪同时，不能通过发脾气来表达感受，还可以引导儿童学习榜样严格要求自己和规范自己。

4. 给儿童多一点关心和温暖

自制力的形成需要一个过程，不是一蹴而就的。当儿童打坏东西、提一些过分要求时，父母应当适时给予宽容和温暖，呵斥、冷漠等粗暴行为只会让孩子产生反抗情绪。对于孩子的不良表现，要给予耐心的说服教育，切忌一味地训斥、压制，父母对孩子要有足够的耐心和温暖，当孩子的行为变成一种习惯时，自制力也就自然而然地形成了。

5. 奖励已形成的自制力

家长的奖励可能是孩子坚持的动力。家长可以在精神上多赞赏孩子，"你真的长大了，坚持下去，一定会成功的。"家长要注意物质上的奖励不要过于频繁，不能说"你今天要是能学习一个小时我就给你买件新衣服"。这样会使孩子的自制力带有功利性质，不利于孩子的发展。对于孩子表现良好的自控行为，要给予及时的表扬和鼓励，树立孩子的自信心。

拓展知识

一、归因理论

最早提出归因理论的是海德，在他的著作《人际关系心理学》中，从通俗心理学的角度提出了归因理论，该理论主要解决的是日常生活中如何找出事件的原因。他把事件的原因归为内部原因和外部原因。

韦纳在海德归因理论与阿特金森的成就动机理论基础上，提出了自己的归因理论。除了内部和外部维度外，他还提出一个新的维度，即把原因分为暂时的和稳定的两种。总共划分为三个维度。

控制点：指的是成败的原因受内部控制还是外在环境的控制。

稳定性：指个体认为影响其成败的因素，在性质上是否稳定，是否在类似情境下具有一致性。

可控性：指个体认为影响其成败的因素，在性质上是否由个人或者他人意愿所决定。

韦纳把人的成败原因分析为六个因素：能力（指个人评估自己能否胜任工作）、努力（个体在工作中是否尽力而为）、任务难度（凭个人经验判定该项任务的困难程度）、运气、身心状态（工作中个体当时的身体及心情是否影响工作效率）、外界环境（工作中及以后别人对自己工作表现的态度）。这六个因素都可以用三个维度来分析，以下是归因理论的三维度六因素关系，如表2-1所示。

表2-1 归因理论的三维度六因素关系

因素	因素来源 内部	因素来源 外部	稳定性 稳定	稳定性 不稳定	可控性 可控	可控性 不可控
能力	√		√			√
努力	√			√	√	
工作难度		√	√			√
运气		√		√		√
身心状况	√			√		√
外界环境		√		√		√

韦纳认为，归因会影响到学生的情感状态。如果学生把成功原因归因为内部动机时会产生较强的情感反应，成功时感到满意自豪，失败时感到内疚和羞愧；归因于外部因素，不论成功还是失败，都不会出现太强的情感反应。因此，当一个总是把失败归因于能力低就会形成习得性无助，即当个体感到无论做什么事情都不会对自己的重要生活事件产生影响时所体验到的一种抑郁状态，比如生活中常见的"听天由命""破罐子破摔"等现象。

根据归因理论，学生将成败归因于努力比归因于能力会产生较强的情绪体验。因此，教师在指导学生归因时要考虑到学生的努力程度，对于努力而能力低的学生给予更多奖励，对于能力高而不努力的学生给予较低评价。

二、皮格马利翁效应

皮格马利翁效应，又称罗森塔尔效应，是一种社会心理效应，指的是教师对学生的殷切希望能戏剧性地收到预期效果的现象。

皮格马利翁效应由美国著名心理学家罗森塔尔和雅格布森在小学教学上予以验证提出。这一理论暗示在本质上，人的情感和观念会不同程度地受到别人下意识的影响，人们会不自觉地接受自己喜欢、钦佩、信任和崇拜的人的影响和暗示。评价主体低估被评价者能力，认定被评价者是不求上进的、行为差劲的，以致被评价者将这种观念内化，导致被评价者表现不良行为。

你期望什么，你就会得到什么，你得到的不是你想要的，而是你期待的。只要充满自信地期待，只要真的相信事情会顺利进行，事情一定会顺利进行。相反，如果你相信事情不断地受到阻力，这些阻力就会产生，成功的人都会培养出充满自信的态度，相信好的事情会一定会发生的。

皮格马利翁效应给我们这样一个启示：赞美、信任和期待具有一种能量，它能改变人的行为，当一个人获得另一个人的信任、赞美时，他便感觉获得了社会支持，从而增强了自我价值，变得自信、自尊，获得一种积极向上的动力，并尽力达到对方的期待，以避免对方失望，从而维持这种社会支持的连续性。

课后心理游戏

一、谁是密友

（一）目的：了解谁是好朋友。

（二）时间：20～40分钟。

（三）内容。

1. 大家围圈站，一人站在中间。

2. 组长问："当你想找人倾诉时，在这个小组中，你会找谁？"此时，所有人便要闭上眼睛。

3. 站在中间的人，就要走到他心中的密友前。当他说"OK"时，大家便可睁开眼睛。

4. 站在中间的人要分享他为何选这个人？被选的也请分享他的感受，没有被选者如有不满，可提出抗议。

二、人格特质回响

（一）目的：关心自己，提出自己拥有但不太喜欢的人格特质，并聆听他人所提供的改变建议。

（二）时间：20～40分钟。

（三）材料：纸、笔。

（四）内容。

1. 组员围圈坐下。组长提供15种心理需求项目。例如：成就、顺从、秩序、表现、自主、亲和、省察、求助、支配、谦逊、慈善、变异、坚强、异性恋、攻击。

2. 请组员写出其中3项自己认为太高或太低，而自己不喜欢的人格特质。例如：秩序性太低，自主性太低，攻击性太高等。

3. 各人轮流念出所写的，简略述说不喜欢的原因，其他组员回应，并给予建设性的建议。

4. 大家轮流发言完成后，讨论感受。

课后知识巩固

1. 简述自我意识的内涵。
2. 简述儿童自我意识的发展。
3. 如何开展儿童正确自我概念的塑造？
4. 如何开展儿童自信心的塑造？
5. 如何开展儿童自卑心理辅导？
6. 如何开展儿童自负心理辅导？
7. 如何开展儿童自控能力辅导？

第三章　儿童情绪问题的健康教育

知识目标

1. 了解情绪的概念及内涵。
2. 了解情绪理论。
3. 掌握儿童情绪的发展特点。

能力目标

1. 能够准确分析儿童情绪发展的特点。
2. 会设计儿童常见消极情绪（嫉妒、紧张、恐惧、愤怒）的辅导方案。
3. 会培养儿童情绪管理的能力。

第一节　儿童情绪发展

情绪会随年龄的增长而不断分化和多样化。虽然弥漫性情绪在婴儿出生后不久就出现，但情绪的发展是成熟和学习的结果。不同情绪的频率、强度以及持续时间，通常是遗传、环境条件、日常生活经验以及个人健康状况等因素共同作用的结果。2016年9月9日，习近平总书记在北京市八一学校考察时的讲话强调，中小学生是青少年的主体，是国家的未来和希望。中小学生要立志成才，必须勤奋学习、提高综合素质，努力做到修身立德、志存高远、勤学上进、追求卓越，强健体魄、健康身心、锤炼意志、砥砺坚韧。

一、情绪的概念

情绪与情感是指人对客观事物是否符合自己的需要而产生的态度体验。与人的生理需要相联系的态度体验是情绪，与社会需要相联系的态度体验是情感。情绪与情感是人对客观事物的一种反应形式，即情绪、情感的产生是由某种事物引起的，客观事物是产生情绪、情感的来源。情绪、情感的产生是与机体的需要相联系的。如果符合人们的需要就会产生肯定的态度，体验到满意、自信、喜悦、愉快等；如不符合人们的需要，就产生否定的态度体验，如憎恨、悲哀、恐惧、愤怒等。

情绪与情感表示的是同一个心理现象，在不同场合使用时，情感常常表示体验稳定的一面，情绪常常表示体验变动的一面。二者是同一过程的两个侧面。情绪受控于情感，情绪的各种不同变化一般都受已经形成的情感的制约；另一方面，情感也依赖于情绪，人的情感总是在各种不断变化着的情绪中得到自己的表现，离开了具体的情绪过程，人的情感及其特点就不可能表现出来。人们常把短暂而强烈的具有情景性的感情反应看作是情绪，如愤怒、恐惧、狂喜等；而把稳定而持久的、具有深沉体验的感情反应看作是情感，如自尊心、责任感、热情、亲人之间的爱等。实际上，强烈的情绪反应中有主观体验，而情感也在情绪反应中表现。

（一）情绪的分类

情绪一般指个体在其需要是否得到满足的情景中直接产生的心理体验和相应的反应。情绪的状态分类一般为以下三种。

1. 心境

心境是一种微弱而持久的情绪状态，没有特定的指向性，不指向某一特定对象，而是使人们的整个生活都染上某种情绪色彩。心境具有弥散性和长期性的特点。弥散性是指当人具有了某种心境时，这种心境表现出的态度体验会朝向周围的一切事物。长期性是指心境产生后要在相当长的时间内主导人的情绪。例如诗句"月不长圆花易落，一生惆怅为谁多""感时花溅泪，恨别鸟惊心"，这些诗句都是诗人将自己的内心体验映射到周围的景物身上。

2. 激情

激情是一种强烈的、爆发式的、短暂的情绪状态。激情状态通常是由对个人有重大意义的事件引起的，往往带有特定的指向性，并伴随着生理变化和明显的外部行为表现。处于激情状态时，人的认识范围狭窄，理智分析能力受到限制，控制自己的能力减弱，不能正确地评价自己的行动的意义和后果。然而，激情并不总是消极的。激情有时可以成为激励人们积极行动的巨大动力。

3. 应激

应激是出乎意料的紧迫情况所引起的急速而高度紧张的情绪状态。个体在应激状态下的反应有消极和积极之分。积极的反应表现为急中生智、及时摆脱危险境地，做出平时几乎不能做到的事情。消极的反应则表现为惊慌失措、意识狭窄，正常处事能力水平大幅度下降。例如，碰到歹徒时人们可能像离弦的箭一样冲出去，也可能被吓得六神无主、瘫软在地。

（二）情感的分类

情感一般指个体意识到自己与客观事物的关系后而产生的稳定的、深刻的心理体验和相应的反应。

1. 道德感

道德感是用一定的道德标准去评价自己或他人的思想和言行时产生的情感体验。道德感主要包括：爱国主义情感，对社会劳动和公共事务的义务感、责任感，对社会现象的正义感，对社会集体的集体感、荣誉感，对同志的友谊感、同情感，以及国际主义情感等。

2. 理智感

理智感是在智力活动中，认识、探求或维护真理的需要是否得到满足而产生的情感体验。理智感和人的认识活动、求知欲望、认识兴趣以及对客观规律的探求是密切联系的。例如，对真理的热爱与向往，对偏见和谬误的鄙视与憎恶。

3. 美感

美感是用一定的审美标准来评价事物时所产生的情感体验。美感包括自然美感、社会美感和艺术美感三类。

二、儿童情绪发展的特点

（一）幼儿情绪发展特点

幼儿情绪情感的发展的总体特点主要表现为各种情绪体验逐渐丰富和深刻，情感越来越占主导地位。具体表现在以下几个方面。

1. 情绪的易冲动性

幼儿常常处于激动状态，而且来势强烈、不能自制，往往身心都受到不可遏制的支配。随着年龄的增长、语言的发展，幼儿逐渐学会接受成人的语言指导，调节控制自己的情绪。5～6岁幼儿情绪的冲动性逐渐降低，情绪的调节控制能力逐渐加强。

2. 情绪的不稳定性

婴幼儿期的情绪是非常不稳定的，容易变化，表现为两种对立的情绪在短时间内互相转换。幼儿晚期，孩子情感的稳定性会逐渐增强，但仍受家长和教师的感染，所以家长和教师在幼儿面前必须控制自己的不良情绪。

3. 情绪的外露性

婴儿期的孩子，不能意识到自己情绪的外部表现。他们的情绪完全表露在外。幼儿晚期，儿童调节自己情绪表现的能力已有一定的发展。在正确的教育下，随着幼儿对是非观念的掌握，幼儿对情绪的调节能力会很快发展起来。

4. 高级情感的发展

（1）道德感。道德感是由自己或别人的举止行为是否符合社会道德标准而引起的情感。形成道德情感是比较复杂的过程。随着自我意识和人际关系意识的发展，幼儿的自豪感、羞愧感和委屈感、友谊感和同情感以及妒忌等情感，也都发展起来。

（2）美感。美感是人对事物审美的体验，它是根据一定的美的评价而产生的。儿童对美的体验也有一个社会化过程。婴儿从小喜好鲜艳悦目的东西以及整齐清洁的环境。

（3）理智感。理智感是也是人所特有的情绪体验。这是由是否满足认识的需要而产生的体验。这是人类社会所特有的高级情感。儿童理智感的发生，在很大程度上取决于环境的影响和成人的培养，适时地给幼儿提供恰当的知识，注意发展他们的智力，鼓励和引导他们提问等，有利于促进儿童理智感的发展。

（二）小学儿童情绪发展特点

小学生（6~12岁）是儿童发展的重要阶段，这个时期的情绪发展特点是丰富多彩的。具体表现在以下几个方面。

1. 情感内容的丰富性不断扩展

进入小学后，学校成为儿童的主要活动场所，生活接触面的扩大、环境的变化和丰富多彩的集体生活使儿童情感内容更加丰富，学习已成为儿童生活的基本内容。此时，学习的成败、在集体中的地位、与同伴及老师的关系便产生了多种情感体验，丰富其情感世界。对于小学生来讲，学习是他们的主要活动，因而大量与学习活动和学校生活有关的事物构成小学生情绪的主要内容。完成各项学习任务成为小学生最主要的需要。学习任务完成得顺利，满足了需要，他们就会迅速产生愉快的情绪情感体验，反之则会产生消极的情绪体验。

2. 情感体验的深度性不断增加

小学生的情感不仅内容不断丰富，而且对各种情感也有着逐渐深刻的体验，虽然这些经历还暴露在外，容易激动，但在本质上与学龄前儿童明显不同，逐渐与某些人生观、世界观、行为准则和道德标准相联系。

例如，同样是惧怕的情绪体验，学龄前儿童主要是怕具体事物，小学生虽然也怕具体事物，但多了对学校的恐惧，怕被批评、怕被嘲笑、怕成绩不好等，研究发现，同样是一种消极的情绪，如愤怒，小学生对其的体验比学龄前儿童要现实得多。

3. 情绪反应的稳定性不断增强

在学校有组织、有计划的集体生活中，小学生的情绪逐渐内化和稳定，其发展过程与小学生年龄和年级的增长基本一致，小学生控制和调节情绪的能力逐渐增强。例如，小学生会尽量抑制住自己的眼泪，以防止别人看到他所经历的恐惧；即使他受到老师的表扬，他也会试图隐藏自己的满意的感觉。

儿童进入学校以后，在集体生活和独自学习活动的锻炼和影响下，控制、调节自己情绪的能力开始发展起来。虽然小学生的情绪仍然具有很大的冲动性，还不善于掩饰、控制自己的情绪，但他们的情绪已开始逐渐内化，小学高年级学生已逐渐能意识到自己的情绪表现以及随之可能产生的后果，情绪的稳定性和平衡性日益增强，冲动性和易变性逐渐减弱。而且小学生尚未面临繁重的学习压力，因而其基本情绪状态是平静而愉快的。

4. 高级情感得到进一步发展

高级情感是指与社会需要相关的情感，包括道德感、美感和理性意识。小学生道德感从简单、冲动到深刻、稳定。对于善良的理解，低年级的学生认为就是不打人、不骂人，而高年级的学生则认为应该包括拾金不昧、团结和友谊。小学生道德感体验范围从小到大、从近到远。对于低年级学生来说，他们从对父母、兄弟姐妹、同学的爱，逐渐延伸到爱家乡、爱祖国，逐渐养成了团结、友爱、互助、爱国等良好的个性品质。

小学生美感的发展特点仍然具有幼儿时期的特点，在乎外在的美，主要是真实性；中高年级小学生开始从现实生活中学会理解和感受美和丑陋、善恶。

拓展知识

情 绪 理 论

一、詹姆斯-兰格理论

有些人认为情绪激发起行动，哭泣是因为难过，逃跑是因为害怕。詹姆士-兰格理论则给出相反的解读：刺激引发自主神经系统的活动，产生生理状态上的改变，生理上的反应导致了情绪。一些实验支持了这一理论，例如人为操纵受试者的表情，受试者可以感受到相应的情绪。这些实验也被应用在治疗中，例如大笑疗法、舞蹈疗法。

詹姆斯根据情绪发生时引起的植物性神经系统的活动和由此产生的一系列机体变化提出，情绪就是对身体变化的知觉。他指出，"情绪，只是一种身体状态的感觉；它的原因纯粹是身体的。"又说："人们的常识认为，先产生某种情绪，之后才有机体的变化和行为的产生，但我的主张是先有机体的生理变化，而后才有情绪。"当一个情绪刺激物作用于我们的感官时，立刻会引起身体的某种变化，激起神经冲动，传至中枢神经系统而产生情绪。在詹姆斯看来，悲伤由哭泣而起，愤怒由打斗而致，恐惧由战栗而来，高兴由发笑而生。

兰格认为，情绪是内脏活动的结果。他特别强调情绪与血管变化的关系："情感，假如没有身体的属性，就不存在了。""血管运动的混乱、血管宽度的改变以及各个器官中血液量的变化，乃是激情的真正最初原因。"兰格以饮酒和药物为例来说明情绪变化的原因。酒和某些药物都是引起情绪变化的因素，它们之所以能够引起情绪变化，是因为饮酒、用药都能引起血管的活动，而血管的活动是受植物性神经系统控制的。植物性神经系统支配作用加强，血管扩张，结果就产生了愉快的情绪；植物性神经系统活动减弱，血管收缩或器官痉挛，结果就产生了恐惧的情绪。因此，情绪取决于血管受神经支配的状态、血管容积的改变以及对它的意识。

二、坎农-巴德理论

坎农对詹姆斯-兰格理论提出了三点疑问：第一，机体上的生理变化，在各种情绪状态下并无多大的差异，因此根据生理变化很难分辨各种不同的情绪。第二，机体的生理变化受植物性神经系统的支配，这种变化缓慢，不足以说明情绪瞬息变化的事实。第三，机体的某些生理变化可由药物引起，但药物（如肾上腺素）只能使生理状态激活，而不能产生情绪。坎农认为情绪的中心不在外周神经系统，而在中枢神经系统的丘脑。

由外界刺激引起感觉器官的神经冲动，通过内导神经，传至丘脑；再由丘脑同时向上向下发出神经冲动，向上传至大脑，产生情绪的主观体验，向下传至交感神经，引起机体的生理变化，如血压升高、心跳加快、瞳孔放大、内分泌增多和肌肉紧张等，使个体生理上进入应激准备状态。例如，某人遇到一只老虎，由视觉感官引起的冲动，经内导神经传至丘脑处，在此更换神经元后，同时发出两种冲动：一是经过体干神经系统和植物神经系统到达骨骼肌和内脏，引起生理应激准备状态。二是传至大脑，使某人意识到老虎的出现。这时某人的大脑中可能有两种意识活动：其一，认为老虎是驯养动物，并不可怕。因此，大脑即将神经冲动传至丘脑，并转而控制植物性神经系统的活动，使应激生理状态受到压抑，恢复平衡；其二，认为老虎是可怕的，会伤害到人，大脑对丘脑抑制解除，使植物性神经系统活跃起来，加强身体的应激生理反应，并采取行动尽快逃避，于是产生了恐惧，随着逃跑时生理变化的加剧，恐惧情绪体验也加强了。因此，情绪体验和生理变化是同时发生的，它们都受丘脑的控制。坎农的情绪理论得到巴德（Bard）的支持和发展，故后人称坎农的情绪理论为坎农-巴德理论。

三、评定-兴奋理论

美国心理学家阿诺德在20世纪50年代提出了情绪的评定-兴奋学说。这种理论认为，刺激情景并不直接决定情绪的性质，从刺激出现到情绪的产生，要经过对刺激的估量和评价，情绪产生的基本过程是刺激/情景—评估—情绪。同一刺激/情景，由于对它的评估不同，就会产生不同的情绪反应。评估的结果可能认为对个体"有利""有害"或"无关"。如果是"有利"，就会引起肯定的情绪体验，并企图接近刺激物；如果是"有害"，就会引起否定的情绪体验，并企图躲避刺激物；如果是"无关"，人们就予以忽视。

阿诺德认为，情绪的产生是大脑皮层和皮下组织协同活动的结果，大脑皮层的兴奋是情绪行为的最重要的条件。她提出情绪产生的理论模式是：作为引起情绪的外界刺激作用于感受器，产生神经冲动，通过内导神经上送至丘脑，在更换神经元后，再送到大脑皮层，在大脑皮层上刺激情景得到评估，形成一种特殊的态度（如恐惧及逃避、愤怒及攻击等）。这种态度通过外导神经将皮层的冲动传至丘脑的交感神经，将兴奋发送到血管和内脏，所产生的变化使其获得感觉。这种从外周来的反馈信息，在大脑皮层中被估价，使纯粹的认识经验转化为被感受到的情绪。

四、三因素理论

20世纪60年代初，美国心理学家沙赫特（S.Schachter）和辛格（J.Singer）提出，对于特定的情绪来说，有三个因素是必不可少的。第一，个体必须体验到高度的生理唤醒，如心率加快、手出汗、胃收缩、呼吸急促等；第二，个体必须对生理状态的变化进行认知性的唤醒；第三，相应的环境因素。

为了检验情绪的三因素理论，他们进行了实验研究。把自愿当被试的若干大学生分为三组，给他们注射同一种药物，并告诉被试注射的是一种维生素，目的是研究这种维生素对视觉可能发生的作用。但实际上注射的是肾上腺素，一种对情绪具有广泛影响的激素。因此三组被试都处于一种典型的生理激活状态。然后，主试向三组被试说明注射后可能产生的反应，并做了不同的解释：告诉第一组被试，注射后将会出现心悸、手颤抖、脸发烧等现象（这是注射肾上腺素的反应）；告诉第二组被试，注射后身上会发抖、手脚有些发麻，没有别的反应；对第三组被试不做任何说明。接着把注射药物以后的三组被试各分一半，让其分别进入预先设计好的两种实验环境里休息：一种令人发笑的愉快环境（让人做滑稽表演），另一种是令人发怒的情境（强迫被试回答琐碎问题，并强加指责）。根据主试的观察和被试的自我报告结果，第二组和第三组被试，在愉快的环境中显示愉快情绪，在愤怒情境中显示出愤怒情绪；而第一组被试则没有愉快或愤怒的表现和体验。如果情绪体验是由内部刺激引起的生理激活状态决定的，那么三组被试注射的都是肾上腺素，引起的生理状态应该相同，情绪表现和体验也应该相同；如果情绪是由环境因素决定的，那么不论哪组被试，进入愉快环境中就应该表现出愉快情绪，进入愤怒环境中就应该表现出愤怒情绪。实验证明，人对生理反应的认知和了解决定了最后的情绪体验。这个结论并不否定生理变化和环境因素对情绪产生的作用。事实上，情绪状态是由认知过程（期望）、生理状态和环境因素在大脑皮层中整合的结果。环境中的刺激因素，通过感受器向大脑皮层输入外界信息；生理因素通过内部器官、骨骼肌的活动，向大脑输入生理状态变化的信息；认知过程是对过去经验的回忆和对当前情境的评估。来自这三个方面的信息经过大脑皮层的整合作用，才产生了某种情绪体验。

将上述理论转化为一个工作系统，称为情绪唤醒模型。这个工作系统包括三个亚系统：一是对来自环境的输入信息的知觉分析；二是在长期生活经验中建立起来的对外部影响的内部模式，包括过去、现在和将来的期望；三是现实情景的知觉分析与基于过去经验的认知加工间的比较系统，称为认知比较器，它带有庞大的生化系统和神经系统的激活机构，并与效应器官联系。

这个情绪唤醒模型的核心部分是认知，通过认知比较器把当前的现实刺激与储存在记忆中的过去经验进行比较，当知觉分析与认知加工间出现不匹配时，认知比较器产生信息，动员一系列的生化和神经机制，释放化学物质，改变脑的神经激活状态，使身体适应当前情境的要求，这时情绪就被唤醒了。

第二节　常见儿童情绪问题的健康教育

2014年5月30日，习近平总书记在北京市海淀区民族小学主持召开座谈会时指出，"学校要把德育放在更加重要的位置，全面加强校风、师德建设，坚持教书育人，根据少年儿童特点和成长规律，循循善诱，春风化雨，努力做到每一堂课不仅传播知识、而且传授美德，每一次活动不仅健康身心、而且陶冶性情，让同学们都得到倾心关爱和真诚帮助，让社会主义核心价值观的种子在学生们心中生根发芽。"儿童处于生长发育时期，尤其在学龄前期，情绪发育尚未成熟,很不稳定,容易产生情绪问题。儿童情绪障碍的发生率较高,占 2.5% 左右,从婴儿期到青少年期都有可能发生,但不同的年龄阶段,其表现形式、表现程度有所不同。

一、儿童常见的情绪问题的辅导

(一)嫉妒

1. 嫉妒的概念

嫉妒是与他人比较,发现自己在才能、名誉、地位或境遇等方面不如别人而产生的一种由羞愧、愤怒、怨恨等组成的复杂的情绪状态。嫉妒俗称"红眼病、吃不到葡萄说葡萄酸"等。嫉妒就内心感受来讲前期依次表现为由攀比到失望的压力感;中期则表现为由羞愧到屈辱的心理挫折感;后期则表现由不服、不满到怨恨、憎恨的发泄感。嫉妒是一种比较复杂的心理,包括焦虑、恐惧、悲哀、猜疑、羞耻、自咎、消沉、憎恶、敌意、怨恨、报复等不愉快的心理状态。别人天生的身材、容貌和逐日显出来的聪明才智,可以成为嫉妒的对象,其他如荣誉、地位、成就、财产、威望等有关社会评价的各种因素,也都容易成为嫉妒的对象。

嫉妒心理对小学生的健康成长有百害而无一益。当学生在嫉妒他人时,最受伤害的是自己,因为在嫉妒他人时,自己往往处于紧张和不安中。同时,强烈的嫉妒会让自己陷入自伤或伤人的危险境地。嫉妒会让人放弃自我完善,用仇视的目光贬低他人的成功,还会使小学生心胸狭窄,目光短浅。倘若一名学生长期处在嫉妒的心境之中,那么他就会在内心深处产生一种压抑感,因为自己的不幸和别人的幸福都会使他痛苦万分。

案例

爱嫉妒的淼淼

淼淼自幼聪明伶俐,深受周围亲人和老师的喜爱。在一片称赞声中长大的她,渐渐变得异常的争强好胜,容不得别人有任何事情比她好。上小学四年级的淼淼,考试时,如果别的同学分数考得高一点,她就会嫉妒、生气,在背后说别人是事先知道了题,或者是运气好。淼淼喜欢打扮,而且总要和同学们比。有一次,一位同学买了一件漂亮的衣服,别的同学都称赞不已。这件事让淼淼很不高兴,她暗中嫉妒,背后说那位同学的坏话。就因为她总是在人前人后诋毁别人,最后,导致没有同学愿意接近她,结果自己将自己孤立了起来。

案例分析

这是嫉妒情绪较重的表现。儿童的嫉妒是儿童将自己与别的小朋友进行比较,而产生的消极情绪体验,是看到别人某方面比自己强时,所产生的一种不安、烦恼、痛苦、怨恨的复杂情绪。如果孩子的嫉妒心理一直持续下去,就会演变为其人格的一部分。另外,孩子如果嫉妒心过强,也容易受到外界的刺激,而产生诸如忧愁、怀疑、自卑等不良情绪,不仅影响学习而且会对身心的成长极其不利。

2. 儿童产生嫉妒心理的原因

(1)错误自我认识。在成长的过程中,儿童受到各方面的呵护,形成了以"自我"为中心的意识,不能容忍别人比自己得到更多的关爱与注意,一般过于以"自我"为中心的儿童还不能很好地进行自我评价与他人评价,一般对自我评价过高,而对他人评价过低。在别人的成绩与进步面前,由于有很强烈的对比性,不满、怨恨的情绪比较容易产生。当在别人取得的成绩与进步面前感到不安与自卑时,引起主体痛苦的反应时,嫉妒便真正显示出来。

(2)消极攀比心理。攀比是一种缺乏长期目的性的缺乏意义的比较。它折射的是小学生强烈的占有欲。盲目的攀比容易使学生产生"我不如人"的挫折体验,而当这种挫折体验具有了明确指向性的时候,这种挫折情绪就转化为"为什么我没有"的嫉妒心理。具有这种心理状态的学生,一旦在学习或其他方面不顺利时,就会怨天尤人,而不能冷静地自我反思,一味地寻找客观原因替自己开脱。

(3)过度争强好胜心理。有些儿童处处都想高人一等,凡事都想第一,容不得别人比自己强。这样的儿童往往求胜心切,有着强烈的一定压倒别人的想法。一旦不能如愿,就容易产生嫉妒心理。在班级管理中,如果老师对于分数过分追求也把学生拉入了一个浓重的竞争氛围,竞争产生强烈的比较,比较同伴的差异,差异容易使学生产生嫉妒心理。

3. 儿童嫉妒心理的辅导

(1)正确地评价别人和自己。客观公正地评价别人,也要客观公正地评价自己。别人取得了成绩并不等于自己的失败。"人贵有自知之明。"强烈的进取心是人们成功的巨大动力,但冠军只有一个,

儿童嫉妒心理的辅导

尺有所短,寸有所长,一个人不可能事事都走在人前,争强好胜就一定能超越别人。一个人只要客观地认识自己的优势和劣势,现实地衡量自己的才能,为自己找到一个恰当的位置,就可以避免嫉妒心理的产生。

(2)将心比心,换位思考。将心比心是老百姓常说的一句俗语,在心理学上叫"感情移位"。当嫉妒之火燃烧时不妨设身处地地为对方着想,扪心自问,"假如我是对方又该如何呢?"运用心理移位,可以让自己体验对方的情感,有利于理解别人,有利于防止不良心理状态的蔓延,这是避免嫉妒心理行为有效的办法之一。

(3)营造关爱氛围,化解嫉妒心理。小学生的起点基本相同,在学习和各种竞赛活动中形成的差距相对而言并不悬殊,他们嫉妒的主要对象是老师对某些同学的偏爱,和老师对取得优异成绩同学的溢于言表的欣赏之情。因此,教师在教育过程中,应该做到公正和公平,师恩普施,师爱遍洒,切不可厚此薄彼。不仅如此,教师还应该对那些暂时落后、有待进步的学生

多一份关心，多一份爱意，并采取具体的措施，帮助指导落后的同学总结经验教训，改进学习方法，彻底改变落后面貌赶上来，从而从根本上消除嫉妒心理。

（二）紧张

1. 紧张的概念

紧张是由于日常生活中出现的一些对个体而言具有重要性，但个体认为难以控制的事件，以及突发性事件而引起的情绪的大幅度的波动。紧张是人体在精神及肉体两方面对外界事物反应的加强。适度的紧张可以使人的大脑保持一定的兴奋和警觉状态，使身心反应灵敏，提高活动效率。但是，如果严重的话，不但会影响人的日常生活，而且还可能转变成焦虑症。

当人处于紧张状态的时候，会出现一些过度以及不良的身心反应，如感知觉过敏现象，即对突然发生的轻微声音或动静惊跳，注意力难以集中，口吃或词不达意，还会出现咬牙、掰手指、坐立不安等小动作，以及手颤、脸红等生理反应。由于小学生年龄较小、社会经验不足以及适应性较弱，因此，会经常体验到紧张情绪。

案例

坐立不安的戴某

戴某，五年级学生，业余爱好广泛，还经常运动，可有一个缺点，就是每次上台表演或者演讲都会特别紧张，而导致表演或演讲常常失败。面对陌生人说话时，总会不由自主地紧张，一句话都没说出来，就已经面红耳赤。在班中上台演讲时也不例外，一上台就说不出话，心怦怦直跳，好不容易挤牙膏一样，挤出一句话，脚都软了。他学习一般，在班上成绩中游，当看到其他同学都在认真学习，自己也想，但是又不能集中精力学习，导致他坐立不安。

案例分析

戴某是过分紧张的表现，心理紧张是人们生活中不可避免的，作为紧张性刺激作用于人的结果，心理紧张可以提高警觉度，以便做好操作的准备。但是一个人长期处于心理紧张状态，或紧张状态过于强烈，以致超过适应能力，它就可能受这种紧张的损害，导致各种疾患。

2. 儿童紧张心理的原因

（1）家庭环境。安全、温暖的家庭环境能让人放松和愉悦，也是小学生形成轻松心态的基础，但是，如果家庭出现重大变故，如父母关系紧张或离异、亲子严重冲突等恶劣等情况，就不可避免地使小学生产生紧张情绪。

（2）学习环境。小学生的学习环境和课业负担等，也是造成小学生心理紧张的主要原因。例如，有的家长要求孩子学习成绩名列前茅，让孩子参加各种各样的补习班和培训班，使得孩子的身心长期处于紧张状态。再者，班纪班风较差、课业压力大或学习成绩差以及教师不当的处置等相关的一些负面因素,也会造成小学生情绪紧张。如果教师在小学生回答问题时缺乏耐心和勇气,也可能强化他们在学校的紧张感。

(3)社会环境。社会环境主要指生活中出现的对孩子的心理具有冲击性的事件,包括严重的自然灾害和突发性事件,如地震、洪水以及目睹或亲身经历的交通事故等。如果不及时、有效地处理,该事件和相应的紧张情绪体验就会被压抑到潜意识中,长时间困扰小学生。

3. 儿童紧张心理的辅导

(1)营造温馨的家庭环境。家庭情绪环境是指家庭中占优势的一般态度、感受和情绪状态,它是通过语言和人际氛围构成的。这种氛围直接影响着家庭中每个家庭成员的心态,尤其是孩子的情绪状态。早期所形成的安全感是保证人的一生心理健康的基础,而稳定和愉悦的情绪是构成安全感最重要的条件。因此,家庭成员之间应该做到相互爱护、相互关心、相互体谅,以及彼此尽力满足亲人的合理需要,那么就能形成和谐而愉快的家庭情绪环境,减少小学生产生紧张心理的可能性。

(2)构建良好的学习环境。家长要给小学生减压,不要提出过高的要求和期望,让他们保持轻松的心情,愉快地学习和生活。在学校,教师要关爱每一个学生,尤其是那些平时学习成绩不好的学生。但是,一个不可忽略的情况是,学习成绩突出的学生压力更大,更容易出现紧张情绪。

(3)提供安全的社会条件。要尽量使小学生远离或避开危险的社会环境,如暴力冲突场面,以及火灾现场等。家长和其他成年人以及教师等切忌抱着看热闹的心态让小学生直接目睹或接触此类场面。如果小学生不可避免地经历了自然灾害或突发事件,应尽快有效地进行心理辅导,对紧张情绪加以缓解。

(三)恐惧

1. 恐惧的概念

恐惧是在个体认为可怕的情境下产生的一种十分紧张、害怕的情绪反应。常伴有焦虑、不安等心理现象,以及呼吸急促、头昏、恶心、呕吐、心慌、出汗、四肢无力、尿急、尿频甚至休克等生理症状。恐惧心理产生时,有时明明知道没必要那样恐惧,但就是不能控制。当引起恐惧的事物或情境不存在时,恐惧的情绪反应就会消失。但是,如果所恐惧的情景反复出现而不能及时、有效地进行心理调适,就有可能发展成恐惧症,例如学校恐惧症等。

小学生的恐惧心理会给他们的生活和学习带来严重不良影响。例如,新入学的小学生由于与父母暂时分离会害怕上学,由于过度害怕和陌生人接触而产生社交恐惧症,不敢和老师、同学主动说话,上课不敢举手发言等;在学习方面,常见的是由于某科成绩欠佳或体能的原因害怕上相应的课程,如害怕上数学课、体育课以及害怕写作文等。还有就是害怕考试,这种现象可以说是小学生中普遍存在的突出问题。

案例

不敢上学的小丽

小丽,女生,6岁,小学一年级学生。小丽妈妈反映,孩子从两个月前开始说胃不舒服,不肯去学校,一到学校门口就紧张。后来带孩子去检查,检查出来的确有胃炎,经过治疗,身体上的问题基本调整好了。但是一说到上学孩子还是喊不舒服,并且一到学校门口就开始紧张、发抖甚至呕吐,非常恐惧。父母怎么劝说都没有效果,并且感觉孩子的问题越来越严重。

案例分析

小丽现在对学校有恐惧心理,已经出现比较严重心理问题导致的身体症状,这跟小丽内向、敏感的性格有关系。

2. 儿童产生恐惧心理的原因

(1)家庭因素。一是由于家长对孩子过分保护而与社会环境接触少,剥夺了孩子锻炼的机会,使孩子对外界缺乏了解,因此孩子做事时会感到忧心忡忡,害怕做不好会失败;二是对孩子关爱不够,使其缺乏足够的心理支持和能量,形成多疑敏感的性格,对人和事没有足够的信任感,因而易于产生恐惧心理。如果没有形成良好的亲子关系,孩子就会缺乏情感上的温暖和支持。而且父母过于严格的管教,也会造成孩子出现恐惧情绪。例如,担心因为学习成绩不好等原因而失去父母的爱。所以,父母对孩子无条件的接纳和关爱是保证孩子心理健康的前提。

(2)学校因素。由于应试教育过分关注学生的成绩,因此,教师为了提高学生的学习成绩而对学生的要求非常严格,无暇顾及学生的心理感受和承受能力,会给某些学生造成压力进而产生恐惧心理。例如,一个小学生在数学课上由于不能回答老师的提问而遭到了严厉批评或讽刺打击,就可能对数学心生恐惧;在体育课上,由于不会跳马等有一定难度的动作,就会对上体育课退避三舍等。再者是同伴关系。小学生交往的主要群体是同伴,包括朋友和同学等。和谐的同伴关系可以增强小学生的自信,让他们学会人际交往的技巧和方法,更好地适应环境。但是,有些小学生会由于各种原因受到同伴的排斥,甚至欺负,因此造成他们自我封闭,害怕和外界接触等。

由于小学生的自我认知还不够成熟,对自我缺乏客观的判断,易于受别人评价的影响,尤其是内向胆小的学生。教师在批评学生的时候,如果没考虑他们内心的感受和可能出现的较强情绪反应,就会对其心理造成伤害,并且如果不及时处理就会出现负性情绪的泛化效应,也就是说被老师批评的事情会一直困扰着他们,以致产生持久的负性情绪记忆,担心再次受到老师的批评和同学的嘲笑。小学生对教师的态度基本是言听计从,没有能力加以分辨,也非常害怕被同学小看和排斥。因此,教师要对学生多一些宽容、鼓励和积极引导,并且营造良好的班级氛围。

3. 儿童恐惧心理的辅导

如果小学生做事遇到了困难或受了批评，父母要帮助他们找出原因并教给他们正确的处理问题的方法，承认并改正错误，要让他们明白，每个人都会犯错或在某件事上失败，并且要教育孩子勇于面对困难，害怕和逃避不是解决问题的好办法。

家长要和教师保持良好的沟通。家长最好向教师介绍自己孩子的性格特点，比如敏感、胆小、娇气等，教师也要及时地向家长反馈孩子在学校的表现，共同确定相应的教育方法，避免不良后果的出现。

系统脱敏法是治疗恐惧的一种有效方法，必要时家长可以带孩子接受专业的心理辅导和咨询，以防恐惧心理持续时间过久，最终演变为恐惧症。

（四）愤怒

1. 愤怒的概念

愤怒是源自恐惧、受挫或巨大的失落感，是当个人的愿望、欲求和意图受到阻碍时产生的一种消极而强烈的情绪体验。许多小学生由于情绪的自我调控能力较差，容易冲动，所以常常因为一点小事就大发脾气，同伴之间也会由于一点儿小事就打起来，还会因为父母的某些做法不合自己的意愿而顶撞他们，或者冲他们大喊大叫等，也就是情绪的易激动性。但小学生的愤怒来得快，去得也快，尤其是低年级小学生更是如此。有的小学生可能因为游戏或玩具发生一些争执而闹翻了，而第二天两个人好像都忘记了，又玩在了一起。愤怒是一种有害的情绪状态，具有很大的"破坏力"，常常会给人带来意想不到的麻烦，如亲子冲突、同学关系疏远以及师生关系紧张等，而且长期、持续的愤怒对个体的身心健康损害也是极大的。

案例

易怒的李刚

四年级学生李刚，成绩一般，情绪波动大，可谓"人小脾气大"，动不动就爱发脾气，一件事稍不顺心，他就很难控制自己的情绪，总要拿一个人或一件东西出出气；本来和同学玩得好好的，但因为同学一句不中听的玩笑话，就可能生气骂人；考试没考好就把卷子撕得粉碎，还怪老师出题太难，弄得他做不出来；他上课迟到受批评，回家后拿妈妈出气，怪妈妈没有早一点儿叫他起床；因为同桌不小心碰掉了他的铅笔盒，就把人家的鼻子打出血了。经常因为小事和班上的同学大打出手，班上很多同学都被他欺负过。回到家里父母帮他指出缺点，他就大喊大叫，不听劝导。

案例分析

李刚是一个易怒的小学生，愤怒是人类的基本情绪之一，在所遇到的挫折是不合理的时候,或被人恶意地造成的时候,最容易产生愤怒。在日常生活中,每个人都不可避免地会产生愤怒的情绪体验,如同学关系疏远、师生关系紧张。长期、持续的愤怒对个体的健康损害是极大的。

2. 儿童产生愤怒的原因

(1) 为了掩盖内心深处的伤痛。愤怒的孩子看起来气势汹汹,其实他的内心是悲伤的。一件很小的事会使他感到自己受到了严重威胁,而且他除了奋起反抗外别无选择,他是以这种狂暴的方式引起父母和亲人的注意。孩子悲伤的时候,哭泣可以排除他们的悲伤。孩子害怕的时候,哭泣、发抖和出汗可以消除他们的恐惧。孩子遭受挫折的时候,发过脾气之后他们能够重新感受生活的美好。

(2) 为了掩盖某个可怕的经历。当孩子感到处境危险,或经常独自一人、无人做伴,或见到别人受到伤害,都会强烈地感到恐惧,这些骇人的时刻会使孩子留下深深的印记。在脱离危险后很久,很小的不快可能会触发孩子很久以前的经历留下的恐怖感。尽管此刻他并未面对严重威胁,他的行为正如那次一样,因感到孤独和惊恐做出自卫的反应——愤怒。有时实际的威胁并不存在,这时愤怒的孩子是在与一个不存在的敌手争斗,昔日的恐惧仍然缠绕着他。

(3) 有时是因为不公平。由于我们或其他成年人未能善待孩子,孩子很容易感到气愤。有自信心的儿童受到委屈时,他们会迅速、强烈、高声地抗议,但并不想伤害任何人。他们的目的是要人倾听并争得公正。当儿童觉得自己或自己所关心的人受到了委屈,他会很愤怒。

3. 儿童愤怒情绪的辅导

(1) 平时多和孩子沟通,认真倾听孩子的想法和要求。对合理的要求尽量满足,对不合理的要求应讲清道理,取得孩子的理解。因为愤怒的情绪往往是因为自己的想法经常不被理解,愿望时常受阻而产生挫折感引起的,所以,及时沟通能让孩子表达自己的情绪,使郁积在心中的负性情绪得以宣泄,以减少愤怒情绪出现的频率。

(2) 冷处理。当孩子大发脾气、蛮不讲理时,在防止过激行为,如毁坏东西或自伤的前提下,对其不予理睬,等他情绪平稳之后,再和他交流。因为在情绪激动的时候,孩子很难听进别人的话,此时的沟通不但无效,有时反而会让孩子的情绪更加激动。

(3) 教孩子学会处理愤怒的方法,如远离使自己生气的人、事或情境,当自己要发怒的时候,让同学和朋友提醒,转移注意力等。

二、儿童情绪管理能力的培养

1. 让儿童认同自己,有释放情绪的空间

要让儿童喜欢自己,家庭要给儿童认同感。父母是儿童的模范,父母首先要学会管理自己的情绪,不把不良情绪带回家庭、带给儿童,要塑造出一种安全、温馨、平和的心理情境。

其次要为儿童创造空间，尊重儿童的隐私，重视他们的观点，给儿童们留下宽松的心理活动空间才是真正尊重儿童隐私。最后要用欣赏的眼光鼓励儿童，让身处其中的儿童产生积极的自我认同，获得安全感，让其能自由、开放地感受和表达自己的情绪，使某些原本正常的情绪感受不因压抑而变质。

2. 让儿童认识情绪，表达情绪

通过亲子之间的对话让儿童正确认识各种情绪，说出自己心里此时此刻真实的感受。只有知所想，才能知何解。平时，父母可以在自己或他人有情绪的时候，引导儿童知道人有多种情绪，引导儿童表达自己的情绪及发现自己情绪的原因，提高儿童的情绪敏感度。

3. 让儿童体验情绪，洞察他人情绪

游戏在幼儿的心理发展中起着重要作用，要让儿童在丰富多彩的游戏活动中体验自己的情绪，感受别人的情绪，知道自己和他人的需要。除了父母与儿童要交流自己的情绪感受外，可以通过说故事、编故事、角色扮演、和儿童讨论故事中人物的感觉和前因后果及利用周围的人、事、物，来引导儿童设想他人的情绪和想法。从他人的情绪反应中，儿童会逐渐领悟到积极情绪能让自己和对方快乐，消极情绪会给自己和对方造成痛苦，不利于事情的解决。如果幼儿在表达情绪与控制情绪之间取得平衡的话，便能以建设性的态度表达强烈的情感，而且控制对自己、对他人有伤害的情绪表达方式。

4. 让儿童学会乐观地面对生活

积极的情绪体验能够激发人体的潜能，使其保持旺盛的体力和精力，维护心理健康；消极的情绪体验只能使人意志消沉，有害身心健康。为此，学会保持乐观的生活态度与情绪，对儿童来说是十分重要的。要培养儿童乐观地面对人生，父母首先对生活要有一种乐观的态度。儿童的情绪受父母行为的直接影响，与儿童相处时，父母乐观一点。在教育儿童学会乐观地面对人生时，除了多与儿童交流，培养儿童的自信心之外，还有一个很重要的方面，就是首先父母要相信儿童，给予鼓励和支持。更重要的是要帮助儿童，克服一些他现在克服不了的困难，只有这样，才能教会儿童以正确的态度和措施保持乐观。

5. 教会儿童适当宣泄不良情绪

人在精神压抑的时候，如果不寻找发泄机会宣泄情绪，会导致身心受到损害。在盛怒时，不妨赶快跑到其他地方，或找个体力活来干，或跑一圈，这样就能把因盛怒激发出来的能量释放掉。儿童控制情绪的能力较弱，难免会有发脾气的表现，父母不能压抑儿童情绪，要为他们提供合理的宣泄途径，如运动、在纸上涂鸦、大喊等。只有这样，儿童的情绪才能得到有效疏导，更好地控制自己。家长可以利用自己的智慧，发掘更多的方法应对儿童的不合理的情绪。

6. 培养儿童的规则意识

制定家规，事前就与儿童约法三章。"没有规矩不成方圆"，在儿童还没有养成自律性的时候，家长们需要给予正确的引导。儿童只有具备了规则意识，才能提高自控水平。家长可以从现在生活常规方面着手，如按时起床、睡觉、不挑食等。家长要长期坚持一贯的要求，儿童就会逐步约束自己。除了生活常规，游戏中常常蕴含着规则，通过这种有趣的形式，儿童更容易形成自控能力。通过游戏儿童学会控制自己的动作，进而产生自我控制的意识。

三、儿童消极情绪的调节

儿童消极情绪的调节

1. 正确认知和表达情绪

现实生活中，孩子总在无意中发泄各种情绪，但是却不能准确地表达情绪，以至于很多孩子遇事就不分青红皂白地哭闹，甚至以哭闹来要挟大人。面对孩子的无理取闹，不明情况的父母要么无奈妥协就范，要么忍无可忍大发雷霆。其实，这些都是情绪认知和表达不到位所造成的弊端。告诉他们该哭的时候就哭，该笑的时候就笑，不要压抑自己，当然要注意时间和场合。另外，家长和教师也要关注小学生的情绪变化，和他们一起分享快乐，分担烦恼和忧愁。有效的社会支持对小学生尽早排解消极情绪具有重要作用。

2. 合理宣泄

宣泄情绪就是当人遇到不愉快的事情而产生消极情绪时，把它释放出来。有直接和间接两种方式。直接宣泄即针对引发情绪的刺激来表达情感，间接宣泄是通过其他途径使情绪得到释放。教师要教会小学生在遇到不愉快的事情时，可以让自己痛哭一场或把心中的不平事向教师、家长或好朋友说出来，请他们开导，也可以在他们面前哭一哭，以减轻心理压力。心情不好的时候，可以找好朋友倾诉，还可以打打球、跑跑步、写日记和随手涂鸦等。此外，学校也可以设立宣泄室，在专业教师的指导下，让小学生宣泄和释放情绪。

3. 心理转移

心理转移就是当人处于消极的情绪状态时，把由某一对象所引起的情绪转移到另一对象身上；就是当一个人受到不公平待遇或情感打击后，不是将心中的不满和愤怒发泄到他人身上，而是寻求一种不会对任何人造成伤害的、理智性的方法来化解这些情绪，如转移到宣泄室的硅胶人。或者可做一些别的事情，通过注意力转移而使消极情绪得到缓解。教师要教会小学生在遇到不愉快的事情时，不要老想这件事，可以看电影、打球、下棋、唱歌、画画等，通过其他活动来缓解消极情绪。

4. 积极心理暗示

积极心理暗示是运用言语对人的情绪活动施加影响，并进而控制情绪和行为的一种方法。积极的言语能唤起积极的情绪体验，消极的言语则唤起消极的情绪体验，同时也会激发或抑制某种情绪反应。积极的心理暗示是化解消极情绪的有效方式之一。例如，当小学生受到老师批评的时候，家长可以引导他们对自己说老师并无恶意，而是爱护自己才加以管教的，"爱之深，责之切"。这时儿童受批评的消极情绪，就会转变为理解性的积极情绪。

5. 换位思考

换位思考也就是将心比心，站在别人的角度思考问题。通过心理换位，来体会别人的心情，这样就可以防止消极情绪的产生，或使消极情绪弱化，以至于最后消失。例如，当家长因为孩子没有完成作业而唠叨的时候，教师可以引导孩子站在家长的角度，设身处地想一想：如果我是家长，我会不会也如此呢？这样，孩子就会觉得家长的做法情有可原，不满的情绪就会慢慢平复下来。

拓展知识

系统脱敏疗法

一、概念

"系统脱敏法"由精神病学家沃尔普在 20 世纪 50 年代创立的，是指由交互抑制发展起来的一种心理治疗法，所以又称交互抑制法。当患者出现焦虑和恐惧刺激时，同时施加与焦虑和恐惧相对立的刺激，从而使患者逐渐消除焦虑与恐惧，不再对有害的刺激发生敏感而产生病理性反应。该法可以用来治疗恐怖症，除此之外，也适应于其他以焦虑为主导的行为障碍，如口吃、性功能障碍和强迫症等。

二、基本原理

系统脱敏法主要是建立在经典条件反射和操作条件反射的基础上，它的治疗原理是对抗条件反射。系统脱敏的基本原则是交互抑制，常常是用来治疗恐怖症和其他焦虑症状的有效疗法。它采用层级放松的方式，鼓励患者逐渐接近所害怕的事物，直到消除对该刺激的恐惧感，即在引发焦虑的刺激物出现的同时让病人做出抑制焦虑的反应，这种反应可以逐步减弱，直至最终切断刺激物与焦虑的条件联系。

恐怖症是由于外界刺激而引起的情绪紧张，这种刺激与紧张情绪形成条件反射，因而患者一想到这种刺激情境就会产生焦虑。所以沃尔普认为去除焦虑的积极方法就是解除恐怖对象，消除焦虑。当引起焦虑的刺激存在时，造成一个与焦虑不相符的反应，则能引起焦虑的部分或者全部抑制，从而削弱刺激与焦虑之间的联系。采用放松的方式，鼓励患者逐渐接近所恐惧的事物，直到消除对该刺激的恐惧感。

三、操作过程

1. 放松训练

一般需要 6~10 次练习，每次历时半小时，每天 1~2 次，反复训练，直至求治者能在实际生活中运用自如、随意放松。

2. 建立恐怖或焦虑的等级层次

这一步包含两项内容。

（1）找出所有使求治者感到恐怖或焦虑的事件。

（2）将求治者报告出的恐怖或焦虑事件按等级程度由小到大的顺序排列。采用五等和百分制来划分主观焦虑程度,每一等级刺激因素所引起的焦虑或恐怖应小到足以被全身松弛所抵消的程度。

3. 系统脱敏

（1）进入放松状态：首先应选择一处安静适宜、光线柔和、气温适度的环境,然后让患者坐在舒适的座椅上,让其随着音乐的起伏开始进行肌肉放松训练。训练依次从手臂、头面部、颈部、肩部、背部、胸部、腹部以及下肢进行,过程中要求患者学会体验肌肉紧张与肌肉松弛的区别,经过这样反复长期的训练,使得患者能在日常生活中灵巧使用,任意放松。

（2）想象脱敏训练：首先应当让患者想象着某一等级的刺激物或事件。若患者能清晰地想象并感到紧张时停止想象并全身放松,之后反复重复以上过程,直到患者不再对想象感到焦虑或恐惧,那么该等级的脱敏就完成了。以此类推做下一个等级的脱敏训练。一次想象训练不超过4个等级,如果训练中某一等级出现强烈的情绪,则应降级重新训练,直到可适应时再进行高等级训练。当通过全部等级时,可从模拟情境向现实情境转换,并继续进行脱敏训练。

（3）现实训练：这是治疗最关键的地方,仍然从最低级开始至最高级,逐级进行放松、脱敏训练,以不引起强烈的情绪反应为止。为患者布置家庭作业,要求患者可每周在治疗指导后对同级自行强化训练,每周2次,每次30分钟为宜。

四、变式

1. 快速脱敏法

快速脱敏法也称真实生活脱敏法。主要特点是用造成恐惧反应的实际刺激物代替对它的想象；治疗者陪伴着病人通过一系列令病人感到恐惧的情景,直到抵达原先最害怕的情景而不再紧张为止。这种方法比较适用于广场恐怖症和社交恐怖症病人。

2. 接触脱敏法

接触脱敏法特别适用于特殊物体恐怖症,例如对蛇和蜘蛛的恐怖症。接触脱敏法也采用按焦虑层次进行的真实生活暴露方法,与其他脱敏方法的不同之处是增加了两项技术——示范和接触。让病人首先观看治疗者或其他人处理引起病人恐惧的情境或东西,而后让病人一步一步地照着做。如果病人害怕的是一种东西,如蛇,那就让病人观看过治疗者触摸、拿起和放下蛇的示范后,先从事一些与接近、触摸蛇有关的一些活动,而后逐渐接近蛇、触摸它,直到敢于拿起它而无紧张感为止。

3. 自动化脱敏法

自动化脱敏法是根据同病人的一系列交谈的结果,治疗者将所识别出的病人的焦虑情境（如喧闹嘈杂的声音、拥挤的人群或爬行中的蛇）录音、录像,而后利用这些制备好了的录音、录像对病人进行治疗。这种方法有以下突出优点。

（1）病人可以在家里独立使用,而不必花费治疗者太多的时间。

（2）病人可以依自己的情况自己决定脱敏的速度和进度，这有助于减少脱敏治疗中的一些不良反应。

（3）录音和录像中可加入治疗者的指导和有关的治愈范例，也可起到指导与示范作用。

4. 情绪意向脱敏法

情绪意向脱敏法的特点是通过形象化的描述，诱发患者的兴奋的欢快情绪，用这种积极情绪来对抗由恐怖刺激物引起的焦虑反应。用兴奋情绪一步步抵制和驱散恐惧和焦虑心态。如因失去父母之爱而焦虑的儿童，因夫妻间缺少温存和关怀引起的焦虑症都可使用这个方法。

五、注意事项

在使用系统脱敏法进行治疗时，也要注意以下几个方面。

（1）帮助患者树立治疗的信心，要求患者积极配合、坚持治疗。

（2）在引起焦虑的刺激出现或者存在时，要求患者不出现回避行为或意向，这一环节对治疗至关重要。

（3）每次治疗后，要与患者进行讨论，对正确的行为加以赞扬，以强化患者的适应性行为。

课后心理游戏

一、波涛汹涌

（一）目的：让气球停留在空中，激发欢乐。

（二）时间：5~10分钟。

（三）材料：气球多个。

（四）内容：组长说"如果一个人心中有气，顶在胸口会很辛苦，我们为别人赶走这气好吗？"

1. 每人一个不同颜色的气球。
2. 每人抛高自己的气球，并尽力让气球停留在空中，同时尝试打下别人的气球。
3. 气球跌在地上的人即被淘汰。
4. 气球保持在空中最久的人赢。
5. 组长总结："好啦！大家都出了气！"

二、我笑你哭

（一）目的：打破隔膜，轻松玩乐。

（二）时间：5~10分钟。

（三）内容。

1. 全组围成一个圆圈。

2. 带领者转向右边的组员，做一个搞笑的面部表情，这组员依样做给下一位组员看。但如果该组员转回左边扮演一个悲痛的表情，左边的组员就要改变方向，向左传表情如此类推，直至有组员输了为止。可重复玩多次。

课后知识巩固

1. 简述情绪的内涵。
2. 简述儿童情绪的发展。
3. 如何开展儿童嫉妒心理的辅导？
4. 如何开展儿童紧张心理的辅导？
5. 如何开展儿童愤怒情绪的辅导？
6. 如何开展儿童情绪管理能力的培养？

第四章 儿童意志品质问题的健康教育

知识目标

1. 了解意志的概念及内涵。
2. 了解儿童意志发展理论。
3. 掌握儿童意志发展的特点。

能力目标

1. 会设计儿童过度依赖的辅导方案。
2. 会设计儿童执拗的辅导方案。
3. 会设计儿童怯懦的辅导方案。

第一节 儿童意志品质发展

"期盼孩子们能成长得更好、工作得更好、生活得更好。"2012年11月15日,习近平总书记在十八届中共中央政治局常委同中外记者见面时,把教育和孩子成长放在重要位置,饱含深情、饱含牵挂。意志是人最重要的心理素质之一,是人们学业事业成功的保证,也是人们适应环境,适应社会的保证。良好的意志品质对于儿童的社会适应有着重要的意义。

一、意志概念

意志是人自觉地确定目的,并支配行动,克服困难,实现既定目标的心理过程,即人的思维过程见之于行动的心理过程。无意识的本能活动、盲目的冲动或一些习惯动作都不含有或很少有意志的成分。人的行动主要是有意识、有目的的行动。在从事各种实践活动时,通常总是根据对客观规律的认识,先在头脑里确定行动的目的,然后根据目的选择方法,组织行动,施加影响于客观现实,最后达到目的。

意志和行动是密不可分的,在意志支配下的行动叫意志行动。意志支配、调节着行动,并在意志行动中表现出来。意志是学生学习中的非智力因素之一。在一般情况下,学业成绩的好坏与意志水平的高低是一致的。意志坚强的学生,学习的自觉性较强,并能克服困难,坚持组织自己的学习,取得良好的学习成绩;反之,意志薄弱的学生,往往学业成就会受影响。

意志是人类特有的有意识、有目的、有计划地调节和支配自己的行动的心理现象，其过程包括决定阶段和执行阶段。决定阶段首先要解决动机斗争的问题，然后是确定行动的目的和选择达到目的的方法，选择一个有重大意义的动机作为行动的目的，并确定达到该目的的方法。执行阶段指将行动计划付诸实现的过程，在执行阶段中，意志的品质表现为坚定地执行所定的行动计划，努力克服主观上和客观上遇到的各种困难。意志的调节作用包括发动与既定目标相符的行动以及抑制与既定目标相矛盾的愿望和行动两方面。

二、儿童意志发展的特点

1. 自觉性的发展

小学低年级学生自觉性较差，还不善于自觉地、独立地提出行动的动机和目的，他们的行动常常要依靠外界的力量来督促。中高年级的小学生自觉性逐渐发展起来，他们能按照教师的要求完成多种活动任务，并逐渐学会自觉地计划和检查自己的活动，逐渐学会了自觉地、独立地向自己提出行动的动机和目的，并逐步具有了远景的、抽象的、有一定社会意义的动机和目的。但总的来看，小学生按照一定的原则自觉地完成任务的能力还是比较低的。

2. 果断性的发展

小学低年级学生还不能当机立断地处理事情，还不会根据理智的考虑来决定自己的行动，他们的行动常常受外界因素或个人的情绪因素所影响。从中年级开始才能逐渐在处理事物中表现出意志的果断性品质。但在整个小学阶段，要求小学生能经过深思熟虑之后果断地处理一些充满矛盾的问题还是比较困难的。

3. 坚持性的发展

小学生坚持性的发展有一个过程，最初是在读、写、算等学习活动中逐渐形成的，同时，也是在靠教师和家长等外力的影响发展成为靠他们内部力量驱使形成的。以后，随着动机稳定性和自觉性的发展，到小学三年级时，这种坚持性才渐渐成为他们的意志品质。

4. 自制力的发展

小学低年级学生的自制力发展较差。到了三年级，小学生的自制力得到显著的发展，但是，也有一些中、高年级儿童自制力不强，容易冲动，这主要是由于他们的精力过于旺盛所引起的。就整个小学时期，小学生的自制力还是初步的、低水平的。

三、意志的作用

1. 意志对人的认识活动的作用

（1）认识活动是意志行动的前提。意志行动中的自觉目的性是以对客观规律的认识为基础的，人的行动目的是受客观规律制约的。只有当人们认识了客观事物发展的规律，并运用规律去改造世界以适应人类的需要时，才能自觉地提出行动目的；只有目的和愿望确实符合客观规律时，意志行动才能得以实现。所以说，人只有认识了客观世界的规律，认识了人自身的需要和客观规律间的关系才可能有自觉目的性。提出实现目的所需要的有关计划也是认识活动的结果。离开了认识过程，就不会有意志活动。

（2）意志影响人的认识活动。人对外部世界的认识，必须通过个体的努力，来组织自己的观察活动，维持自己的注意，加强随意记忆和创造性想象，积极开展解决问题的思维活动等，这都离不开意志的努力。将理性知识运用于改造世界的实践也是一个十分复杂的意志过程，既要有勇气，又要有毅力。没有意志，人就不可能有全面而深刻的认识活动。

2. 意志对情感有调节和控制作用

（1）意志过程受到情感过程的影响。积极的情感可以鼓舞人的意志，成为意志的动力；消极的情感可以成为人的意志的阻力，它会削弱人的意志，阻碍人去实现原来目标，使意志行动半途而废。

（2）意志对情感有调节和控制作用。由于意志具有组织和调节的功能，意志不只是受情感的影响，反过来意志也影响情感。意志能否调节情感受到许多因素的制约，但就人的内部条件而言，它取决于意志和情感之间的对比力量。意志坚强的人，可以控制、调节自己的情感；意志薄弱的人就会导致半途而废。认识过程本身并不具有控制情感的功能，控制是由意志完成的。"理智战胜情感"就是指意志力量在理智认识的基础上克服了与理智相矛盾的情感；而"情感战胜理智"是意志力量不足以抑制情感的冲突而成为情感的俘虏，背离了理智的方向。

拓展知识

蒙台梭利关于儿童意志力发展的三个阶段的理论

在大量观察儿童之后，蒙台梭利对意志力的发展提出了更深入的分析，她认为人类意志力的发展，会经历三个阶段。

第一阶段：儿童的重复活动——注意力集中带来的自我控制

"反复操作是儿童的智力体操。"儿童在玩耍时总是重复进行，读一本书、玩一个树枝、操作一项教具，会重复很多次，成人往往不理解这种行为，认为是浪费时间，还经常出于好心打断他们，给孩子介绍新的事物。其实这样的重复是儿童重要的学习方式，重复使儿童感受到力量和独立，并感到极度的满足。

当儿童能达到重复一种活动的时候，就代表儿童已经能够相当程度地把自己的注意力控制到一点上。这种状态我们称为注意力集中。重复所带来的越来越多注意力集中的体验，让儿童获得了一种力量——自我控制的力量——儿童能控制自己的行为，又能控制自身之外的物质世界。

蒙台梭利说，工作是纪律的第一缕曙光。这种在重复操作之中，孩子慢慢形成了自制能力，为儿童进入第二个阶段打下了基础。

第二阶段：不仅听从自己，对自己的选择负责，也能考虑他人

这里，首先要区别纪律的两种形式，他律和自律。

他律，即遵守由他人制定的规则，这个他人，可能是学校、老师或者父母。孩子表现出来的遵守纪律和听话，实际上是在管制之下的一种状态，一种对权威的服从，一种由奖励和惩罚训练出来的状态。

但是，蒙台梭利所说的纪律不是这样一种被动遵守和受制的状态，而是自律，在自由中的儿童所形成的自觉遵守的纪律。例如儿童在自主操作教具的过程中，无需老师监督，也无需别人制定的规则约束，进入专注忘我的状态，他拥有某种控制自我和把握环境的能力，我们把这种能力称为拥有自制的能力，这才是真正的纪律。

自律意味着儿童能为自己的行为负责任，同时能够遵循现实环境的限制，这就是意志力发展的第二个阶段。在这一阶段，儿童能够在某种环境中控制自己，以便跟当时的场景相匹配，他们不仅能按照自己的意愿做事，也能考虑到别人的感受和需求。

例如，当孩子们在音乐厅、图书馆时，不用老师叮咛就会保持安静；在大人交谈的时候，会控制自己不插话捣乱；在高铁站、飞机场，知道用什么样的音量讲话；参观博物馆、工厂、消防站的时候，知道什么样的行为举止是得体的。关键是，孩子做到这些，并不是因为老师的要求或者规定，儿童他们觉得应该这样。这些都是意志力发展的一个结果。

在一个成熟的蒙台梭利班级，经常能看到这样的场景：孩子一不小心把教具撒了一地，或者把水洒在了地上，他会非常自然地去找器具进行打扫，会把教具一个一个捡起来归位。虽然他在动作上还很笨拙，也可能打扫不干净，但是表现出的是一种负责任的心理状态，这代表意志力的发展到达一个新的水平。

第三阶段：真正的意志力形成——顺从生命的法则

顺从这个词很容易引起误解。一说到顺从，似乎是指一种关系中的强制现象，弱者顺从强者，小孩、学生、员工顺从大人、老师、领导，是一种对权威的被动服从。但是，蒙台梭利在意志力发展的第三阶段所说的顺从，是指生命对某种法则的顺从。

经历了第二个阶段后，儿童透过事物就感知到了某种与生命相连接的法则，能感觉到事物内部所运行的某种法则，在越来越深刻地理解这种自然法则之后，儿童就会遵循它，真正的意志力开始形成。

这里所说的服从是指与生命以及大自然的合作，是指生命力与现实环境的和谐发展。当发展到这一步的时候，人们就不仅仅考虑自我和周围的人，而是站在更广的视角看待世界，便很容易发现真理了。

总之，意志的发展是人与环境的相互作用而不断进行的一个缓慢的过程。意志力发展的三个阶段是高度依赖的，没有完整的经历前一个阶段的发展，意志力就不可能达到下一个阶段。

第二节　常见儿童意志问题的辅导

少年儿童的身心健康，一直牵动着习近平总书记的心，2020 年 4 月 21 日习近平总书记寄语："文明其精神，野蛮其体魄。"人的意志品质不是遗传决定或自发形成的，而是在教育影响下和在实践活动的锻炼中形成的。良好的意志品质对儿童的智力、体力、个性化、兴趣的发展有着直接的影响。

一、过分依赖

（一）过分依赖的概念

依赖就是指对别的人或事物的过分依附，不能自立、自主。意志上的依赖实质上就是意志缺乏。这类儿童的行为常常带有很大的盲目性，不知道自己做什么和为什么做，在行动过程中，即使是一个很小的决定也难以抉择，显得手足无措，缺乏决断的能力，事事依赖别人，易受人暗示和指使。譬如说，今天穿什么衣服、穿什么鞋，星期日是逛商店还是上公园，有了问题是问同学还是自己做决定。

依赖本来是个体生长发育过程中不可缺少的因素之一，人的发展都是逐渐从依附地位转向自主地位的。出生后的婴儿对其长者、抚养人形成依附关系，他的一切生活都依赖成年人。到两三岁，他意识到自我，不但依附父母亲人，也开始依附家庭以外的人或物，如对幼儿园老师及阿姨的依赖。上小学后，随着交往面的拓宽，与同学关系密切起来，四五年级以后便出现依附关系向自主地位转化的势头。此时家长与教师应尽量帮助孩子由依附向自主平稳过渡，否则自主能力差，依赖性强，致使孩子缺乏意志力。

有依赖问题的儿童，总想别人把他当作婴儿一样来爱抚，总是要求别人注意他、帮助他、称赞他，而不要求别人把他当作一个有自己的思想和需要的不断成长的个体。他们表现出过分依赖父母、兄弟及同伴，缺乏独立性，缺乏生活自理能力，更缺乏对事物的判断能力，做事无目的，在等待中糊里糊涂过日子，即使想办什么事，也是优柔寡断，举棋不定，并且易受人暗示，被人牵着鼻子走。

案例

小男生小强

小强是个 9 岁的小男生。他的房间总是十分凌乱，从来没有自己主动收拾过。每天晚上妈妈在小强睡着后，便会过来帮他整理房间，并且把他第二天上学要带的东西准备好。而每天早晨小强也都依赖妈妈叫他起床上学。如果哪一天妈妈急着上班，小强肯定就会因为睡过头而迟到。小强几乎所有的事情都是由父母代为安排的，一旦父母不在，他就不知道该怎么办才好。

案例分析

小强是过分依赖的表现，过度需索是过分依赖的一种体现。过度需索者放弃了独立性，选择依附于他人。他们不愿意为自己的快乐和安全感负责，而是依赖于他人来为自己提供生活的支持和资源，期望别人替自己解决问题。他们总觉得自己有一天会被抛弃，对此他们恐惧又无力。

（二）儿童产生过分依赖的原因

1. 过度保护

许多家长对孩子的学习生活关照得"无微不至"，像个保姆一样包办，代替孩子完成一切，即使孩子提出干点家务，他们也会坚决反对。他们认为孩子学习好就行了，干不干活没关系。很多家长总是抱着"孩子还小"的想法，不愿意让孩子学着成长，生怕孩子遇到挫折，只要能替孩子遮挡的风雨，一直都无怨无悔，可到头来害了孩子的也是自己。长期过度保护、溺爱，儿童不仅变得冷酷无情、缺少爱心，而且还无能，大事小事都没有应对经验，遇事总想依赖周围人。

2. 过度专制

有些家长教育孩子时过于专制，从不让孩子思考、选择。为了方便快捷，他们不是教孩子学习如何办事、如何思考，他们认为这太费时费力，不如自己去代办更快捷。很多父母控制欲极强，并不觉得孩子是独立的个体，反而觉得孩子就是自己的附属品。父母打着"为你好"的旗号，管着孩子的一切，插手孩子的生活。他们长期替孩子办事，做决定，而使孩子失去了独立行动、独立思考、增长知识、增加经验的机会，久而久之养成孩子过度依赖的性格。

（三）儿童过度依赖的辅导

1. 教导儿童独立做事

事事有人代劳的孩子，要转变成自己去动手、独立做事的孩子，需要家长耐心而坚定的教导。多鼓励孩子自己动手，让他们品尝收获的喜悦和乐趣，远比孩子衣来伸手、饭来张口得好。家长必须对孩子做出明确而具体的要求，逐步地让他们学习生活技能。可以让他们先学会自己的事情自己做，比如穿衣、吃饭、整理书包等。当他们能够做到时，不妨再让他们学干一些家务，比如打扫卫生、刷碗等，这样不仅可以培养他们的独立性，还可以培养他们的责任心和感恩意识，体会父母的艰辛。

儿童过度依赖的辅导

2. 平时多肯定，少打击

孩子需要成长、需要独立、需要面对问题，这样他们才能摆脱对父母的依赖。给孩子独立的机会，给孩子需要思考的问题，放手让他们去成长。当孩子独立地去做一件事时，即使事情不大，即使做得不好，也要鼓励他，表扬他做事的动机和勇气。当孩子提出自己的主张与看法时，要多肯定、少打击。对他们合理的想法与主张要给予肯定与支持，并鼓励他们去实施，这样孩子的自主性就会一天天强起来。当孩子能够通过自己的能力去解决问题，会有一种油然而生的喜悦，也会有越来越成熟的自信心。

3. 鼓励孩子交独立性强的朋友

利用同龄人的榜样带动提高儿童的自主性和独立性，父母可以鼓励孩子与独立性强的同学做朋友，耳闻目睹中孩子自然而然地受到影响，提高独立地处理事情和问题的能力，激发自我，提高独立意识和进取心，从而形成独立的人格。

4. 循序渐进养成独立自主的习惯

养成一个好习惯，需要长时间的耐心与努力，按一定步骤或计划逐步形成。父母必须有耐心、有恒心，逐步养成孩子独立自主的良好习惯。从小帮孩子养成好的行为习惯、生活习惯、饮食习惯等多种好习惯，这样孩子就会形成良好的独立性而不依赖于父母。

5. 坚定立场，坚持原则

孩子在成长过程中难免会遇到难题，年纪尚小时，可能缺乏完全解决的能力，但父母可以从旁指导，一定要坚定立场、坚守原则，不要屈服于孩子的无理取闹。一步步指引孩子学习如何解决问题。当孩子想依赖大人替他解决问题时，父母也不能太心软，哪怕孩子再怎么软磨硬泡，也不能代劳。

二、执拗

（一）执拗的概念

执拗是指人们对待某个人、某件事特别的固执、任性，不愿意听取别人的意见。人们为了达到预定的目的，坚持不懈地努力，哪怕遭受暂时的失败和挫折，也阻挡不住他继续前进，这是具有坚韧、顽强意志品质的表现。但是如果不顾主客观条件的变化，明知原来的决定是错误的，仍然固执己见，按照自己的性子来，就是执拗了。在小学生群体中，执拗常常表现为犟脾气，谁说谁劝也不听，一定要按自己的意志办事。

执拗、倔脾气的产生可追溯到幼儿时期受到的影响。1岁以后的幼儿开始形成某些个性特质，固执、任性开始萌芽。执拗的孩子经常会表现出很任性的一面，常喜欢和大人对着来。喜欢和家长唱反调，无论家长说什么，他都会跟你反着来，而且会认为自己的想法才是正确的，你说的都不对，我就要按照自己的想法来，他们似乎只有按照自己的想法做了这件事，才算是完成了自己心中的执念。处于执拗敏感期的孩子，会要求什么事都要自己亲自去做，即便自己没有做这件事的能力，也要先做了再说。最爱说的就是"不"，无论什么事情他们都喜欢将它变成相反的，似乎只有这样他才开心。会提出很多在家长眼中是无理的要求，而家长一旦拒绝了他们的要求，他们便会开始"一哭二闹三上吊"，直到你妥协为止。但殊不知，家长一旦对此作出妥协，便会导致孩子执拗的表现更加强烈。

案例

倔孩子亮亮

亮亮天生就是个倔孩子,人小主意大不说,从小就喜欢与大人作对。他4岁时,妈妈给他买了双红色的跑鞋,谁知他嫌颜色不好不喜欢,不管妈妈怎么劝,坚决不肯穿。爸爸见了觉得这孩子这么小就不听话不行,狠狠打了他一顿,然后让妈妈把其他鞋子都藏起来,逼着亮亮只能噘着嘴,哭着穿红跑鞋去幼儿园。爸爸妈妈本来觉得这事应该就这样过去了,谁知,那双红跑鞋穿在亮亮脚上不过三天,崭新的鞋面上就被踢出个洞,鞋底也被戳破了,不用说,一定是亮亮故意使的坏。爸爸看见气坏了,拿起拖鞋劈头盖脸一顿狠打,一边打一边要求亮亮认错,可是任凭爸爸打坏了拖鞋,打累了手,亮亮就是不认错也不吭声。结果还是妈妈怕打伤了孩子,再三劝说爸爸住了手。现在亮亮14岁了,进入青春期的男孩更加桀骜不驯,爸爸妈妈的话不听,老师的话不听。

案例分析

亮亮是执拗、倔脾气的表现,儿童执拗往往是小时候同父母相处时,父母缺乏与他进行有效的亲子沟通交流,父母不能及时了解孩子内心的想法和心理需求,这时他们通过自己执拗、倔脾气获得父母的让步,再加上父母对自己的孩子宠爱有加,这样就很容易让孩子形成执拗的脾气。

(二)儿童产生执拗的原因

1. 孩子到了执拗敏感期

3~4岁的幼儿进入执拗的敏感期,有些孩子在不到3岁就提前进入这一敏感期。这是正常的生理现象,每个孩子都可能会出现这样的情况。表现为事事得依他的想法和意图去办,否则情绪就会产生剧烈变化,发脾气,哭闹。比如有些孩子总是不愿意听大人的讲话,也喜欢插嘴。孩子总是喜欢打破家长明文规定的规则,遇到错误的时候也不愿意承认和反省。

2. 父母性格示范

如果父母也经常是犟脾气、执拗,小孩子潜移默化,也可能会有这样的脾气。所以家长如果不想让孩子有这种行为,那么就要改善自己的性格,以身作则,在孩子面前塑造良好的形象,孩子才能潜移默化地接受好的影响。如果家长的脾气特别暴躁,经常生气发火,孩子久而久之也很容易模仿。"近朱者赤、近墨者黑",环境对人的影响是极大的。有的时候,孩子之所以性格犟也和父母有关。这类父母多半也性格倔强,凡事喜欢按自己的想法来,孩子受到父母的影响后,其性格也会多多少少发生改变。可能一开始的改变并不大,但随着时间的推移和接触时间的增长,孩子的性格就会变得越来越犟。

3. 没有及时纠正

有些小孩子受到家人的宠爱，觉得世界总是以自己为中心，有很多父母在孩子很小的时候便采取包办式教育，万事都由父母说了算，孩子没有选择的余地。等到孩子长大以后，其思维逐渐开拓，而且伴随着青春期、叛逆期的到来，孩子开始发表自己的主张，其压抑的情绪也会爆发，所以一旦遇到不满意的事情，就会出现犟脾气。家长面对这些情况没有办法应对，也不知道该如何去缓和，没有及时纠正，孩子的性格就会变得越来越执拗。

（三）儿童执拗性格的辅导

1. 理解孩子、尊重孩子

执拗敏感期是孩子成长中必然经历的过程的，所以当孩子因为感到秩序被破坏而大哭大闹时，父母不能大声批评，也不要嫌孩子麻烦，而应该给予尊重和理解，倾听孩子的需求，并及时做出积极的回应。如果孩子产生的是合理的、非原则性的需求，应该理解孩子的情绪，孩子如果坚持要按照自己的方式去做事，不必勉强，顺其自然就好。对于原则性的需求，如果不能够答应孩子，就需要灵活变通，通过讲道理、拥抱、转移注意力等方式来平息孩子的情绪，千万不要用野蛮的方式来"镇压"。

儿童执拗性格的辅导

2. 营造有规则的生活环境

孩子对秩序感的追求主要表现在对顺序性、生活习惯、物品的要求上。生活环境的规则，与他们内在思维、心灵上的秩序相协调，会让他们感觉舒适。在孩子的秩序敏感期到来时，理解孩子、尊重孩子，尽可能给他提供一个有秩序的环境。比如，家里的日常用品最好摆放有序，每次使用后要注意及时归位；孩子的东西更注重摆放有序，家长不要随便去更改它们的位置。如果不得已要改变生活环境，也要给孩子一个适应期和过渡期，并且为孩子可能出现的不适应做好各方面的准备。

3. 父母应该以身作则

孩子执拗的性格多半来自父母的影响，平时父母应该以身作则，如果很难给自己一个客观的判断，那么可以多听听周围人的意见，经常自我反省。在要求儿童不要执拗的同时，父母应该是通情达理的。成人以身作则，提供榜样的同时也能陪伴儿童一起走过重要的秩序感时期。

4. 满足孩子独立与渴望保护的需求

孩子之所以表现出顽强的"反抗性"，其根本原因是想独立。表面上看起来是在与父母对抗，但孩子的内心实际上需要父母的情感支持和适时的鼓励。在放手让孩子独立做一件事时，父母可以首先判断一下他能多大程度上完成这件事和可能遇到的问题，然后在没有人身危险的前提下，让孩子自己去做。如果孩子正准备做的事情可能危害到健康，父母必须果断地制止，并用其他一些没有危险性的活动来代替。让孩子在享受到独立感的同时也享受到了父母对他们的关爱，这样也会减少孩子对抗情绪的发生。

三、怯懦

（一）怯懦的概念

怯懦是指胆怯、怕事、懦弱、拘谨的人格缺陷。怯懦通常表现为害怕困难，意志薄弱；害怕挫折，情感脆弱；害怕交际，性格软弱。平时寡言少语，行动拘束，容易逆来顺受和屈从他人，遇事退缩，极其胆小怕事，多一事不如少一事，不愿冒半点风险，遇到困难易惊慌失措，不知如何是好，受到挫折则易自暴自弃，无地自容。

怯懦与害羞不同。害羞是难为情，是一种害臊的心态，害羞的人虽然也不善交际，也容易过多地约束自己的言行，以致在人际交往中显得过于腼腆，不自然，但害羞仅是过分注重自我形象而又担心、怀疑自己的言行能否得到他人承认、理解和尊重的表现，是过分注重自尊心而又唯恐遭人窃笑、羞辱的表现，尽管这种表现有时也会阻碍人际交往，难以使人了解自己，但也不乏可爱之处，故属于正常心理范畴；而怯懦则是软弱无能、畏避退缩的表现，是缺乏勇气、害怕困难的表现，这种表现不仅会使人一事无成，也常常因自我封闭而导致不良的人际关系，属于人格缺陷方面的心理问题。

案例

腼腆的小婷

小婷是一位初二年级的女同学。她长着一对会说话的大眼睛，头发黄黄的，稍稍有些蜷曲，成绩不错。她非常腼腆，性格内向，在人面前不苟言笑，上课从不主动举手发言，老师提问时总是低头回答，声音小得听不清，脸蛋涨得绯红。下课除了上厕所外，总是静静地坐在自己的座位上发呆，老师叫她去和同学玩，她会冲你勉强笑一下，仍坐着不动。平时总是把自己关在房里，不和同学玩。遇到节假日，父母叫她出门做客，她都不去，连外婆家也不去。

案例分析

小婷是怯懦、自卑的表现，有怯懦心理的儿童面对激烈的竞争时觉得自己这也不行，那儿也不如别人，怯懦、自卑的心理使得其缺乏竞争勇气，缺乏自信心。生活中一旦受到了挫折，更加缺乏心理上的承受能力，总觉得自己很差。

（二）儿童产生怯懦的原因

1. 家长过于严厉

儿童犯错后家长过于严厉的惩罚会导致孩子失去自信变得胆怯，长期在这种氛围下生活的孩子会变得很没有自信，自然也就变成胆小鬼了。在陪伴孩子的过程中，很多家长经常会打着爱的名义，干涉孩子，阻止和否定孩子。限制他们的自由，不让他们选择。把自己的想法强加给孩子，使其成为父母的"附属品"。管教过于严厉，最终使孩子被很多条条框框所束缚，长此以往，孩子就会变得胆小、懦弱、缺乏主见，最终更会导致自闭、孤僻的性格。

2. 家长过分宠溺

家长们的过分宠溺也是造成孩子胆子小的原因之一，家长什么都不舍得让孩子去体验、去感受，终究会将孩子推向胆小的悬崖。家长在教育孩子的过程中，如果总是一味地保护，不敢放手，剥夺孩子学习的机会，则会造成孩子内心脆弱，形成"玻璃心"。自理能力和动手都会变弱，就像温室里的花朵，不能经受任何风吹雨打，从而变得异常脆弱。这样教养方式养出来的孩子，除了胆小、懦弱，更会变得异常敏感。父母给予的保护越多，照顾得越细，他们的适应能力就会越差，越容易造成依赖感，从而缺乏主见，变得懦弱。

3. 家长限制交往

孩子胆子小还有可能是因为受到限制交往造成的，想要孩子变得胆子大的话，孩子的圈子是很重要的，家长们应该多让孩子与同龄孩子沟通交往，这样的话可以有效改变孩子胆子小的情况。生活中，很多父母怕孩子受伤，总会把他们放在家里"圈养"起来。唯恐外面的人群或者环境对孩子的身心造成干扰。长此以往，造成了孩子总是待在家里，见的人过少，社交过于狭窄，所以当面对陌生的人或者环境的时候，变得胆小和懦弱。

（三）儿童怯懦性格的辅导

1. 培养乐观态度

孩子胆小怕事的心理根源之一是易悲观。乐观的人视困难为常情，觉得困难是你强它弱，你弱它强，充满克服困难的信心、决心和恒心；悲观的人则人为地夸大困难，未战先降。所以，要经常鼓励孩子，让他多从有利方面去看待问题，争取进步，看到自己的成绩，从而对自己有信心，养成乐观态度。

儿童怯懦性格的辅导

2. 给予孩子独立做事的机会

没有毅力是孩子胆小怕事的另一个心理根源。毅力不强的人，当他觉得困难难以克服时就会有退缩心理。但积累克服小困难的胜利就能逐步培养起克服大困难的毅力。所以，应要求孩子从小事情做起，特别是那些他最忽略也最容易暴露意志弱点的小事做起，培养毅力。家长在生活中，一定要敢于放手，及时给予孩子独立做事的机会。让他们有机会去动手，自己实践。孩子在独立做事的时候，自我思考力和解决问题能力会得到提升，可以提升自信，使其变得开朗。

3. 鼓励与人交往

胆小怕事的孩子往往性格是内向、孤僻的，作为家长要多创造机会鼓励孩子主动与人交往，取得同伴情感上的支持。比如让孩子主动与人打招呼，邀请同伴上门来玩，把孩子介绍给客人并一起玩等，培养孩子大胆行事的习惯。尝试让自己的孩子出去多和其他孩子交朋友，并尝试和陌生人交流，教育孩子自己的事情自己做，不要依赖大人，自己要有自己的想法。发现孩子优点，表扬孩子，带孩子参加小型趣味的集体活动，增加孩子的自信心，耐心与孩子沟通，使孩子越来越自信，最终克服懦弱，变得强大和阳光。

4. 切忌批评讽刺

胆小怕事的孩子自尊心较强，家长千万不能因其缺点而批评讽刺，横加指责，当家长经常批评儿童的时候，其内心已经备受打击，长此以往就会形成一个自卑的心理。家长应多给予孩子鼓励、赞赏的语言、目光等，增强孩子自信心，减少心理压力。父母千万不要给孩子扣上"没用""胆小鬼"的帽子，一味指责只会更加打击本就自卑的他。当孩子表现不如人意时，父母应当耐心予以安慰和鼓励。在尴尬的节骨眼上给孩子一个温暖坚定的眼神，他的信心才会慢慢增长，直到把过度的羞怯抛到脑后。

5. 改变宠溺

胆怯表现比较严重的孩子，往往在家中受到过多宠爱与纵容，与社会的接触欠缺，这不免使其对公共场合、集体活动产生未知的恐惧。家长过度宠爱孩子，包办孩子的一切，造成孩子对家长过分依赖，不敢离开家人。家长别让孩子太由着性子或凡事替孩子包办，而应适时放手，让他多到社会上去长长见识。

6. 父母榜样示范

父母在孩子面前一定要表现出勇敢、坚强的一面，时间长了，在耳濡目染中，孩子也会变得更加坚强勇敢的。父母也可以给孩子讲一讲英雄故事，来鼓励孩子做个坚强、勇敢的人。生活中家长要做好孩子的榜样，以身作则。如果父母内向，孩子必然会遗传一部分内向的因素。改变自己，使自己变成开朗的人，用自己的开朗带动孩子的性格。

课后心理游戏

一、同舟共济

（一）目的：锻炼耐力。

（二）时间：10～15分钟。

（三）材料：每队一张报纸、预备数张报纸做后备之用、领队用的哨子。

（四）内容：

1. 组员以平均人数分队，每队约3～4人。每队分派一张报纸，将报纸铺在地上。

2. 领队信号开始，所有队员一齐站到报纸上，不可弄破报纸，如果站不下就另要一张补充，继续游戏。

3. 全体队员能够长时间两脚都站在报纸上是胜利者。

二、站得稳

（一）目的：康乐活动。

（二）时间：10～15分钟。

（三）材料：粉笔，音乐。

（四）内容：

1. 用粉笔在地上画一个大圈，加两个小圈于大圈上。

2. 大家手牵手站在大圈上。音乐开始，大家向右绕大圈走。靠近小圈时，可以用力拉自己左右的人，使他站不稳而踏入小圈内。

3. 音乐停了再开始，大家改向左移动，走近小圈又用力拉别人入圈。凡踏入小圈三次以上的，就是没有"站得稳"的人，要受罚。

注意：亦可用口琴或一人唱歌代替音乐。一曲停后，再开始时，就换方向走。

课后知识巩固

1. 简述意志的内涵。
2. 简述儿童意志的发展。
3. 如何开展过分依赖儿童的辅导？
4. 如何开展执拗儿童的辅导？
5. 如何开展怯懦儿童的辅导？

第五章　儿童学习心理问题的健康教育

知识目标

1. 了解学习、学习心理和学习兴趣的概念及内涵。
2. 了解学习理论。
3. 掌握小学生学习心理的特点。

能力目标

1. 能够准确分析儿童学习心理发展的特点。
2. 会设计儿童学习焦虑的辅导方案。
3. 会设计儿童厌学心理的辅导方案。

第一节　儿童学习心理发展

儿童刚入学不久，对小学生活既有新鲜感，但又不习惯，因而一时难以适应；对学习有好奇感，却很难做到专心听讲，独立完成作业；特别信任老师，相信老师的话，尊重老师的行为和评价；注意力不集中，情绪变化无常，容易疲倦；对成功的喜悦和失败的痛苦都很强烈；有当好学生的愿望，只是不熟悉学校的生活，不了解学校常规，常会无意中做错事。习近平总书记强调"教育，无论学校教育还是家庭教育，都不能过于注重分数。分数是一时之得，要从一生的成长目标来看。如果最后没有形成健康成熟的人格，那是不合格的。"

一、学习的概念

一般来说，学习有广义和狭义之分。广义的学习，是指动物和人的经验的获得及行为变化的过程，人类的广义学习是在生活中进行的。人从出生以后，就能建立条件反射，改变个别行为。在人一生的整个生活过程和实践中，也在不断地积累知识经验，改变思想行为，所有这些，都包含着学习的意义。狭义的学习，则是指学生在教师指导下有目的、有计划、有系统地掌握知识技能和行为规范的活动。作为特殊的认知或认识活动的学习有下列几个基本特点。

1. 在学习过程中，学生的认知或认识活动要越过直接经验的阶段

在学习中，学生以学习间接经验为主，他们往往不受时间空间的限制，越过直接经验这一阶段，较迅速而直接地把从人类极为丰富的知识宝藏中提炼出来的最基本的东西学到手。这就是学生的学习过程区别于人类一般认识活动或认识过程的特殊本质。

2. 学生的学习是一种在教师指导下的认知或认识活动

学生的学习是通过教学活动来实现的。教与学是一种双边活动，教是为了学，学则需要教，二者互为条件，互相依存。因此，学生的学习离不开教师，教师的教主要是一个传授知识的过程，是把人类社会长期积累起来的知识，根据社会的需要传授给学生。在学习过程中，学生的认知或认识活动受着教师的教授活动的制约。

3. 学生的学习过程是一种运用学习策略的活动

在学校里，学生最主要的学习是学会学习，最有效的知识是自我控制的知识。要学会学习，就有一个学习策略的问题。学生的学习是一个主动的过程，因此学习策略受制于学生本人，它干预学习环节，提高认识技能，调控学习方式，直接或间接地影响主体达到学习目标的程度。学习策略是一系列有目的的活动，是学生在学习过程中所选择、使用、调节和控制学习方法、方式、技能、技巧的操作活动。学习策略实施的过程也是实行决策的过程。由此可见，学生的学习活动主要是一种理性的认识或认知活动，一种思维或信息加工的过程。

4. 学习动机是学生学习或认知活动的动力

学生的学习活动是由各种不同的动力因素组成的。整个动机系统所引起的，其心理因素主要是需要及其表现形态，诸如兴趣、爱好、理想、信念等，其次是情感因素等，除此之外，还要有满足这种需要的学习目标，这些一起成为学习动机的重要构成因素。学习动机的激发，是利用一定的诱因使已形成的学习需要由潜在状态转入活动状态，使学生产生强烈的学习愿望或意向，从而成为学习活动的动力。诱因可能来自学习活动的本身获得的满足，也可以来自学习之外所获得的间接满足，前者称为学习的内部动机，后者称为学习的外在动机。

5. 学生的学习是促进自身各方面获得成长的过程

学生的学习过程是一种认识或认知过程，学生在学习过程中认识世界，丰富自己，发展自己，并引起其德、智、体、美、劳诸方面结构的变革。学习过程是学生获得知识经验，形成技能技巧，发展智力能力，提高思想品质水平的过程。学生的学习过程就其本质而言，和人类一般认识过程是一致的，是人类认识活动总过程中的一个环节和阶段，但是，这种学习过程与一般认知或认识过程又是有区别的，是一般认识过程的一种特殊形式。

二、学习心理的概念

学习心理即在学习时应当保有的正确心态。保持良好的学习心态，要求人在学习过程中，要防止和克服"任务式""被动式"的学习行为，坚持带着感情学、带着信念学；防止和克服

重过程、轻质效的学习现象，切实做到形式与内容相统一、过程与效果相统一；防止和克服学多学少无所谓、多学少学不要紧的学习心态，牢固树立学不好就不合格、不称职的学习观。

儿童阶段是小学生长身体、长知识、长智慧的时期，也是其道德品质与世界观逐步形成的时期。他们面临着生理与心理上的急剧变化，加之紧张的学习，很容易产生心理上的不适应。他们一般有以下学习心理特点。

1. 好的愿望与心理准备不足

几乎每个小学生都有美好的愿望，对未来充满憧憬和向往。他们幻想做一个有学问、受人尊敬的人，而实际上他们中的一小部分往往学习不努力，过一天算一天。虽然他们的愿望是美好的，但追求的全是实现理想后的种种荣誉与享受，而对实现理想需要从现在做起，需要付出艰辛的劳动，却想得不多，做得不够，形成了美好愿望与心理准备的矛盾。针对这一情况，我们应有针对性地进行理想教育，使他们明白美好的理想需要艰苦奋斗才能实现。具体办法可以讲一个名人、伟人艰辛的心路历程的故事。组织看一部反映名人成长过程的影片，启发学生懂得实现理想，必须付出艰辛努力。

2. 情感与理智的不协调统一

小学阶段的学生容易动感情，也重感情。一方面，他们充满热情和激情；另一方面，他们的情感又极易受外界影响，易冲动。他们对自己喜欢的事积极性高，不感兴趣的事避而远之。这说明他们的情绪、情感处于大起大落的两极状态，而难以及时地用理智控制。要解决这一实际问题，首先教师要有表率作用，同时注意培养一些学生，尤其是在班级中有影响力的学生，让他们学会用理智控制情绪，然后形成班级核心，借以影响全班。为引导他们理智处事还需要开展一些活动，如让学生收集"用理智控制情绪而获得成功的人"的故事材料，也收集"因感情冲动而造成终身后悔"的反面故事材料，从正反两方面进行教育。

3. 进取心强与自制力弱的矛盾

小学阶段的学生大部分是有积极向上的进取心的，这与他们求知欲、自尊心和好胜心强是分不开的。但他们思考问题不周密，往往带着浓厚的感情色彩去看待周围的人和事，因而有时片面坚持己见，对教师的要求，合乎己意的去办，不合己意的就拒绝或顶牛，不能控制自己，凭冲动行事，事过之后又非常后悔。这一切都说明他们意志品质的发展还不成熟，自制力、控制力不强。针对学生的这一心理矛盾，一方面要肯定学生的进取心，另一方面要锻炼学生的意志力，为达此目的应着重注意从小事做起，引导他们自觉遵守学校的各种规章制度，同时开展"决不迁就自己"的活动，一旦意识到某件事或行为不对，不管是多么强烈地诱惑你，也勇敢地说一声"不"。为解决部分学生自我控制力差，造成影响课堂纪律的问题，尝试建立学生日常行为跟踪记录，把他们每一时段的课堂表现记录下来，有目标、有针对性地进行疏导、教育、指正，使学生逐渐自觉对照检查，养成遵守课堂纪律的习惯。

三、学习兴趣

（一）学习兴趣的概念

学习兴趣是一个人倾向于认识、研究获得某种知识的心理特征，是可以推动人们求知的一种内在力量。学生对某一学科有兴趣，就会持续地专心致志地钻研它，从而提高学习效果。学习兴趣指一个人对学习的一种积极的认识倾向与情绪状态，从对学习的促进来说，兴趣可以成为学习的原因。从学习产生新的兴趣和提高原有兴趣来看，兴趣又是在学习活动中产生的，也可以作为学习的结果。所以，学习兴趣既是学习的原因，又是学习的结果。

学习兴趣可以分为直接学习兴趣与间接学习兴趣两种。前者是由所学材料或学习过程本身直接引起的，后者是由学习活动的结果引起的。间接学习兴趣具有明显的自觉性，当一个人意识到学习的社会意义或与自己的关系时，学习兴趣就随之产生。例如，为了集体的利益，意识到学习的目的或任务，因而坚持学习。或者为了得到父母、教师的赞赏，同学、朋友的尊重，在考试中得到好分数，在竞赛中取得胜利等，也能引起学生对学习的兴趣。直接学习兴趣与间接学习兴趣常常是融合在一起的，即既有直接学习兴趣的成分，又有间接学习兴趣的成分，其中，或以直接学习兴趣为主，或以间接学习兴趣为主，或两者难分主次。开始时是对学习的间接兴趣，在学习过程中很有可能逐渐转化为直接兴趣。而对学习的直接兴趣，若无特殊情况，大多能长期持续下去，并且愈来愈浓厚。实践表明学习的直接兴趣是提高学习质量最有利的因素。

（二）儿童学习兴趣的发展特点

1. 在学习的过程中，儿童学习兴趣由外向内变化

在学习的过程中，最初对学习的外部活动感兴趣，以后逐渐对学习的内容、对需要独立思考的作业更感兴趣。有的研究材料表明，约从三年级起，学生更喜欢比较新颖的、困难的、需要动脑筋的、独立思考的学习作业。

2. 在对待学科上，儿童学习兴趣逐渐分化

在对待学科上，学生的学习兴趣最初是不分化的，以后逐渐产生对不同学科内容的不同兴趣。低年级的学生对读、写、算都同样感兴趣。从中年级起，随着他们知识的丰富、能力的发展和教师的教学影响，学生表现出对某一学科的兴趣。但这种兴趣仍然不稳定，容易受教师和家长的影响。

3. 在学习内容上，儿童学习兴趣由具体向抽象发展

对有关具体事实和经验的知识较有兴趣，对有关抽象的、因果关系的知识的兴趣在初步发展着。低中年级的学生最感兴趣的是具体的活动和事例；四年级后，开始对自然现象和社会现象的因果关系、初步计算规律的应用、语法结构的变化等感兴趣。低年级学生对玩中学的方法更感兴趣，如通过摆弄学具的直观动手活动来学习数学；从中年级起，这些因素下降，而对

日渐新颖的教材本身更感兴趣，喜欢动脑筋，独立思考。

4. 在阅读方面，儿童学习兴趣不断变化

在阅读兴趣方面，一般是从课内读物发展到课外阅读，从阅读童话故事发展到阅读文艺作品和通俗读物。在读物内容上，低年级的学生非常喜欢童话故事，约从中年级起，学生对描写英雄人物的战斗故事、带有惊险意味的读物、科普读物更感兴趣。

培养儿童的学习兴趣，不仅有利于增强学习的动力，发展儿童的智力和创造力，而且还有利于培养儿童积极进取的精神。儿童天生对自己周围的世界充满着好奇和求知的渴望，天生想了解这个世界。有着浓厚兴趣的学习正好满足儿童的这一需要。因为有兴趣的学习，能解除心中的疑问，使儿童能感受自身的智慧力量。大量事实证明，有广泛兴趣的儿童产生厌学情绪的极少。他们一般都有较高的积极性，善于思考发问，知识学得活，能举一反三，触类旁通，智力发展也快。如果没有一定的兴趣，往往不善于思考发问、死记硬背，久而久之，易产生厌学情绪。

拓展知识

学 习 理 论

一、行为主义的学习观

行为主义的学习观即学习的联结理论，是 20 世纪初由桑代克首先提出，后经行为主义心理学家华生、赫尔、斯金纳等人进一步发展，而成为一个较为完整且影响较大的学习理论。这一理论是用刺激与反应的联结即条件反射来解释学习的过程的。该理论认为，一切学习都是通过条件作用，在刺激 S 和反应 R 之间建立直接联结的过程。强化在 S-R 联结的建立中起着重要作用。在 S-R 联结之中，个体学到的是习惯，而习惯是反复练习与强化的结果。习惯一旦形成，只要原来的或类似的刺激情境出现，习得的习惯性反应就会自动出现。其具体的理论主要有巴甫洛夫的经典性条件作用论与斯金纳的操作性条件作用论。这种学习观对简单的学习行为能进行解释，而对复杂的行为，用 S-R 联结的形成来解释则过于简单，这就有了认知理论学习观的提出。

二、认知理论的学习观

认知理论的学习观是以格式塔的顿悟说、托尔曼的认知论、布鲁纳的学习理论、加涅的信息加工学习论等为代表的。认知理论的学习观认为，学习并不是在外部环境的支配下被动地形成 S-R 联结，而是主动地在头脑内部构造认知结构；学习并不是通过练习与强化形成反应习惯，而是通过顿悟与理解获得期待；有机体当前的学习依赖于他从记忆中抽取的认知结构和当前的刺激情境，学习受主体的预期所引导，而不是受习惯所支配。格式塔学派强调在整体环境中研究学习，强调知觉经验组织的作用。它认为，学习是知觉的重新组织，这种知觉经验变化的过程不是渐进地尝试错误的过程而是突然领悟的，即顿悟。托尔曼关于学习的理论受格式塔理论影响，认为外在强化并不是学习产生的必要因素，不强化也会出现学习。他还强调内在强化的作用，指出在学习过程中存在着尝试与错误的过程，在多次尝试中，有的预期被证实，有的则未被证实，预期的证实是一种强化，这就是内在强化，即由学习活动本身带来的强化。布鲁纳则认为，学习的本质不是被动地形成 S-R 联结，而是主动形成认知结构，学习者不是被动地接受知识，而是主动地获取知识，并通过新获得的知识和自己已有的认知结构联系起来，积极地建构其知识体系。学习包括新知识的获得、知识的转化、评价三个过程，学习者正是通过这三个过程，建构起良好的认知结构。加涅则进一步运用信息加工理论细化了学习的认知过程。

三、人本主义的学习观

人本主义的学习观兴起于 20 世纪 50 年代末 60 年代初的美国，其代表人物是美国心理学家马斯洛和罗杰斯。马斯洛作为人本主义心理学的创始人，充分肯定人的尊严和价值，积极倡导人的潜能的实现。马斯洛把人的需要分为七种，分别为：生理需要、安全需要、归属和爱的需要、尊重的需要、认识与理解的需要、审美的需要和自我实现的需要。他将前四种需要定义为缺失需要，后三种需要是生长需要。较低级的需要必须部分满足之后才能出现对较高级需要的追求。一般说来，学校里最重要的缺失需要是爱和尊重，要使学生具有创造性，首先要使学生感到，教师是公正的、爱护并尊重自己的，不会因为自己学习上的差错而遭到嘲笑和惩罚。罗杰斯的学习理论可以概括为以下几点：第一，学习是有意义的心理过程，而不是机械的刺激和反应联结的总和。第二，学习是学习者内在潜能的发挥。人类的学习是一种自发的、有目的、有选择的学习过程。教学任务就是创设一种有利于学生学习潜能的发挥情境，使学生的潜能得以充分的发展。第三，从学习的内容上讲，罗杰斯认为应该学习对学习者有用的、有价值的经验。第四，最有用的学习是学会如何进行学习。他特别强调学习中人的因素和"学习者中心"，强调影响个人学习的因素主要是心理。根据以上理论，罗杰斯建议教师，在学生学习过程中，要十分重视教学的基本目的，促使学生在教师帮助下激发自己高层次的学习动机，充分发展学习者的潜能和积极向上的自我概念、价值观和态度体系，并创造一种融洽的学习环境，从而使学习者能自我教育自己，最终把他们培养成为充分发挥作用的人。

第二节　常见儿童学习心理问题的健康教育

2022 年 5 月 31 日习近平总书记在中国儿童中心成立 40 周年之际强调，要"团结广大儿童工作者，做儿童成长的引路人、儿童权益的守护人、儿童未来的筑梦人，用心用情促进儿童健康成长、全面发展"。在学习过程中，儿童阶段是整个人生阶段的关键节点，学生的生理和心理都在发生着剧烈的变化，直接影响学生的一生发展。

一、学习焦虑

（一）学习焦虑的概念

学习焦虑是学生群体中一种特定的紧张状态，是学生对来自现实的或预想的学习情境对自己自尊心构成威胁而产生的担忧心理现象，通常表现为心神不宁、自卑自责、头疼头晕、惶恐急躁等。过度的焦虑使得注意力难以集中，干扰记忆的过程，影响思维的活动，而且对身心健康产生很大的危害。学习焦虑不仅是学习的拦路虎，而且是对学生生命的慢性自杀。

生活在今天的人们，经受着大量来自环境的紧张压力。进取与竞争、噪声与拥挤、繁忙与沉重，使人们的精神状态常处于紧张状态，预感到无力避免、无法应对的威胁，恐惧就转变为焦虑。焦虑对人的精神生活有严重影响。焦虑持续或频繁发生会导致身体全面衰弱、食欲减退、睡觉不良和过度疲劳；恐惧、紧张和无力感加剧，注意力涣散，记忆力减退，思想慌乱，无所适从，易产生极端念头，夸大自身无能，顾虑重重，灰心丧气，有时对恐怖的预期还会导致易怒和暴躁，怨天尤人和厌烦。

学生是一个特殊的群体。他们正处于令人羡慕的花季，可繁重的学习有时会压得他们喘不过气来，而且每学期还要参与各种考评，承受着因排名次所带来的内心恐慌和失落感，这种内心情感有时甚至是成人所难以想象的。久而久之，学生便会产生焦虑。学习焦虑是中小学生最常见的一种心理状态，在中小学阶段，随着学段、年级的增高和学业压力的增大，学习焦虑现象呈渐升趋势。同一学段，毕业年级学生学习焦虑现象明显高于其他年级。学习离不开紧张，适度的紧张，有利于中小学生保持良好的学习状态，提高学习效率。但过分的紧张便会形成学习焦虑，干扰学生的记忆过程，影响他们的思维活动，使他们注意力难以集中，从而影响学习，影响他们的身心健康。当学生出现学习焦虑心理时，学习对他们来说就不再是一件快乐的事情了，而变成了一个沉重的负担。

（二）儿童学习焦虑的表现

1. 一般学习焦虑的表现

一般学习焦虑的具体表现为偶尔对学习及成绩担心、紧张、忧虑、烦恼、害怕、急躁等。一般性学习焦虑是绝大多数人在学习的过程中都会普遍出现的情绪问题，正常情况下会随着具体事项或环境的变化而转移或自行消解，一般不需要任何的干预和特殊处置。

2. 轻度学习焦虑的表现

轻度学习焦虑的具体表现为频次相对较高相对明显的担心、紧张、忧虑、烦乱、恐惧、焦躁等。轻度学习焦虑和一般学习焦虑的差异在于焦虑程度和焦虑频次，轻度学习焦虑比一般学习焦虑更频繁也更明显。发现孩子出现轻度学习焦虑，父母要及时帮助孩子进行解压，对孩子的学习状态表达关心、理解、接纳、体谅和支持。只要父母给予比较恰当、及时、充分的情感支持，焦虑情绪往往会随之慢慢化解消退。

3. 中度学习焦虑的表现

中度学习焦虑的具体表现为比较频繁突发的且和现实环境不匹配完全不必要的过分担忧、心神不宁、坐立不安、莫名恐惧、身体紧绷、自我怀疑、害怕失控、反复强调、重复倾诉等行为表征。一旦出现中度学习焦虑，父母就要马上予以充分重视，积极接纳理解孩子的状况，同时寻求专业机构或人士的帮助。

4. 重度学习焦虑的表现

重度学习焦虑的具体表现为频繁突发的和现实环境完全不匹配且完全不必要的焦躁不安、提心吊胆、冲动易怒、莫名恐惧、无法专注、心慌气短、咽紧出汗、颤抖木僵、噩梦惊醒等行为表征。重度焦虑已经属于异常心理的范畴了，所以一旦发现相关情况，要立刻寻求专业医疗卫生机构的帮助和处置。

（三）儿童产生学习焦虑的原因

1. 生理、心理因素

焦虑性神经症患者有一定的遗传因素，但更多的是来自后天。一个人人格的形成内容与水平、身体发展状况、当时的健康状况、非智力因素的发展水平，对学习焦虑的产生都有影响。健康状况良好的人精力充沛，情绪稳定；体质虚弱、疾病缠身的人，易导致情绪波动，产生焦虑；意志薄弱的人，害怕困难与挫折，易产生焦虑。

2. 家庭、学校、社会的影响

家长对学生要求过高、过严或不适当的奖惩，都会增强学习焦虑；学校教育缺乏全面发展、宽松和谐的气氛，片面追求升学率，也是产生学习焦虑的原因；社会经济的发展，新闻媒介的作用，影视文化的熏陶，也对学习焦虑的产生有一定的影响。

3. 个人的经验

一个人经过几年、几十年的学习后，往往会积累了很多这样或那样的经验，当他面对学习任务或困难时，他们会镇定自若、沉稳应对。但当他们的经验不足或有过失败的体验时，就容易产生较强的焦虑。儿童面对学习的沉重任务，自己已有的经验和能力难以完成学习任务时，会导致儿童产生焦虑、烦恼。

（四）儿童学习焦虑的辅导

1. 树立积极心态

积极心态是迈向成功不可缺少的要素。一位心理学家说过："人的

儿童学习焦虑的辅导

本性总有一种倾向，我们把自己想象成什么样，就会真的成为什么样。"所以教师要教育小学生在心中为自己勾画一幅清晰美好的未来。让学生为实现美好的未来而不断努力，用自己的实际行动实现自己的梦想。

2. 培养自信

自信是成功的关键，"相信有志者事竟成的人终将赢得胜利"。在日常的生活中，在看待

事物时，教会学生多看到事物好的一面，少看坏的一面；给自己实现愿望的精神力量、感情和信心。面对生活、学习中的各种挑战，要常对自己说"我能行""我能……而且我会……"等。教会学生积极与人交往，结识良师益友；对别人的议论不要斤斤计较，有则改之，无则加勉；对一些能胜任的事，勇于承担；对无能力处理的事，不要耿耿于怀。

3. 学会暗示自己

善于应用自我暗示技术，通过想象冷静、放松、乐观的情境缓和自己的焦虑情绪。教会学生在焦虑时暗示自己：并非每一件事都能达到预期的理想效果，成功是美好的，但即使失败，明天仍然继续，希望依然存在。还可以用座右铭这一精神方法减轻或消除焦虑。如："胜不骄，败不馁"这类座右铭对患考试焦虑的学生有很好的功效。

4. 学会调节情绪

对焦虑情绪的反应，积极地对待会使其变成成功的动力，消极地对待则加重症状。因此，要教学生成为自己情绪情感的主人。具体调节方法：改变对自己不能控制事情的错误看法，改变看问题的角度，尽量从乐观、光明的一面去看，就可以由悲变喜，由焦虑变愉快；学会转移的方法，每当自己情绪焦虑时，不妨立即离开使你烦恼的情境，通过一些文体活动转移自己的注意力，在紧张的活动中感受生活的乐趣，改善自己的心境。

5. 培养适应能力

焦虑反应一部分来自不良的环境或对新环境的不适应，且自己对这些环境是无法控制的。"既来之，则安之"，只有自己学会去适应环境，适应别人，才能有效控制自己的情绪，变被动为主动。

6. 生理调节

一是呼吸松弛调节，当自我感觉到心理比较紧张时，可改变原来的呼吸节奏，采用缓慢、稳定的呼吸方法，连续多次，可达到消除紧张情绪的目的。二是肌肉松弛的调节，如近几天一直情绪紧张，可选择安静的环境休息一下，听听轻松的音乐，躺一会，让全身各处肌肉得到放松。三是转移想象，如某件事使自己的心情十分压抑，就可去多想想能使自己愉快的人或事。

7. 消除引发焦虑的刺激因素

引导老师、家长建立对儿童的合理期望和适当奖惩，营造一个宽松和谐公平公正的成长环境，可以减低儿童的学习焦虑。

二、厌学心理

（一）厌学心理的概念

厌学心理是指儿童在学习过程中缺乏学习的积极性和主动性，对学习产生厌倦乃至厌恶，产生消极对抗的不良情绪，认为学习活动单调、枯燥、乏味、听课没劲、对做作业和复习考试等感到厌倦，并将学习看成是一种沉重负担，不能从事正常的学习活动，从而萌发逃避其的一种心态，严重者会出现逃学等行为。厌学学生主要表现为行为上远离学习、不愿意上学校、不想看到老师和同学、不想写作业或者看书、不喜欢大人过问学习的事情、上课时精神差、下课或者放学后精神很好。厌学是一种负性的情绪和行为表现，是对学习的厌恶和排斥，提到学习就会产生一些身体不适症状。厌学不是疾病的名称，只是一种临床表现，它的表现可分为两部分，一个是心理体验，就是主观上对学习的厌恶、焦虑、恐惧的感觉，另一个是躯体化症状，身体会出现头晕、恶心、呕吐、发烧等症状。

发展心理研究表明，学习活动是学龄儿童的主导活动，是儿童社会化发展的必要条件，也是儿童获取知识和智慧的根本手段。然而，有关调查发现：我国有46%的学生对学习缺乏兴趣，33%的学生对学习表现出明显的厌恶，真正对学习持积极态度的仅有21%。

案例

讨厌学习的张强

张强是一名四年级男生，身体健康，活泼好动。他学习成绩差，上课不听讲，尤其不喜欢上文化课，经常不完成作业（认为这些事情根本不重要），不喜欢管理严格、要求高的老师，不喜欢交朋友（认为与同学、朋友交往是可有可无的事情），经常和同学打架。

案例分析

张强有厌学的表现。厌学的一方面原因在于学生本身，他们学习目的模糊，认识不到文化知识的重要性，对学习没有兴趣，丧失了求知欲，把学习当成是一种负担、一件苦差事。另一方面原因在于家庭因素、学校因素和社会因素。

（二）儿童厌学心理的表现

厌学的学生往往学习目的不明确，对学习失去兴趣；不认真听课，不完成作业，怕考试；甚至恨书、恨老师、恨学校，旷课逃学；严重者一提到学习就恶心、头昏、脾气暴躁甚至歇斯底里。

1. 情绪表现

情绪表现出来不同程度的厌烦学习、不想写作业的消极情绪，孩子对学习感到厌倦，一提起学习、学校就会烦躁，甚至又哭又闹，或者是采用拖延的方式来表达他的厌烦情绪。具有轻度的厌学情绪的孩子，会表现出发牢骚，抱怨学习太累，又不愿意学习的想法，偶尔不写作业，上课开小差、逃课。严重的厌学情绪是孩子一提到学习就厌烦、恶心、头晕，甚至发脾气，拒绝去上学，哭闹，或者是肚子疼，头疼，有的孩子早上赖床不起，怎么叫都不起来，错过了上学的时间。

2. 行为表现

厌学情绪容易导致孩子从情感上对和学习有关的任何活动产生抵触,比如说发脾气、哭闹等行为。不同程度的厌学情绪会伴随着不同程度的厌学行为,比如上课注意力不集中,不参与学校课堂上老师组织的活动,严重的会扰乱课堂纪律,在课余的时间很少主动去学习,他们更多说:"我想玩儿,我不想学习,也不想写作业。"写作业比较拖延,作业要写到半夜,甚至抗拒写作业,严重的旷课,找各种理由不上学等,对学习毫无兴趣,厌烦、厌恶学习,在行动上拒绝跟学习相关的各种的活动。

3. 态度表现

儿童厌学态度的主要表现包括"学习没用,老师布置的作业太多,太烦,学习是一件非常无聊的事情,写作业非常讨厌,不应该布置作业""老师、家长让我写作业我偏不写""玩儿比学习更有意思""我玩的时间太少了,不应该学习",有的孩子的会产生极端的态度,对书本非常憎恶。

(三)儿童产生厌学心理的原因

1. 家庭教育的原因

许多家长对孩子期望值过高,不顾孩子的实际情况,用过高的标准要求孩子,一旦孩子达不到他们要求的标准,动辄严厉惩罚,使孩子心灵受到伤害,导致孩子对学习产生反感,甚至与家长对抗,有的还发展到因丧失生活的信心而轻生。还有些家长只顾忙自己的事,对孩子漠不关心。虽有心督促孩子学习,但却督促不到位。有些学生因父母离异或外出打工等原因,缺少父母的关爱、教育,放任自流,没有正确的引导,性格孤僻,学习的积极性受到压抑,从而产生厌学心理。父母表现过多的惩罚、拒绝、否认和干涉,同时又有偏爱和过度保护,更易使孩子产生心理障碍。父母"望子成龙""望女成凤"心切,对待孩子的学习和成长,采取的教育方式易走极端,或过于严厉要求,或放任不管,过度溺爱,这都对学生的学习心态产生不良影响。父母的不良榜样,有的家长不读书,即使他们对子女的学习期望大,要求严也不可能产生良好的效果。学生从对家长这种做法的厌烦发展到对学习的厌烦,最终发展到厌学。

2. 学校教育的原因

学校教育的原因主要表现在教学内容的陈旧、枯燥以及教学方法的不当。目前,某些学校仍是机械地向学生灌输枯燥的书本知识。这种强制性教学无法调动起学生学习的主动积极性,致使学生对学习不感兴趣,把学习当成一种负担。特别是学习成绩比较差的学生,他们从未体验过学习成功的喜悦,最终导致厌学。教师课堂没趣味,学生受影响学习没兴趣。教师态度不正、不民主、盛气凌人,学生厌烦这样的老师,进而不愿听他上课,讨厌这一学科;教学内容不丰富,讲课照本宣科,听了收获不大,听着没劲;教学不灵活,填鸭式教学,不管学生愿不愿听,讲了就算;学生课业负担重,压力越大,厌学心理严重;学校评价体系不够完善,以分数来评价一个学生的好坏,导致学生自信心不足从而产生厌学的心理;办学理念误区，教育以应试教育为主、轻素质教育的办学思想，使学生形成了逃学、弃学、不愿学等厌学心理。

3. 学生自身原因

厌学的儿童就是没有养成良好的学习习惯，学习自觉性低，基础差，学习上缺乏自信心，又不能持之以恒，并且缺乏良好的学习习惯和学习方法，不知道该怎样去学习，都可能导致学生学习成绩跟不上而没有成就感。不好的学习方法会成为学生学习上的阻碍，不断的挫败感会降低学生的自信心。学生由于没有培养良好的学习习惯导致学业成绩不良，会造成精神苦闷，就会觉得学习不下去，认为自己什么也不行，从而产生厌学的心理。有些学生由于性格的原因，在人际交往方面较差，不能正常与同学进行交往，经常与同学之间产生矛盾，又不能很好的处理，最后导致同学们都不喜欢与他交往，缺乏同龄伙伴的关心，从而感到在学校没意思，因此产生了厌学心理。神经过分敏感和性格内向的儿童本身的心理素质不稳定或心理承受能力欠佳，对学习的期望过高，心理压力过大，精神过度紧张和疲劳，唯恐成绩下降，对考试和平时的学习信心不足，过分看重考试成绩，自卑心理严重，从而导致厌学。

4. 社会环境的原因

在商品经济大潮冲击下，社会大环境对学生产生不同程度的负面影响。"唯利是图""金钱万能"等观念，使部分学生的思想和心灵受到侵蚀，致使"读书无用论"蔓延，这些不良社会思潮对涉世未深的青少年的学习态度影响是巨大的，甚至使其产生厌学心理。另外，互联网的快速发展，各式各样的网络游戏吸引青少年，青少年因为沉迷游戏无法把心放在学习上，导致学业不佳。当他们在学习中受到挫折时，就会厌学、抗拒学校。

（四）儿童厌学心理的辅导

1. 家庭教育要合理

不少父母对子女期望过高，这样脱离子女实际、超越子女水平的家长期望，使孩子超负荷运转，孩子就可能产生对学习的厌恨。作为家长应该面对现实，合理地调整自己对子女的期望水平，这样才有利于子女的成长。父母要经常帮助子女恰如其分地评估，既不要盲目乐观，也不要低估，这样，才能使子女处于自信而不自满、自尊而不自负、自善而不自弃的心理状态。家长要根据孩子成长的规律，根据孩子的学习情况、思维特点、兴趣特长等，把握其"最近发展区"，在此基础上，提出符合孩子实际的阶段性期望目标。家长要为孩子创设一个轻松的学习环境，让孩子精神放松地学习。父母要以身作则，不可以在孩子做功课时，自己却玩、看电视等，在孩子的学习环境中避免放一些杂物，避免孩子分心，分散注意力。要经常给孩子以成功的体验，要想提高孩子的学习兴趣，首先要使孩子尝到成功的滋味。不要"强迫"孩子学习，如果家长对孩子学习逼得太紧的话，孩子会变得比较焦虑、不耐烦。家长必须懂得，语言赞美会对孩子的学习起到很大的鼓励作用。

儿童厌学心理的辅导

2. 学校教育要科学

首先要改变用学习成绩一把尺子衡量学生的教育思想和对学生要求"一刀切"的旧观念，改革教学内容和教学方法，从大多数学生的实际出发，按照学生的接受能力进行教学，正确处理难与易、快与慢、多与少的关系，使教学内容和教学进度适合大多数学生的水平。对学习困难的学生要注意观察和了解他们是否听得懂，适当指导、帮助，帮助他们克服理解接受上的困难，真正而不是形式上做到因材施教。

其次要改变传统的应试教育模式，开展学习方法指导活动，这不仅是矫正厌学心理的要求，也是向素质教育转化的需要。实现以学生为主体，全面培养学生的自学能力，教会学生如何学习。只有掌握适当的学习方法，学生才能自觉地、主动地去探究知识，变苦学、厌学为乐学。

此外，教师应站在对学生终身教育负责的高度，将学法指导与教法改革相结合，做到既教知识又教方法，不仅使学生学会，更使学生会学。同时用正确的态度、科学的方法去分析学生的心理，解除学生心病，切忌讽刺挖苦、恶言侮辱、强迫威胁，以免造成学生自尊心的损伤。建立和谐的师生关系，师生之间应该民主、平等、积极合作，努力为课堂上的交往创造和谐的心理气氛。

3. 树立合适的学习目标

引导孩子设置一个适合自己的学习目标，为实现目标制订具体计划，让孩子经过努力就能达成目标，从而激发孩子学习的进取心。培养儿童积极乐观的心态，拥有良好的心态就能正面看待挫折与成功，不会因一时的胜利而骄傲，更不会因一时失败而气馁。结合儿童的心理特点，引导他们找到适合自己的学习方法和形成良好的学习习惯，这样容易不断实现目标、不断取得学习成就感，从而爱上学习。

4. 提高儿童的学习兴趣

培养儿童对学习的兴趣，老师和家长，尤其是家长及时辅导学生的学习，只有学生学习能力提高了，才会使他们变得自信起来，那么学习的兴趣自然而然就会产生。也可以与学生特长结合起来，有特长的学生，他的学习兴趣一般也不错，因为它们可以相互影响，由于有特长、有兴趣，他们会经常受到来自学校和家庭的表扬和鼓励，他们的兴趣劲头也会潜移默化地移到学习方面来，从而相得益彰。

5. 营造和谐的人际氛围

有些学生由于性格孤僻，不善交往，人际关系差，如果老师和同学再对他们冷漠，他们在学校就会更感孤独和不安，厌学情绪和抗拒学校情绪就会产生。对这些性格存在缺陷的同学，要伸出友爱之手，关心他们，帮助他们，做孩子的朋友，营造和谐的人际氛围，特别要给予认可，让其自信，融入集体当中去，不为人际关系所困扰。

拓展知识

考试焦虑症

一、考试焦虑症概念

考试焦虑，是指因考试压力过大而引发的系列异常生理心理现象，包括考前焦虑，临场焦虑（晕考）及考后焦虑紧张。心理学认为，紧张水平过低和过高，都会影响成绩。适度的心理紧张，可以对考试有种激励作用，产生良好的活动效果。但过度的考试紧张则导致考试焦虑，影响考场表现，并波及身心健康。2008年，国家心理健康机构中欧国际研究表明，61%的学生有不同程度的考试焦虑，其中26%为严重考试焦虑。考试焦虑严重影响了考生的成绩，尤其是数学和语言科目。女生患严重考试焦虑的数量是男生的两倍。

并非所有的焦虑对学习都是有害的。焦虑是一种复合性情绪状态，包括焦虑反应、过度焦虑和焦虑症等三个由轻到重的层次。焦虑反应是人们对一些即将来临的紧张事件进行适应时，在主观上产生的紧张、不安、着急等期待性情绪状态；焦虑症是神经症的一种，主要特点是紧张、不安等症状比较严重，但对产生这些不适的原因不很明确。考试焦虑介于两者之间，属于过度焦虑，其特点是焦虑已明显地影响正常学习和生活，但患者对引起焦虑的原因十分明确，考试一旦解除，多能迅速恢复。

许多研究也已证明，绝大多数考生在临考前都有一定程度的紧张或焦虑，它属于焦虑反应，是正常现象。适度紧张可以维持考生的兴奋性，增强学习的积极性和自觉性，提高注意力和反应速度等，也就是说，在考试及其准备过程中，维持一定程度的紧张是有必要的。但是，考试焦虑与学习效率并非都是呈正相关的。有人发现，紧张的动机和学习成绩呈"倒U形曲线"，即焦虑水平过低、动机过弱不能激起学习的积极性，学习效率在一定范围内随着焦虑的增强而提高，但过强的动机表现为高度焦虑和紧张，反而引起学习效率的降低。这一规律被称为"耶克斯-多德森定律"。

中欧国际心理健康机构认为在中学生之中，存在的考试焦虑主要有两种趋向：一种是临到考试之前开始感到紧张和焦虑；一种是在学习过程中长期存在学习焦虑，而一到考试之前则表现更为强烈。两者都是由考试这一紧张情景直接触发的，但前者的学习成绩有好也有差，后者则基本上是因为成绩一贯不是很好，缺乏信心所导致。存有上述两种焦虑的学生应该对焦虑本身有一个较为正确的认识。焦虑是人或动物对紧张情景的一种自然反应。不管是哪种焦虑，心理研究的结果早已证明，适度的焦虑对于考试而言是最能发挥自己的水平的。一点不焦虑的同学反而容易"大意失荆州"，而过度焦虑的同学则会对自己造成抑制。

二、考试焦虑症表现

考试焦虑症一般表现在以下三方面。

1. 躯体异常

失眠多梦、头晕头痛、恶心呕吐、面色苍白、四肢发凉、胸闷气短、食欲减退、肠胃不适，频繁小便等。

2. 心理异常

紧张、担心、恐惧、忧虑、注意力差、记忆力减退、学习效率下降、情绪抑郁、缺乏自信和学习热情，过度夸大失败后果，常有大难临头之感。

3. 行为异常

拖延时间、逃避考试、坐立不安、怕光怕声，考试时思维混乱，手抖出汗，视力模糊，常草草作答，匆匆离开考场。

三、考试焦虑症成因

考试焦虑是对考试的一种特殊心理反应，它受以下一系列因素的影响：

（一）主观因素

1. 自我期望过高，梦想自己一举成功，幻想自己考试能超水平发挥，当感觉自己力不从心时，紧张和焦虑的心态便油然而生。

2. 知识准备和应试技能不足，学生对所学知识掌握多少以及是否巩固，都会影响他们应试时的焦虑水平。如果准备不充分，知识上有欠缺，则会导致信心不足。本来就提心吊胆，一旦试题与自己准备的不相符合，就更加紧张，结果必然导致高焦虑。

3. 自信心不足，自尊心强的学生，总有一种害怕被淘汰的心理，其实自己已经很努力了，但一旦成绩不理想，就丧失信心，低估自己的能力和知识水平，遇到一点挫折失败就垂头丧气。

4. 考前身体状况不好。比如生病、失眠、过度疲劳等导致体能上竞技状态不佳，产生高焦虑。

（二）客观因素

1. 父母的压力。父母按照自己的期望来设计孩子的未来，培养孩子的兴趣爱好，并在学习上不断施压，致使子女感到肩上的担子很重，难以达到父母的目标和要求，容易出现郁闷，逆反心理，加重了心理压力。

2. 老师的压力。教师往往偏爱学习好的学生，而学生也十分珍惜教师的这种"关爱"，总希望自己能考出好成绩以谢师恩，既为自己也为老师脸上添光，这种期待心态，无疑会给学生增添几分压力。

3. 同学之间的竞争。同一班级的学生，由于彼此之间存在着竞争，大家争先恐后，害怕别人超过自己，尤其是成绩好的同学竞争更是激烈，彼此间有一种对抗心理，相互暗暗努力，加班加点学习，疲惫加劳累，久而久之，就会产生无形的心理压力。

（三）方法问题

有关调查表明，只有46%的高中生有适合自己的学习方法，有一半以上的学生没有自己的学习方法，或学习方法不当。而有学习计划的学生也仅占四分之一，缺乏计划和学习方法不当的人难以对学习树立起信心，心里有一种预期的紧张，对未知的考试结果过分担心、期望和关注。在这种心理支配下，自我调控能力下降，自信心不足，总处在一种恐惧和紧张焦虑之中。

（四）意志问题

不能有效地自我调节。有些考生在考前及考试过程中情绪处于极度兴奋和极度抑郁状态，情绪波动大，有时一点小事情也能引起他们的内心巨大震撼，情绪难以受理智控制，容易心烦意乱，喜怒无常，无精打采，稍遇不顺便怨天尤人，或认为自己一无是处。

（五）技能问题

首先要了解自己的知识水平，制订并完成好复习计划，而且要调整好竞技状态，把自己的心理调到最佳应试状态。有些考生平时不按计划学习，基本功不扎实，复习时间分配不合理，准备不充分，临考前拼命地临阵磨枪，夜以继日，加班加点，而真到考试时却已经疲惫不堪，怎能发挥出最佳水平呢？

四、治疗方法

（一）认知调控

首先，坚决杜绝用"完了""我糟糕透了"等这种消极的语言暗示自己；其次，消除大脑中的错误信息，不要被一两次考试失败和一两科考试失误所吓倒，不要以偏概全，认为自己不行，而丧失信心；再次，适当减轻周围环境的压力，针对种种担忧，自己和自己辩论，用这种理性情绪疗法，纠正认知上的偏差。

（二）行为矫正

行为矫正有两种方法。一种是放松训练，一种是系统脱敏训练。放松训练和系统脱敏训练的原理，是交互抑制原理，即人在放松状态下的情绪，与焦虑是相互抵抗的，比如放松状态出现了，必然会抑制焦虑和紧张状态的出现。

（三）饮食疗法

饮食调节是重要的减压手段之一，如避免饮用含咖啡因的饮料，因为咖啡因可以刺激中枢神经系统；烟中的尼古丁也同样具有刺激性；酒精性饮料可能会使人某一时刻放松，但之后会产生反弹性的刺激性效应；避免食用人参，其含有刺激剂；刺五加有助于保持头脑的清醒，同时可缓解压力。压力会导致体内缺乏维生素C、维生素E、B族维生素和镁，因此适当补充这些维生素和矿物质是有益的；适度多饮水；避免含糖量很高的食品，如果汁，干果等。科学化的饮食方案应根据考生生命属性不同而制定。

（四）芳香疗法

芳香疗法在考试中的应用有着久远的历史。在古希腊，学生在考场戴着迷迭香编织的花环以增强记忆和提高反应性。芳香疗法用于缓解考试紧张已经成为新的趋势。在精油领域，迷迷香被认为具有增强记忆的功能，薰衣草具有镇静和催眠的效果，但是一些精油过度的舒缓可能影响考场发挥。一个理想的针对考试紧张的方案应能使考生身心达到"心身和谐"，这是一种充满能量的状态，轻松愉悦的同时保持足够的清醒，从而有助于提高考场表现。"心身和谐态"下，心率变异性（HRV）波形平滑有序。低频带（LF）会出现一个很高很窄的波峰（和谐峰），集中在 0.1 赫兹处。由于被主要应用于缓解考试紧张（test anxiety）和比赛紧张，提升绩效，促进"心身和谐态"等领域，又被称为"考试香水"。

（五）音乐疗法

音乐是一定频率的声波振动，带有不同的物理能量。音乐对人体的作用应该包括心理和物理两大方面。考生应听旋律优美、曲调悠扬的乐曲，可以转移和化解心理焦虑，产生愉悦的感觉。音乐还能通过神经内分泌系统，进一步对人体机能进行调节，比如，促进血液循环，促进胃肠蠕动及唾液分泌，加强新陈代谢等作用，从而使人精力充沛。音乐能影响人的情绪行为和生理机能，不同节奏的音乐能使人放松，使人的生理、心理节律发生良性的变化。如：圣洁、高贵的音乐，可使人净化灵魂、境界开阔；速度较缓的音乐给人以安全感、舒适感；清澈、高雅、透明的古典音乐，可以增进人们的记忆力、注意力；浪漫的音乐，可激起人们恻隐、怜悯之心；流行音乐，可使人感情投入；时尚音乐，可释放心声，对于考试紧张和减压具有良好的帮助作用。

（六）自我暗示法

法国大作家大仲马说过："人生是一串由无数的烦恼组成的念珠，达观的人总是笑着念完这串念珠的。"在我们的生活中到处充满着自我暗示法，例如，清晨你对着镜子梳洗打扮一下，如果看到自己的脸色很好，往往心情舒畅，这就是一种自我暗示。假如你是一位正处于"考试焦虑"的临考学生，你恰恰听说你的同学通过自我保健，考试焦虑情绪很快消失，你就会想，我也一定会告别"考试焦虑情绪"，成为一个健康人。

（七）睡眠消除法

事实证明，很多临考学生的"考试焦虑"是由于学习过度疲劳、睡眠不足引起的。针对这种情况，广大临考学生一般不要"夜半挑灯"苦读，要养成中午小睡的习惯。因为良好的、充足的睡眠可以消除大脑疲劳，换取充沛的精力和清醒的头脑。充足的睡眠是从容应考的前提，也是克服考试焦虑情绪的行之有效的方法。

（八）运动消除法

学生以脑力活动为主，而适当的运动是消除大脑疲劳的有效方法。广大临考学生可根据自己的实际情况，散散步、打打球、做做操。因为运动可以消除一些导致紧张的化学物质，虽然使肌肉疲劳，但可以放松神经。

（九）兴趣消除法

人们在从事自己感兴趣的事情的时候，整个身心都会投入进去，进入一种物我两忘的境界，什么忧愁烦恼都会抛到九霄云外。因此，广大临考学生在紧张的学习之后，做一些感兴趣的事情，可以消除疲劳，化解烦恼，远离考试焦虑情绪。

（十）情绪宣泄法

情绪宣泄是缓解压力、保持心理平衡的重要手段。众所周知，有些考试焦虑情绪是由于坏情绪的不断积压引起的。如升学压力使你透不过气来，考试成绩不理想，家长的啰嗦等，都可能使心情变化，久而久之，就会出现"考试焦虑情绪"。针对这种情况，可采用以下几种方法：一是聊天法，即通过向亲人或朋友，述说自己的积怨，求得他人的理解和同情，让自己的内心得到调整；二是哭笑法，如果内心憋得难受，又无法与人倾诉，应当找一个适宜的地方，放声大哭或大笑，以宣泄自己内心的不平；三是书面释放法，可以用写日记或书信的方式，释放自己的苦恼；四是上网法，有条件、会上网的临考学生朋友可通过电脑网络与网友交流思想，排遣烦恼。

（十一）游戏转移法

游戏转移法即通过开展游戏活动，让处于"考试焦虑情绪"的临考学生参与其中，进入角色，忘记疲劳，转移注意力，释放体内积聚的能量，调整机体的平衡，摆脱内心的烦恼。

课后心理游戏

一、备受攻击

（一）目的：体验被排挤的滋味。

（二）时间：10～15 分钟。

（三）材料：画笔或者麻绳、领队用的哨子。

（四）内容：

1. 抽出一人做箭靶。

2. 在地上画一个圆圈，或用绳圈也可，"箭靶"站在中间，其他人要拍打他最少 3 次。但不可被"箭靶"碰到，被碰到的人便要做"箭靶"了。

备注：如有 8 人以上，分为两组为佳，易于走动。

变化："箭靶"可拉人入圈（这个圈一定要大一点），帮他一起捉人，即圈内人越来越多，直至所有人都入了圈为止。

二、对对碰

（一）目的：合作、沟通。

（二）时间：10～15 分钟。

（三）材料：音乐。

（四）内容：

1．众人围坐一个大圈，留一张空椅。

2．音乐开始，坐在空椅左右边的两个人，要立刻起身去拉一个人来坐在空椅上。

3．被带走的人留下空位，两旁的人就要起身拉人。

4．音乐停止，还在走着的人便算输。

变化：被请走的人可以要两人回答一些问题才跟他们走。

课后知识巩固

1．简述学习心理的内涵。

2．简述儿童学习兴趣的发展。

3．如何开展学习焦虑儿童的辅导？

4．如何开展厌学心理儿童的辅导？

第六章　儿童人际关系问题的健康教育

知识目标

1. 了解人际关系的概念及内涵。
2. 了解人际关系理论。
3. 掌握儿童人际关系的特点。

能力目标

1. 能够准确分析儿童人际关系发展的特点。
2. 会培养儿童人际交往能力。
3. 会设计改善儿童同伴交往的辅导方案。
4. 会设计改善儿童师生交往的辅导方案。
5. 会设计改善儿童亲子交往的辅导方案。

第一节　儿童人际关系

儿童健康事关家庭幸福和民族未来。良好的人际关系是心理健康的体现。如果孩子陷入人际关系的困扰，我们应当及时关注和引导。在儿童青少年时期，孩子性格还没有完全定型，这时帮助孩子建立一个阳光、强大的内心世界，同时陪伴孩子建立起和谐、丰富的人际关系就显得尤其重要。

一、人际关系的概念

（一）人际关系的定义

人际关系是人与人之间在活动过程中直接的、心理上的关系或心理上的距离。人际关系反映了个人或群体寻求满足社会需要的心理状态，因此，人际关系的变化与发展决定于双方社会需要满足的程度。人在社会中不是孤立的，人的存在是各种关系发生作用的结果，人正是通过和别人发生作用而发展自己，实现自己的价值。

人总是在一定的社会群体中生活的，总是在不断的交往活动中从事工作、学习和其他社会活动的。人际关系状况如何，对于人们顺利地完成活动任务，对于集体的形成和巩固，对于个体德、智、体诸方面的全面发展，均有深刻的影响。特别是青少年儿童，由于其生活阅历和生理、心理发展水平的限制，在人际关系的处理和适应方面常会出现一些问题和不足。

小学时期是儿童心理发展历程的一个重要时期，是儿童学会人际交往、适应学习生活、融入集体生活的基础阶段，良好的人际交往环境和人际关系能使小学阶段的孩子们心情舒畅、身心愉悦，养成乐观豁达的品格，在当前乃至今后的生活中能积极主动地适应环境，应对各种问题。然而，现代科技的发展使得孩子们更多的时候是面对电视机、电话、电脑网络等，缺少与人面对面交流沟通的机会，少年儿童在人际关系方面的问题越来越突出，甚至比学习问题还要严重。据北京市青少年服务咨询服务中心对6万多青少年的调查，人际关系方面有问题的占42%，而学习方面有问题的占27%。因此，对小学生人际交往的心理辅导是我们当前心理辅导的重要任务之一。

（二）人际关系的作用

幸福感研究表明，结婚的人或有朋友的人，他们生活得更幸福，原因可能是他们所获得的人际关系发生了作用。人际交往是人类社会中不可缺少的组成部分，人的许多需要都是在人际交往中得到满足的。如果人际关系不顺利，就意味着心理需要被剥夺，或满足需要的愿望受挫折，因而会产生孤立无援或被社会抛弃的感觉；反之则会因有良好的人际关系而得到心理上的满足。

心理上的疾病往往由紧张所引起。研究表明，社会支持可减少或防止心理紧张所造成的心理伤害。有些设计精巧的研究表明，社会支持与心理健康的联系是由于人际关系对心理健康发生了作用。在绝大多数场合下，社会支持和高度的自我尊重可以保有一个健康的心理世界。而身体健康方面，协调而亲密的人际关系有利于身体健康，尤其是在身心受伤后的康复阶段更需要人们多关心。

（三）人际交往的一般原则

1. 平等原则

在人际交往中总要有一定的付出或投入，交往的两个方面的需要和这种需要的满足程度必须是平等的，平等是建立人际关系的前提。人际交往作为人们之间的心理沟通，是主动的、相互的、有来有往的。人都有友爱和受人尊敬的需要，都希望得到别人的平等对待，人的这种需要，就是平等的需要。

2. 相容原则

相容是指人际交往中的心理相容，即指人与人之间的融洽关系，与人相处时的容纳、包涵、宽容及忍让。要做到心理相容，应注意增加交往频率；寻找共同点；谦虚和宽容。为人处世要心胸开阔，宽以待人。要体谅他人，遇事多为别人着想，即使别人犯了错误，或冒犯了自己，也不要斤斤计较，以免因小失大，伤害相互之间的感情。干事业需要团结有力，做出一些让步是值得的。

3. 互利原则

建立良好的人际关系离不开互助互利，可表现为人际关系的相互依存，通过对物质、能量、精神、感情的交换而使各自的需要得到满足。

4. 信用原则

信用即指一个人诚实、不欺骗、遵守诺言，从而取得他人的信任。人离不开交往，交往离不开信用。要做到说话算数，不轻许诺言。与人交往时要热情友好，以诚相待，不卑不亢，端庄而不过于矜持，谦逊而不矫饰作伪，要充分显示自己的自信心。一个有自信心的人，才可能取得别人的信赖。处事果断、富有主见、精神饱满、充满自信的人容易激发别人的交往动机，能博取别人的信任，产生使人乐于与你交往的魅力。

上述这些人际交往的基本原则，是处理人际关系不可分割的几个方面。运用和掌握这些原则，是处理好人际关系的基本条件。

二、儿童人际关系的特点

（一）儿童人际关系的发展阶段和特点

1. 儿童人际关系的发展阶段

儿童阶段是人际交往能力形成的最佳时期。心理学家塞尔曼把孩子的交友过程分为四个互相重叠的阶段。

（1）自我中心阶段（3~7 岁）。这时的儿童经常把一起玩或仅仅离得比较近的儿童当作朋友，"最好的朋友"往往就是住得最近的学生。这时的儿童寻找朋友就是为了有用，如对方有自己喜欢玩的玩具，或者自己没有的特点等。一般来说，这个阶段的儿童很主动与别人交往，即使出现冲突，也因为别人有自己没有的东西或一些特点，而主动与别人交往。

（2）满足需要阶段（4~9 岁）。在这个阶段交友过程更多由利益决定。他们会把朋友作为一个人而不是根据其拥有的东西或住处远近来衡量。由于朋友能满足某些特定的需要，这时的儿童仍是出于自我需要目的而交往的。为了共享玩具或得到食物，他们会成为朋友，但互惠不是主要目的。由于交友成了在家庭之外满足个人需要的一种方式，相同年龄的儿童会相互吸引。交往的主要目的是为了满足眼前的需要，因而无法同时交一个以上的朋友，使交往的范围扩大，如果不能满足眼前的需要，关系也就不能维持了。一半左右的小学生在与别人的交往中，不能维持与别人的关系。而年龄越小越能平息冲突，是因为他们的交友目的是获得自己没有的东西或一些自己不具有的特征，因而很快化解矛盾，而与别人主动交往。

（3）互惠阶段（6~12 岁）。在这一阶段，儿童的交往特点是互惠和平等。这时的儿童已经能够同时考虑双方的观点，非常关心平等的问题。因此，评价朋友有了非常明显的比较，也许正是因为互惠的关系，这时的友谊局限为小团体或小派别。到了小学高年级尤为明显，他们在人际关系的维持能力上比低年级强，但也就更突出地显示他们在平息冲突的能力上较低。

(4) 亲密阶段（9～12岁）。儿童在这一阶段能够保持相当亲密的朋友关系。他们对朋友的表面行为不再注意，转而关心其内心素质和幸福愉快与否。心理学家把这一阶段视为所有亲密友谊的基础，这时的儿童如果不能找到亲密的朋友，那么到青少年甚至成人时代，就难以找到真正的亲密伙伴。

2. 小学生人际关系的特点

人际关系是影响其学习的重要条件，人际交往也是学生学习的重要内容。儿童在进入学校后，在与家长、教师和同伴的交往中就会逐渐形成人际关系。他们在这样的互动中学习交往规则，锻炼社会技能，也形成了自己的社会认知和交往习惯。

(1) 小学生与同伴交往的特点。小学生的同伴关系有一个发展的过程，这一过程与小学生认识过程的发展相适应，也与小学生在班集体中的活动经验有关。小学生的同伴关系最初是建立在外部条件或偶然兴趣一致的基础上的，如住在同一街道、同一幢楼房，同桌，父母相互熟悉等。后来，他们逐渐建立了新的交往标准：其一，他们倾向于选择与自己的兴趣、习惯、性格和经历相和谐的人做朋友；其二，他们倾向于选择品行得到社会赞赏的人做朋友，如挑选学习成绩比自己好或能力比自己强的人做朋友。

小学生的同伴关系还具有一定的性别特点。心理学研究表明，小学生对他们最喜欢的同伴在性别上的选择态度随着年龄的变化而变化。青春期以前的小学生，都倾向于选择同性伙伴，这种现象在小学阶段呈上升趋势。之所以会出现这种现象，主要有以下两方面的原因：其一，同性别的小学生具有共同的兴趣和活动方式，便于相互合作和交流；其二，选择同性别的同伴也反映了小学生性别认同的作用。所谓性别认同，是指对自身性别的正确认识。小学生在社会生活中正确地理解自己的性别并将自己投身到同性别的活动中去，是完全正确和必要的。这样有助于小学生对自身性别的接受，逐渐形成符合社会期望、合乎社会规范的行为，并最终适应社会生活。

此外，在小学生的同伴交往中，还会出现一些有趣的现象。有些男生尤其是低年级的男生，常常采取制造事端的方式与女生接触，如在课间把女生的文具藏起来、在课桌中间画一条界线等，表明这些男生对女生特有的兴趣。随着年龄的增长，男女生会表现出微妙的变化，如表现得拘谨、腼腆、漠不关心等。所有这些行为特征都是小学生异性交往的特点。

(2) 小学生与父母交往的特点。小学生与父母的关系随着年龄的增长越来越差，12岁以后稍有好转。一般6～12岁阶段，父母会在一定距离里监督和引导小学生的行为，随着年龄的增长，小学生越来越多地自己进行决策，同时随着小学生独立性和批判性的不断增长，他们与父母的关系从依赖开始走向独立，从对成人权威的完全信服开始表现为富有批判性的怀疑和思考。与此同时，具有更平等关系的同伴交往在小学生活中占据重要地位。

虽然小学生与同伴的交往明显增多，但与父母仍保持着亲密的关系，对父母仍怀有深厚的感情。因此，小学生与父母的关系在其发展上仍起着重要作用。一般来说，在家庭中，父母主要通过以下途径对小学生施加影响：第一，教导，即父母通过言传身教，直接向小学生传授各种社会经验和行为准则；第二，强化，即父母采取奖惩的方式强化小学生的行为准则，并巩固这些行为准则的地位；第三，榜样，即父母往往是小学生最早开始模仿的对象，他们效仿父母，学习父母的行为方式；第四，慰藉，即小学生对父母形成的依恋感使他们易于向父母倾诉不安和烦恼，以得到父母的安慰和帮助。

（3）与教师交往的特点。小学生与教师的关系是其人际关系中的一种。与幼儿园的教师相比，小学教师更为严格，既要引导学生学习，掌握各种科学知识与社会技能，又要监督和评价学生的作业、品行。与中学教师相比，小学教师的关心和帮助更加具体而细致，也更具有权威性。几乎每一个儿童在刚跨进小学校门时都对教师充满了崇拜和敬畏，教师的要求甚至比家长的话更有权威。对小学低年级学生来说，教师的话是无可置疑的，这种绝对服从心理有助于他们很快学习、掌握学校生活的基本要求。但是，随着年龄增长，小学生的独立性和评价能力也随之增长起来。从三年级开始，小学生的道德判断进入可逆阶段，学生不再无条件地服从、信任教师了。他们对教师的态度开始发生变化，开始对教师作出评价，对不同的教师表现出不同的喜好。心理学研究发现，小学生最喜欢的教师往往是讲课有趣、喜欢体育运动、严格、耐心、公正、知识丰富、能为同学着想的教师。小学生对教师的评价还影响着小学生对教师的反应，他们对自己喜欢的教师往往报以积极的反应，而对自己不喜欢的教师往往报以消极的反应。例如，同样是批评，如果来自小学生所喜欢的教师，他们就会感到内疚、羞愧；如果来自小学生所不喜欢的教师，他们就会反感和不满。因此，教师努力保持与学生的良好关系有助于其教育思想的有效实施。

影响小学生与教师关系的另一个重要因素是教师的期望。心理学研究表明，教师期望对小学生的成长具有广泛的影响，学生的学习能力、阅读能力和行为表现等都会不同程度地受到教师期望的影响。教师一般是根据学生的性别、身体特征、社会经济地位、家庭状况、兴趣爱好等信息来对学生形成期望的；当教师对小学生有高期望时，就会对学生表现出更和蔼、更愉快，更经常表现友好的行为，如点头、注视学生，谈话更多，提问更多，等待学生回答的时间更长，更经常地赞扬学生。教师对学生的不同对待方式传递着不同的信息，如认为高期望学生的失败是因为没有好好努力，而低期望学生的失败是因为缺乏能力。在实际的教育教学过程中，教师应该善于向小学生表现自己良好的期望，尤其是对那些后进生更应该满腔热情，更多地采取积极鼓励的方式激励他们努力学习。

（二）儿童人际交往能力的培养

教师都有这样的经历，在校园内遇到自己教的学生有时不和自己打招呼，大多数教师遇到这种情况都会觉得心里不舒服，说这个学生真没礼貌，或是不尊敬老师。其实有些孩子不是不尊敬老师，有的甚至很喜欢老师，可是他就是没有勇气和老师打招呼，这是为什么呢？一个主要的原因就是孩子交往能力很差，因此，在小学阶段培养学生人际交往的能力十分必要。

1. 培养交往观念，提高交往意识

儿童自信、乐观、开朗、活泼、热情、自尊、尊重他人以及富有同情心和责任感等良好的品质，是与人进行沟通和交往的重要条件。因此，培养儿童具有宽容心、同情心、友善心和爱心在培养其交往能力方面至关重要。儿童只有在交往中学习他人的长处、优点，同时具有能吃亏、受委屈的心理准备和抗挫折能力，学会与人商量，克服自我中心的不良习惯，才能与人友好相处，进而提高交往能力。在平时的教学中，教师应开展多种多样的活动，注重培养学生积极的交往观念。如课堂上可让学生向同学描述自己心目中最崇拜的人的特点，通过与同伴的交流，发展自己的欣赏和兴趣及人格倾向。还可以讲述反映一个人在困难面前奋发努力、顽强拼搏的精神的事例，引导学生树立战胜困难、顽强拼搏的信心、毅力和勇气。要通过典型事例介绍和具体现象分析，让儿童体会交往的重要性，让儿童参与实践，从不同形式上去感受交往的礼仪美、和谐美及与其外观相称的内涵美，从而产生美好的交往愿望。如开展主题活动"神奇的社交世界""播撒友谊的种子"等，让儿童充分感受良好交往的重要意义，激发儿童的交往兴趣，培养交往观念，提高交往意识。

2. 传授为人之道与处世艺术，掌握交往技能

让儿童懂得为人之道与处世艺术，掌握艺术的交往方法对于培养交往能力是十分重要的。教师和家长应在指导交往中，让儿童先知而后行，使儿童懂得怎样平等待人、相互支持，懂得如何才能得到别人的尊重、友谊、赞许和爱；学会克服羞怯心理、嫉妒心理、猜疑心理，对人以诚相待；学会调节自己的角色，在不同的情境中交往；学会主动与别人交谈，产生共同的语言，增进彼此间的了解；学会与人交往，求同存异，尊重别人的爱好等。同时在礼貌、交谈、助人、仪表等方面通过教学渗透或举办活动给予适当的指导。

（1）学会关心他人。遇到同学有困难需要帮助时，鼓励其他学生主动伸手，让学生体会到在别人有困难时给予帮助，可以获得大家的喜爱，结交更多的朋友。

（2）学会称赞他人。称赞他人是增进同学之间友情的一种方式。儿童从小就应该学会尊重同学、关注他人、发现他人长处的本领。但要提醒学生，称赞不等于无根据地吹捧，而是要对对方特长或成绩进行实事求是的评价和鼓励。

（3）学会解决冲突。人与人之间的冲突在日常生活中经常发生，学会正确处理人与人之间的冲突可以减少不必要的烦恼，促进良好的人际关系的形成。要教育学生首先要尊重同学，不要随便揭别人短处，说难听的话。其次要有谦让的精神，有时还可以暂时离开争执的场所，待双方心平气和后，再来协商解决问题的办法。

3. 组织多彩活动，创造交往氛围

组织活动是最好的人际交往心理辅导模式，在丰富多彩的集体活动中学生学会合作，学会交往，获得发展。

（1）班级活动。组织如郊游、登山、野炊等需要团结、合作、互助的班集体活动给学生提供多方交往合作的机会，增进同学间的友谊，还有以小组为单位的竞赛活动、学习活动、调查活动、综合实践活动等，可以调动学生的活动积极性和交往的热情。

（2）心理辅导活动。根据不同年级学生的心理特点组织以人际交往为主题的团体心理辅导活动，有针对性地解决不同时期孩子的人际交往问题。如低年级开展"我喜欢和大家一起玩""我爱我的小伙伴"等同伴关系心理辅导；"亲亲一家人""爸爸妈妈爱我"等亲子关系心理辅导；"我当小老师"师生关系心理辅导；中高年级开展"做个受欢迎的人""当我被误会的时候"人际问题辅导；"不做有嘴没脑的小喇叭""我赞美别人，我朋友多多""合作多快乐"交往技巧辅导。

（3）团体合作游戏。像"老鹰捉小鸡""撒渔网"等传统小游戏，寓教于乐，让学生在活动中体验集体游戏的快乐，学会合作。如某学校借助简单器械、设施，精心设计一系列的游戏活动，如"诺亚方舟""同舟共济""穿越黑洞""孤岛求生"等游戏，让队员面对各种不同的挑战，发掘个人潜能、促进合作交往、激活团队创造力。

4. 创造交往机会，提供交往平台

首先，应提供给小学生与同龄伙伴交往的机会。现今社会，学生中独生子女比较多，大多数养成了唯我独尊的"小皇帝""小公主"脾气，一旦离开家庭这把保护伞，要么觉得无所适从，要么则表现为以自我为中心的极端利己主义思想，无法与他人和睦相处。教师应该引导学生，让他们拥有一个比较固定的伙伴群体，给他们交往的空间和自由。

在实际的交往中，学生可能会碰到许多困惑，在引导孩子进行交往的过程中，我们有必要教会孩子一些交往的技巧。利用每周的晨会课来做"排行榜"，班干部针对本周情况提出"最佳人气奖"的候选人，其他学生根据自己的了解，给喜欢的同学投票，选出一周内班上最受欢迎的同学。评选结果公布后，让孩子们举个例子说说自己为什么会选择这个同学。在这样的交流中，学生慢慢从同学身上欣赏到了别人的长处，学会了较好的交往技巧。

其次，给学生提供与成人交往的机会，特别是与父母和老师交往的机会。小学生都善于模仿，他们随时随处都在关注大人们的一言一行，并尝试。因此，教师必须规范自己的言行举止，做到文明社交。同时，还积极地创造机会，让小学生参与到与成人的交往活动中来，体验到在社会中应尽的职责及应承担的角色，自然而然地形成正确的人际交往观，为今后的生活创造良好的心态。

最后，要让小学生回到广阔的社会生活中去，加强他们与社会大众的交往。通过形式多样的活动，如口语交际、辩论、主题班会、参观、访问、社会调查等，让学生回到社会的怀抱中，感受社会，体验生活，学会与他人相处，给他们创造交往机会，提供交往平台。

拓展知识

人际关系理论

人际关系的心理学理论主要代表有人际关系的三维理论、人际关系的社会交换理论、自我表露理论、交往分析理论和人际交往的"心理距离"和"心理位差"的理论。

一、人际关系的三维理论

社会心理学家舒茨在1958年提出人际需要的三维理论。舒茨认为，每一个个体在人际互动过程中，都有三种基本的需要，即包容需要、支配需要和情感需要。这三种基本的人际需要决定了个体在人际交往中所采用的行为，以及如何描述、解释和预测他人行为。三种基本需要的形成与个体的早期成长经验密切相关。舒茨进一步根据三种基本的人际需要，以及个体在表现这三种基本人际需要时的主动性和被动性，将人的社会行为划分为六种人际关系的行为模式。

（一）三种基本人际需要

1. 包容需要。包容的需要指个体希望与别人接触、交往并建立和维持和谐关系的需要。由这一需要激发的人际交往的主动取向表现为主动与人交往、积极参与社会生活；被动取向表现为退缩、孤立、期待他人的接纳。在个体的成长过程中，若是社会交往的经历过少，父母与孩子之间缺乏正常的交往，儿童与同龄伙伴也缺乏适量的交往，那么，儿童的包容需要就没有得到满足，他们就会与他人形成否定的相互关系，产生焦虑，于是就倾向于形成低社会行为，在行为表现上倾向于内部言语，倾向于摆脱相互作用而与人保持距离，拒绝参加群体活动。如果个体在早期的成长经历中社会交往过多，包容需要得到了过分的满足的话，他们又会形成超社会行为，在人际交往中，会过分地寻求与人接触、寻求他人的注意，过分地热衷于参加群体活动。相反，如果个体在早期能够与父母或他人进行有效的、适当的交往，他们就不会产生焦虑，他们就会形成理想的社会行为，这样的个体会依照具体的情境来决定自己的行为，决定自己是否应该参加或参与群体活动，形成适当的社会行为。

2. 支配需要。支配的需要是指个体控制他人或者被他人控制的需要。该需要激发的人际交往的主动取向表现为喜欢运用权力，影响及控制他人；被动取向表现为期待他人引导和支配，愿意追随他人。个体在早期生活经历中，若是成长于既有要求又有自由度的民主气氛环境里，个体就会形成既乐于顺从又可以支配的民主型行为倾向，他们能够顺利解决人际关系中与控制有关的问题，能够根据实际情况适当地确定自己的地位和权力范围。而如果个体早期生活在高度控制或控制不充分的情境里，他们就倾向于形成专制型的或是服从型的行为方式。专制型行为方式的个体，表现为倾向于控制别人，但却绝对反对别人控制自己，他们喜欢拥有最高统治地位，喜欢为别人进行决定。服从型行为方式的个体，表现为过分顺从、依赖别人，完全拒绝支配别人，不愿意对任何事情或他人负责任，在与他人进行交往时，这种人甘愿当配角。

3. 情感需要。情感的需要是指个体与别人建立和维持亲密联系的需要。该需要激发的人际交往的主动取向表现为对他人表现出友善、喜爱、同情和亲密等，被动取向的表现为冷漠、期待他人对自己表现亲密。当个体在早期经验中没有获得爱的满足时，个体就会倾向于形成低个人行为，他们表面上对人友好，但在个人的情感世界深处，却与他人保持距离，总是避免亲密的人际关系。若个体在早期经历中，被溺爱，他就会形成超个人行为，这些个体在行为表现上，强烈地寻求爱，并总是在任何方面都试图与他人建立和保持情感联系，过分希望自己与别人有亲密的关系。而在早期生活中经历了适当的关心和爱的个体，则能形成理想的个人行为，他们总能适当地对待自己和他人，能适量地表现自己的情感和接受别人的情感，又不会产生爱的缺失感，他们自信自己会讨人喜爱，而且能够依据具体情况与别人保持一定的距离，可以与他人建立亲密的关系。

舒茨认为这三种基本的需求是人类成长的关键。他们必须同时被满足，任何一个需要不能得到满足都会造成个体心理上的创伤，而这种未能满足的需要可能使该个体去虚拟的网络世界中寻找。如果儿童时期的包容需要没有得到满足，那等到长大之后就会去网络中寻找能接触或者隶属于某个群体，由于网络的匿名性，他可以不用担心会有人知道自己是谁。如果个体在早期生活中的权利需求被压抑，被过度地压制，那么个体只能去虚拟的世界里寻找一种平衡。如果个体的童年生活不能和别人建立合适的情感需要，等到长大之后缺乏了与他人沟通的能力，那也只能去网络中寻找了。

（二）六种基本的人际关系行为取向

对于三种基本的人际需要，人们有主动表现和被动表现两种满足方式。三种基本的人际需要再加上主动与被动的满足方式，就构成了六种基本的人际关系行为取向，即主动包容式、被动包容式、主动支配式、被动支配式、主动情感式和被动情感式，如表6-1所示。

表6-1 人际关系行为取向

人际需要	人际关系行为取向	
	主动性	被动性
包容需要	主动与他人交往，积极参与社会生活	期待他人接纳自己，往往退缩、孤立
支配需要	喜欢控制他人，能运用权力	期待他人引导，愿意追随他人
情感需要	对他人喜爱、友善、同情、亲密	对他人冷淡，但期待他人对自己亲密

二、人际关系的社会交换理论

社会交换论的主要代表人物是乔治·霍曼斯和彼得·布劳。这个理论对社会交往中的报酬和代价进行分析，提出那些能够给我们提供最多报酬的人是对我们吸引力最大的人。而且我们总是尽量使自己的社会交往给自己提供最大报酬。为了得到报酬，我们也要付出报酬。因为人类社会的原则是互相帮助，别人给了你好处你要回报，社会交往过程因此可以说是一个交换过程。

社会交换理论认为，一个人对他与另一个人的交往或友谊所得到的报酬和所付出的代价是心中有数的。尽管人们并不特别去计算这些报酬和代价，人们主要关心的是某个关系的总结果，即总的来看，这种关系是使自己得到的多（报酬多于代价），还是使自己失去的多（代价多于报酬）。

报酬是一个人从社会交往中得到的任何有益的东西。报酬对每个人的意义是不同的，一件东西对某人是报酬而对另一个人则可能毫无价值。报酬可以分为6类：爱、钱、地位、信息、物、服务。这6类报酬又可以分为两个方面：特别性和具体性。报酬的特别性是谁提供的报酬决定着它的价值。爱的价值与提供的人有很大的关系，因此爱是一个特别性很高的报酬。而比较起来，钱不论是谁提供的都是有用的，因而钱是一种特别性很低的报酬。当我们说与某一个人的友谊是非同寻常的友谊时，意思就是说这种友谊关系可以给我们提供特别的、别人无法给予的报酬。报酬的具体性是将具体的和抽象的报酬区分开了。具体的报酬是可见的、可闻的和可以摸到的东西，抽象的报酬则是看不见的，但同样可以对人有用，如建议、社会肯定等。

代价是社会交往引起的消极后果。某一种社会交往或人际关系可能要付出很大代价，这种代价包括大量时间和精力的付出，或者总是产生矛盾，或者受到其他人的反对等等。从事某一种社会交往还可能会妨碍我们进行其他报酬更大的活动，这也是一种代价。经济学上把这称为"机会成本"。

当我们对于友谊关系进行评价时，常常会与自己经历过的其他关系进行比较。

（一）基本比较

这种比较表明一个人对某种关系的基本要求。即一个人认为在某种交往关系中应该得到什么，对不同的交往关系人们有不同的要求，如对恋爱关系的要求与对同生意人打交道所发生的关系的要求就很不同。对各种交往关系的要求是每个人对各种人际关系的个人观点的反映。这种观点可能来自个体过去的经历，也可能来自别人的经历（如小说、电影主人公的经历）。随着新经验的增加，人们对各种人际关系的要求也会改变。

（二）与另一种选择的比较

这是与另一种可能的关系进行比较。如你与现在男朋友的关系是不是比与另外一位追求你的男士的关系更多地给予你幸福和愉快呢？即使你与现在的男朋友关系很好，但是如果你认为若与另外一位男士结合可能会给你带来更多好处，你就会停止现在的恋爱关系。相反如果你认为与目前男朋友的交往并没有给你带来很多益处，但与别的男性结合情形可能会更糟，你就仍会留在目前的关系里。

（三）寻求共同利益

在社会交往中，一方的活动总是影响着另一方的活动。当双方的交往能给各自带来好处时，交往就为双方带来了共同利益，而当双方的交往只给一方带来利益时，交往就产生了矛盾。如你在乘火车时，可能会与邻座聊天，如果在你想聊天的时候，邻座也正想找人说话，交谈的结果就会使双方感到愉快，反之，会引起不快。

由此可见，社会交往是否能给交往的双方都带来利益，取决于双方是否有同样的兴趣和目标。当交往的双方对许多活动都有共同兴趣时，交往就会顺利，相反，就容易产生矛盾。总的来说，当交往双方的生活背景和态度、爱好等相似时，交往过程的矛盾就会较少，因为他们共同的各种活动都能满足各自的爱好。当然，即使兴趣一致的朋友之间有时也会产生利益上的矛盾。当矛盾产生时，双方需要进行协商以找到一个使双方都满意的决定。

三、自我表露理论

广义地说，社会交换过程中也包含情感交流，而情感交流是与自我表露分不开的。所谓自我表露就是我们常说的"敞开心扉"，即把有关自我的信息、自己内心的思想和情感暴露给对方。良好的人际关系是在交往的自我表露逐渐增加的过程中发展起来的。

自我表露可以增加他人对自己的喜欢。自我表露本身具有很强的象征性，它给对方一个强有力的信号，他对他（她）相当信任，愿意有进一步的交往。而且，对他人的自我表露可以引发他人进行自我表露，由此可以增进相互理解、相互信任。

自我表露的益处包括：一是使双方知道彼此相似点和不同点在何处，还能了解相似与不同的程度；二是准确地向他人表露自我，是健康人格的体现；三是自我表露增强了自我觉察的能力；四是分享体验，帮助个人发现这不是他们唯一存在的问题；五是自我表露可以从他人那里获得反馈，从而减少不必要的行为。

当然，自我表露也必须注意分寸，过分的自我表露会让人觉得不舒服。一般来说，表露的范围和深度是随着关系的发展而逐步增加的，对于不同的关系对象，在不同的发展阶段，自我表露的广度和深度明显不同。在非常亲密的朋友中，自我表露往往十分深入，达到所谓无话不说的地步，但是需要注意无论关系多么亲密，人们都可能存在不愿意暴露的领域，这就是所谓的"隐私"问题。自我表露也存在着风险，主要包括：最实质的风险来自不同的目的的人的攻击、嘲笑、拒绝与不关心等；个人表露可能会受到听者的伤害；不适当的自我表露，可能会引起他人的退缩或拒绝，对不适宜的人或在不适当的时间进行过分表露甚至被认为社会不良的标志。

在人际交往的过程中，个人往往将部分隐私袒露给自己信任的亲友。除了隐私的需要，人还有沟通的需要，需要向"知己"说一些知心话。亲密关系本身也要求人们坦诚相待。但是，这并不意味着关系亲密的人之间就不应该有任何隐私。只有在隐私需求和沟通之间保持适度的平衡，亲密关系才能正常发展。

四、交往分析理论

交往分析理论又叫 PAC 理论，最初是由美国心理学家伯恩提出的。他认为，每个人的个性中都包括三种成分，就好像一个人身上有三个小我：父母、成人和孩童。

父母（Parent 简称 P）身份以权威和优越感为标志。通常表现为统治人、训斥人等权威式的作风。这种状态学自父母与其他权威人物。但一个人的结构中 P 的成分占优势时，他的行为表现为：凭主观印象办事，独断专行，滥用权威。这种人讲起话来总是："你应该……""你不能……""你必须……"

成人（Adult 简称 A）身份表现客观和理智。其行为表现为待人接物冷静、慎思明断、对自己负责、对他人尊重。其语言特征是："我个人认为……""你不能……""我的想法是……"

孩童（Child 简称 C）身份有婴儿的冲动，表现为服从和任人摆布、喜怒无常、感情用事，一会儿天真可爱、一会儿乱发脾气，让人讨厌。其表现都是即兴的、不负责任、追求享乐、玩世不恭、遇事无主见、逃避退缩、自我中心、不管他人。这种人讲起话来总是："我是……""我想……""我不知道……""我不管……"等。

在 P、A、C 三种身份中，P、C 具有盲目性、被动性与两面性。而 A 具有自觉性、客观性与探索性，致力于弄清事物真相、事物间的关系与变化规律，能够站在别人的角度审视自己，具有反省能力。根据 PAC 理论，不同的心态可以构成不同的交往组合。当交往双方的相互作用构成一种平行关系时，交往就是可持续的，对话可无限制地继续下去。这样的交往有六种具体的形式：P-P、A-A、C-C、A-P、C-A、C-P。在这六种交往形式中，P-P 双方都自以为是，这个不顺眼，那个也不好，虽然双方谈得很投机，但都在指责别人。这样的两个人，一直在一起交往，久而久之，会互相助长偏激苛求的性格。C-C 交往则是有些同流合污的味道，两人一拍即合，但都不负责任。C-P、A-P、C-A 均属于互补型的交往，我期望对方的，刚好是对方回应的。这种交往因为互补，也不利于交往的发展。只有 A-A 交往是最健康的，大家都本着负责与尊重的原则，力图合情合理地解决问题，因此，A-A 交往是最成功的。

五、人际交往的"心理距离"和"心理位差"的理论

我国心理学工作者林国灿提出，心理位差是人际交往中个体在心目中将自己的社会位置与对方的社会位置进行比较，分别在各自的心目中得到社会位置的高低差距。心理位置低于对方的个体易产生自卑感、惧怕感、敬重感和服从的心理，甚至产生崇拜和巴结的行为倾向，如果说心理距离是人际感情关系的"尺度"，它反映出人际关系的亲密性，那么心理位差是人与人之间对社会地位认识的"尺度"，它反映出人际关系的次序性。一般来说，个体之间如果增大心理位差，则心理距离也随之增大；如果减少心理位差，则心理距离也随之减少，反之亦然。

第二节 常见儿童人际关系的问题与辅导

2022年5月31日,在中国儿童中心成立40周年之际,习近平总书记在贺信中勉励中国儿童中心,"希望你们发扬光荣传统,团结广大儿童工作者,做儿童成长的引路人、儿童权益的守护人、儿童未来的筑梦人,用心用情促进儿童健康成长、全面发展。"

一、儿童在同伴交往中的主要问题与辅导

很多儿童不知道如何同同学、老师打交道,不知道如何控制自己的情绪,与同学打交道的时候经常发生冲突,没有朋友、不合群,不喜欢和其他人在一起玩。

(一)儿童在同伴交往中的主要问题

1. 嫉妒

嫉妒是一个人在个人欲望得不到满足而对造成这种现象的对象所产生的一种不服气、不愉快、怨恨的情绪体验。嫉妒是人性的弱点,常常发生在两者年龄、文化、社会地位与条件相当并有竞争关系的人之间,竞争中的失败者往往会对竞争对象产生嫉妒心理。嫉妒在同辈、同学和同事间更容易发生,因为在这些条件相当的人之间有可比性。对于小学生来说,学习具有竞争性,这往往容易使个别同学在内心产生程度不同的嫉妒心理。当孩子的心中出现嫉妒心理,那么孩子会因为嫉妒他人而产生敌意。嫉妒会让他们没办法正视他人的成功,就会在背地里使用手段,制造各种矛盾,不利于人际交往。

案例

喜欢"告状"的刘洋

刘洋是一个反应能力快、语言优势明显领先的聪明孩子,喜欢和小朋友老师议论和辩论一些问题,有什么话一定要一吐为快。但是在集体活动中,如果老师没能提问他,而提问了其他的小朋友并夸奖,他就会说:"哼!有什么了不起,我也会!我知道的比他还多呢!"老师只要表扬了他的朋友或周围的小朋友,他就会疏远朋友,并找出那些小朋友的缺点到老师这里告状。

案例分析

这是嫉妒心理的表现。嫉妒是一种被扭曲了的情感,它对个人、集体和社会起着耗损作用,是一种对团结、友爱非常不利的情感。有嫉妒心理的孩子很难协调与他人的关系,很难在生活中心情舒畅,别人的成功和他自己的失败,都会给他带来痛苦和烦恼。

2. 自我中心

自我中心的人以自己的需要和兴趣为中心，只关心自己的利益得失，只以自己的经验去认识和解决问题，固执己见，不容易改变自己的态度，盲目地坚持自己的意愿。在和同学的交往中，他们常常任性、霸道。在自我为中心的世界里，唯我独尊、唯我最好，唯我做得对，唯我最行、最聪明，在与别人谈话时，总是谈"自己"，以"我"打头。这使得他们无法正确地认识自己，也无法融入集体生活。家长在家庭教育中以宠溺的方式教育小孩，很容易形成的这种自我中心的个性，使他们在人际交往中也总是以自我为中心，希望别人服从自己，而且以自己的主观眼光去评判周围的事物，不能客观评价别人和自己。

案例

自以为是的小美

小美是个比较活泼开朗的女生，母亲逢人便夸她的女儿多么聪明，学习总是前几名，书画、歌咏比赛中获得了市里的一、二等奖。她平时比较散漫、随便，在活动中喜欢随便走动，注意力不容易集中。上课不是翘起脚来就是讲话，一定要老师盯着才会安静。老师批评她，她也不接受。她很傲，有时自己做错事了，也不承认，还多方辩解，甚至有时为了获得荣誉还弄虚作假。

案例分析

小美是自我中心的表现，自我中心是儿童心理问题比较常见的一种，它阻碍了儿童的正常交往。这种现象产生的原因主要是家庭教育不当造成，在家庭中他们处在中心的地位，希望别人服从自己，以自己的主观眼光去评判周围的事物，不能客观评价别人和自己。

3. 心胸狭隘

心胸狭隘是指心胸不够开阔，心眼狭小，缺少一定的度量，过于在意别人的说法，容易受到伤害，也就是我们平时所说的"小心眼"。即使是本来与自己无关的事情，也会觉得是指向自己的，因而会产生心理冲突。小学生在人际交往中表现为容不得别人，自尊心强、敏感、喜好猜疑，常常无中生有，捕风捉影，甚至有的学生还因此引发出一些攻击性行为。造成儿童心胸狭窄的性格缺陷，父母不当的教育方式是一个很重要的原因。在生活中父母把孩子当掌上明珠，对孩子提出的要求无条件满足，这让孩子产生一种错误的自我评判，以为自己是最好的，一旦遇到比自己强的人就不免嫉妒，逐渐养成心胸狭隘的品性。有的父母自身就爱斤斤计较，无形中给孩子造成了消极影响，助长了孩子心胸狭隘的性格的形成。此外，封闭的环境也容易形成孩子心胸狭隘的性格缺陷，与外界接触机会越少，眼界越受限制，儿童越容易形成狭隘的心理。

案例

喜欢生闷气的李晓

李晓刚上小学一年级，李晓爸妈都觉得女儿聪明、漂亮、机灵，一定会成为班里的佼佼者。然而半个学期还没过去，一天李晓放学回家后一脸不高兴，向妈妈数落自己的同学小丹不好，说小丹只不过会跑步，大家都捧她，其实她就是个笨蛋；小美长得漂亮，有什么了不起的，穿得那么少，而且李晓还向妈妈抱怨同学都嫉妒她，不理她。妈妈向老师了解后才知道，原来李晓发现班上有哪个同学在哪方面超过了她，她就会反应强烈，甚至诽谤人家，因此同学们都疏远了她。不仅如此，李晓也不能接受老师的批评。老师说她学习好，工作能力强，就是同学关系有时会出现点紧张，希望她能稍微改变一下。为了这件事，李晓几天都不开心，也不说话，她觉得太不公平了。李晓总因为一些琐碎的小事而生闷气。

案例分析

李晓是心胸狭隘的表现，心胸狭隘的人气量小、嫉妒心强，不能容忍比自己优秀的人，看待问题的时候只看到别人不好的一面，不能容忍别人比她好。心胸狭隘的人不仅一切从利益出发，而且这个利益还要与自身的目标相吻合，全然不顾别人的感受，更不愿承担背后的后果。

4. 自卑

自卑感是指学生对自己的品质和能力评价过低，或对自身的智力和能力怀疑所产生的心理感受，常常表现为抑郁、胆怯、失望、忧伤、害羞、不安和内疚等心理，又称自我否定意识，这种意识一旦形成，就会对人的心理过程和个性心理产生一系列日益显著的影响，如智力水平逐渐下降，思维与应变能力的减退，形成孤僻、懦弱、虚伪的性格。有自卑感的小学生在与人交往的过程中，因其不能很好地正视自己的优缺点，对自己的评价偏低，所以在交往中会表现出胆怯、害羞、不安和内疚等心态，他们不敢大方表达自己的想法和观点，容易顺从他人，在交往中处于不利地位。

5. 自我封闭

自我封闭是指将自己与外界隔绝开来，很少或根本没有社交活动，除了必要的工作、学习、购物以外，大部分时间将自己关在家里，不与他人来往。自我封闭者都很孤独，没有朋友，甚至害怕社交活动，因而是一种环境不适的病态心理现象。自闭的人往往过多地注意他人的评价、他人的目光，倘若抑郁的心情得不到释放、缓解，就会有干脆拒绝与人来往的心理。自闭的人期望过高，逃避现实，不仅失去对生活的信心，而且做任何事情都心灰意懒、精神恍惚，不愿意与人沟通、讨厌与人交谈、害怕与人交流，远离集体生活，常常会感到孤独寂寞，精神压抑，对周围环境敏感。遇到挫折容易一蹶不振，怨天尤人，自暴自弃，没有勇于改变的决心和克服困难的勇气。造成这种病症的原因可能是长久关闭在自己的小天地里,没有同小朋友玩耍的环境,更难交得知心朋友而导致的性格问题。

案例

喜欢独来独往的李凤

李凤自小生活在单亲家庭,受成长环境的影响,这个学生表现为怕别人说自己,有时总觉得别人误解了自己,说自己的坏话,内心变得越来越封闭。不愿与他人交往,喜欢独来独往,不合群,很少与其他同学交流,不关注集体活动。开始还会与人争论,后来放弃了争论,变得沉默寡言,脸上渐渐没有了笑容,上课也没有了积极性。

案例分析

自我封闭的儿童一开始往往有很强的与人交往的意愿,但同时又具有很强的胆怯与退缩心理,由于不擅长也不主动与他人交往,感到孤立,自我心理压力很大,生活态度不乐观,遇事总从坏处着想,对自己的能力没有信心或过于自信,对同学和老师的话过于敏感。

(二)教师对改善儿童同伴交往的辅导

1. 纠正不良心理,树立交往信心

同伴交往中的不良心理倾向是孩子进行人际交往中的"绊脚石",因此首先要帮助学生纠正人际交往中的不良倾向,树立与人交往的信心,以良好的心态与人交往。

教师对改善儿童同伴交往的辅导

有怯懦、自卑心理倾向的学生不敢主动与人交往,教师要多鼓励,多发现其闪光点。经常当众表扬他们,帮助学生认识自我、肯定自我、树立自信心。

有自负、逆反、倔强心理倾向的学生往往交不到朋友,教师要帮助其认识到自己为什么不受欢迎,勇于承认自己有这个缺点,并从改变自身做起,多与人沟通,吸取别人的意见。

当一个人嫉妒另一个人的时候,就不会对那个人友善、热情,两个人的关系必然冷淡,嫉妒的对象越多,关系冷淡的对象越多,这就给学生的同伴交往带来极大的伤害。要引导嫉妒心强的学生学会控制嫉妒心理,"尺有所短,寸有所长",告诉他们不如化嫉妒为力量,共同进步。

有自私心理的学生往往因为其蛮横无理、专断而交不到朋友。要让他们认识到自己的自私表现并认识到这是一种错误的心理表现,从而改变它,并多关心别人,多为别人做些事而不求回报。

2. 端正交往态度

学会正确交往的关键是态度,小学生由于受自身认识水平发展的限制,容易产生认识上的自我中心等不良表现。如果能帮助学生从改变自身做起，端正交往态度，问题便迎刃而解了。在学生的同伴交往中，要教育学生形成积极主动、平等真诚的交往态度，退缩型的学生向爱交往的同伴学习。言行上讲究文明礼貌，尊重他人，学会与人协商，且态度温和，不盛气凌人，努力改变自己的性格、习惯等方面的毛病，消除与他人的误会或缓解矛盾等。要鼓励孩子带着真诚的微笑主动与人交往。交往时学会尊重别人，多使用礼貌语言，注意自己的举止，给别人尽量留下好印象。要引导孩子学会倾听，用眼神示意对方"我在专心听你讲话"，不要打断对方的话，适当时给予肯定的回答。

3. 增加团体沟通

人际问题总是源于误解，尤其是小学生的社会理解能力、换位思考的能力较弱，因此更容易发生交往中的冲突。教师应当借助班会或心理健康课等场合创造团体交流的机会，鼓励学生就一些能够引起共鸣的事情发表看法。在公共场合表达自我，表达不同想法和意见，或者向大家介绍自己遇到的麻烦和苦恼。团体沟通能够促进相互间的理解，能够提升学生的换位思考能力，能够避免误解，能够让学生感受到自己不是单独一个人在承受烦恼，这有利于产生互助，帮助学生建立更深厚的友谊。

4. 组织多彩活动，提供交往情境

组织活动是最好的人际交往心理辅导模式，只有在具体的交往情境中，学生才能充分体验生活。小学生在互动过程中，可以增进交往，在小摩擦中学会处理冲突，在玩闹中学会探索边界，在任务完成过程中学会合作。因此，教师要多为学生提供交往情境，创设交往氛围。比如说在班级活动中组织如郊游、登山、野炊等需要团结合作互助的班集体活动给学生多方交往合作的机会，增进同学间的友谊。还有以小组为单位的竞赛活动、学习活动、调查活动、综合实践活动等，调动每个学生的活动积极性和交往的热情。在学校里开展多种形式的合作表演、合作体能活动、合作建构及合作竞赛，鼓励学生多在课下或课外进行共同游戏和对话，让学生有更多的机会进行交流协商和来往。既增进学生的集体荣誉感，又使其提高交往技巧。

5. 个别辅导时以理解和鼓励为主

学生在交往中出现问题，很可能是有一些自己特别的想法，但是又不会或不能表达出来，心中越是有担心或隔阂，越是容易发生冲突。因此，教师在辅导时要注意包容与关注，在包容的态度下尝试探索学生的内心，促进学生的表达，理解他的想法，消除其误解，进而鼓励他的交往行为。要注意让孩子扩大交往范围，当他们能够接受别人与他交往时，要给予强化鼓励，并帮助他们主动与别人交往，从与亲戚交往，扩大到与亲戚的朋友交往；从与一个同学交往，到与这个同学的朋友交往，逐渐扩大交往范围，让他们走出封闭的自我。还可以为他们创造在公开场合发言的机会。

二、儿童在师生交往中的主要问题与辅导

（一）儿童在师生交往中的主要问题

1. 疏远或害怕

一般来说，学生对教师总是很信任、很依赖，但如果在师生交往中，由于经验不足或者缺乏耐心，个别在教育学生的时候，方法使用不是很恰当，简单粗暴化的处理给孩子留下了心理阴影，学生有可能会对教师产生厌恶或恐惧，因此不敢再接近教师。其中的原因可能是教师的不当言论和行为，也可能是学生过于敏感所致。

案例

怕老师的小欣

小欣是幼儿园大班的小朋友，因为身体不好，三年换了三家幼儿园。老师发现这孩子特别胆小，尤其害怕老师。她在家、在外表现活泼、外向，就是在幼儿园怕老师，有事不敢说，比如肚子疼一直忍着，回家才让妈妈带去看医生；午睡中间不敢请假去小便，忍无可忍就尿在床上，开学已尿床两次。在学校无论是上课时被老师叫起来回答问题，还是课后老师与她谈话，都可以看到她一副十分害怕的神情，眼睛根本不敢看老师，声音小得像蚊子叫，头低得恨不得地上有条缝可以钻进去。老师要是生气了嗓门稍大些，她的身体竟然会发起抖来。

案例分析

小欣是一个比较内向的孩子。虽然妈妈说她在家和在外表现得活泼外向，这更多的是从幼儿行为特点进行的评价。其实，内向和外向性格，并不一定通过外在行为来体现，更多的指向内心世界。一个孩子害怕跟人打交道，不愿意表达自己内心的想法，就是内向的表现。

2. 对立

现在教学中，由于学生和老师对事物认知程度不同，学生对新鲜事物十分好奇，求知欲很高。学生的独立性越来越强，自我意识也在成长，尤其到了高年级，他们有了自己的想法，不再一味地顺从教师，可能会与教师产生冲突。老师如果不注重学生的心理发展状态，一味持有"我教你学"的心态，在老师指导学生时，学生容易出现反叛、对立的心态。

多数人际矛盾都是由于沟通不良引起的。尤其是面对理解力和社会经验缺乏的学生时更是如此。教师一定要关注学生在被批评后的反应，当发现学生不接受批评，甚至有对立情绪时，一定要及时沟通、反复解释，努力让学生心悦诚服，而且在批评时一定要就事论事，不能否定整个人或牵连旧账，一定要说明对学生本人其他方面的认可，这样，学生理解了教师的用意，也知道教师并不是讨厌他后，对立情绪就会有所平息。

案例

反叛、对立的小华

小华（化名）是一名小学六年级的学生，因在体育课上调皮不认真上课，被体育老师发现，体育老师批评了他几句，小华用脏话顶撞体育老师，体育老师轻轻拍了小华两下，谁知更激怒了小华，他边骂老师边冲向墙边拿扫把，扬言要打老师。

案例分析

在课堂教学中，师生冲突不可避免地会出现时，如果双方可以平等对话，做一个良性沟通，那么在问题解决之后，师生关系能够更进一步；反之，如果双方都是剑拔弩张，在言语和行为上不受控制，则冲突会升级，师生关系恶化，双方都会受到伤害，不仅扰乱正常教学秩序，也会使教育质量下降。

（二）教师对改善儿童师生交往的辅导

1. 教师应尊重学生

教师应当尊重学生的人格。教师应当注意自己的言行举止，任何情况下不说侮辱学生人格的话。教师在与学生谈话时，一定要以沉着镇定、言语文明的形象出现在学生面前。即使学生违反了纪律，老师严厉批评时，也要晓之以理、动之以情，不讽刺、不挖苦、不打击。教师应当尊重学生的个性，当学生发展非主流的兴趣爱好时，只要是健康的，教师就应该积极鼓励，让学生充分展现自己的个性。

2. 教师要处理好与学生的距离

在学生的师生交往问题上，首先改善的责任主体是教师自身。教师要主动缩短、柔化师生距离。教师要善于利用微小行为拉近师生距离。教师应重视日常的交往机会，在教室内的一句点评、开个玩笑、轻轻地拍打，都是很好的交往机会。这些小交往如果是亲切的、轻松的，自然就缩短了学生与教师之间的距离。

3. 教师应主动与学生交流沟通

建立良好的师生关系，教师还应当主动与学生多交流沟通。教师同学生沟通时做到"一把钥匙开一把锁"。学生自我意识迅速发展阶段，他们思想活跃。每个学生都有一个特殊的世界，这就要求教师在与学生交流时做到具体问题具体分析。教师要利用各种机会加强与学生之间的感情交流，要缩小与他们之间的心理距离，主动关心、亲近学生，要与他们交心谈心，坦诚相待。与学生交流时要注意一些方法、策略。在与学生交流时，老师一个微笑、一个目光、一句鼓励，都会引起学生的内心波动，对师生关系产生正面或负面的影响。

4. 教师应主动理解学生

由于师生成熟度的差异很大，教师想获取学生的理解，应主动理解学生。教师遇事要耐心、要客观、要坦诚,有误会时要承认。教师要理解学生,首先需要接纳他们的感受。接纳学生是把学生作为一个鲜活的生命来接纳,这种接纳表明了一种真诚的平等和尊重,是一个生命对另一个生命的尊重。

5. 增加师生交往的渠道

良好交往的前提是好的沟通,好的沟通首先要有好的沟通条件,比如场所、沟通方式。尤其是涉及学生隐私内容的沟通最好在没有其他人的安静的地方,这样双方可以坐下来,心平气和地交流。师生交往的渠道不应只是在办公室与学生谈话,有些学生不善于面对面地和教师交谈,他们担心当面谈时思绪乱,丢三落四地说不清楚或表达不全面,还有些问题当面不好意思讲。此时,教师可以通过日常交往、散步谈心、设定特定题目的作文、教师信箱或QQ、微信等途径与学生交流。

三、儿童在亲子交往中的主要问题与辅导

(一)儿童在亲子交往中的主要问题

1. 逆反

现代儿童由于成熟度提早,自我意识逐渐增强,亲子关系处理不好,很容易产生逆反心理。在亲子交往过程中有时沉默不语以示不满;有时公开顶撞,弄得老师家长很难堪;有时搞恶作剧,闹得不可开交;甚至产生对人对事多疑、偏执、冷漠、不合群的病态性格,心态消极、学习被动、沉溺于网络虚幻世界或离家出走等。对父母的权威有了越来越多的质疑,再加上父母对学生学习成绩的过多要求或者是各种行为的过度约束,学生对父母的言语和行为积累的不满日益增加,很可能在情绪上出现对立、语言上出现对抗、行为上"阳奉阴违",甚至与父母对着干。

2. 缄默

孩子的天性就是活泼乐观。但有时候会因为家长不正确的教育方式,导致孩子越来越沉默,面对父母时无话可说,这个时候的孩子就很有可能触发了缄默心理。其实,缄默心理是一种孩子自我保护的本能,在一些看起来很严肃或者对自己不友善的人面前,保持沉默的状态,尽量减少与父母的交流以避免招惹到责骂,也不期盼父母能理解和保护自己,即使遇到困难也不愿向父母倾诉,处于一种严重的"自我隔离"状态,这种状态是一种反抗情绪,内心充满了不忿。

案例

缄默的强强

强强进入五年级了,总觉得妈妈太唠叨,每天反复叮咛做作业、看书……这几句话要讲上半天,他觉得烦人不想听。爸爸又不通情理,每次考试不进行具体指导,但要求考到前五名,

达不到指标就给脸色看，轻则骂、重则打。强强考试多次失败，他也不以为意，骂过打过之后一切照旧。于是你讲你的，我做我的，自行其是，弄得父母很生气。

案例分析

随着儿童年龄的增长，心理渐趋成熟，产生了"独立感"和"成人感"。他们会力求摆脱对成人的依赖，但由于他们的年龄还相对较小，再加上父母的特殊地位，使得他们不可能完全脱离父母的约束，于是父母和孩子之间会发生一些冲突。对于父母而言，他们总觉得孩子还小，出现冲突是孩子不听话，所以父母还得"事事操心"。而孩子对父母的"严加干涉"起初是反感，当他们意识到他们还无法摆脱父母的约束的时候，他们可能会采取逃避的态度，我行我素，对父母不切实际的要求不加理睬。

（二）教师对改善儿童亲子交往的辅导

1. 教师要了解产生亲子冲突的真正原因

教师要主动与家长沟通，了解产生亲子冲突的真正原因。如果问题的根源在家长而不在学生身上，在全面了解情况的基础上，帮助家长分析问题、理解孩子，要教给家长一些具体的教育方法，要指出错误的教育方式并制止。教师要指导家长转变观念，改善家庭教养方式；告诉家长要学会尊重和理解孩子，满足孩子的独立欲望；不要强求孩子听话，也不要一味地溺爱娇宠，要多给予建议和希望，让孩子在宽松的气氛中成长。

2. 教师立场要正确

在亲子交往问题中，教师的工作目标是为了孩子的良好发展，而不是为了维护教育者的统一战线。个别教师会认为与家长对立的孩子无法无天，很容易只看到"教师和家长要联手教育他"的表象。为了孩子的良好发展，教师要客观、真实、详细地了解亲子冲突的原因，找准根源再入手，不能一味地认为"小孩子和父母对着干总是不对的"。只有教师的立场端正了，才可能获得学生的信任，从而使问题得以改善。

3. 教师要教育学生尊重自己的父母

虽然学生的独立意识在逐渐增加，思想也日渐成熟，但对于正在成长中的他们来说，毕竟还有很多方面要依赖父母的指导和帮助，所以在对待父母的教导和意见上，一定让他们采取尊敬的态度，虚心地接受，客观地思考，然后和父母民主地讨论，最后决定自己的行动。

4. 教师要引导学生主动与父母进行沟通

如果发生亲子冲突的原因主要是由父母对孩子的学习、生活干涉太多引起的，或者是由父母对孩子提出过多的不切实际的要求造成的，那么当冲突发生后，教师就应该鼓励孩子主动与父母进行沟通，而不是采取逃避或"硬碰硬"的做法。如果面对面沟通对于孩子来讲有困难，可以建议孩子采取书信沟通的方式。教师应从亲、子两方面帮助儿童分析亲子关系问题，当儿童认识到造成隔阂的主要原因在自己时，要鼓励他们敢于放弃自己的偏见，主动改善关系。

课后心理游戏

一、下闸

（一）目的：欢乐时光。

（二）时间：5～10分钟。

（三）材料：音乐。

（四）内容：

1. 先找4个人，两人一组，双手互拱做成两个隧道，其他的人手搭肩构成一轮火车。
2. 随着音乐快慢，火车穿梭在隧道中。音乐一停，隧道下闸，被圈住的人，即退出行列。
3. 人多的时候，可多做几个隧道。
4. 可由组长弹吉他或唱歌来代替播音乐。

二、斗气比赛

（一）目的：增加乐趣。

（二）时间：15～20分钟。

（三）材料：桌子、乒乓球。

（四）内容：

1. 两人一组。
2. 把乒乓球放在桌子中间，在桌面画两方的边界记号。
3. 两人把下巴挨在桌上，指定时间内把乒乓吹过另外一方记号的得胜。

课后知识巩固

1. 简述儿童人际关系的内涵。
2. 简述儿童人际关系的特点。
3. 如何开展对改善儿童同伴交往的辅导？
4. 如何开展对改善儿童师生交往的辅导？
5. 如何开展对改善儿童亲子交往的辅导？

第七章　儿童常见行为问题的健康教育

知识目标

1. 了解行为的概念及内涵。
2. 了解行为理论。
3. 掌握行为塑造的特点和步骤。

能力目标

1. 会设计改善儿童常见行为问题的辅导方案。
2. 能够正确使用行为塑造的各种基本方法。
3. 会用行为塑造的各种扩展方法。

第一节　行为与行为理论

2016年9月9日，习近平总书记在北京市八一学校考察时的讲话强调："同学们都要自觉加强道德养成，从小就让社会主义核心价值观的种子在心中生根发芽，把国家、人民、民族装在心中，注重养成健康、乐观、向上的品格；都要乐于学习、勤于学习、善于学习，在求知境界上越来越高；都要把身心健康牢牢抓在手上，养成良好的生活习惯，经常参加劳动和体育锻炼，通过多种方式怡情养性；都要敢于面对各种困难和挫折，自觉培养不畏艰难、顽强奋进的意志品质。"

一、行为的概念

行为，是有机体在各种内外部刺激影响下产生的活动。不同心理学分支学科研究的角度有所不同。生理心理学主要从激素和神经的角度研究有机体行为的生理机制；认知心理学主要从信息加工的角度研究有机体行为的心理机制；社会心理学则从人际交互的角度研究有机体行为和群体行为的心理机制。在心理学研究的不同时期，对行为有不同的理解。20世纪上半叶，行为主义心理学派认为，行为指人或动物对刺激所做的一切可以观察和测量到的反应，并试图用"刺激—反应"（S-R）公式加以描述，人的内部心理活动也被视为一种特殊的语言行为。20世纪60年代后，大多数心理学家将内部心理活动与外显行为区别开来，试图从信息加工的角度描述心理活动的状态和过程,以此解释各种外显行为发生和发展的规律。认知心理学已能解释人的大部分以后天习得为主的智能行为,这些行为涉及问题解决、学习、决策以及直觉等许多方面;那些以先天遗传为主的本能行为,则在生理心理学中得到较为合理的解释。

人类行为是人类在生活中表现出来的生活态度及具体的生活方式,它是在一定的物质条件下,不同的个人或群体,在社会文化制度、个人价值观念的影响下,在生活中表现出来的基本特征,或对内外环境因素刺激所做出的能动反应。行为概念可分为广义的和狭义的两种,狭义的行为是可以被他人直接观察到的或能用仪器测量到的个体外显的活动或反应,如言谈举止;广义的行为是人的一切行为,包括可以被他人直接观察到的或能用仪器测量到的个体外显的活动或反应和内隐的行为。

二、行为理论

(一)三种行为理论学说

1. 经典条件反射学说

经典条件反射又称巴甫洛夫条件反射,是指一个原来不能引起某种无条件反射的中性刺激,由于总是同另一个带有奖赏或惩罚的无条件刺激多次联结,可使个体学会在单独呈现该一刺激时,也能引发类似无条件反射的条件反射。伊万·巴甫洛夫(Ivan Pavlov)首先详细研究了经典条件反射,他对狗进行了实验,并于1897年发表了他的发现。他通过研究狗产生唾液的种种方式揭示了一些学习行为的本质。巴甫洛夫注意到狗在嚼吃食物时淌口水,或者说分泌大量的唾液,唾液分泌是一种本能的反射,巴甫洛夫还观察到,较老的狗一看到食物就淌口水,而不必尝到食物的刺激,也就是说,视觉就可以使狗产生分泌唾液的反应。

巴甫洛夫每次给狗吃肉的时候,狗即流口水,具有流涎反应。此后,巴甫洛夫每次给狗吃肉之前总是按铃声。于是,这声音就如同让狗看到肉一样,也会使他们流下口水,即使铃声响过后没有食物,亦如此。不过,巴甫洛夫发现,他不能无休止地连续欺骗这些狗。如果铃声响过后不给食物,狗对该声音的反应就会愈来愈弱,分泌的唾液一次比一次少。巴甫洛夫称食物是无条件刺激,而铃声则是条件刺激。食物引起唾液分泌是无条件反射,是狗天生就有的;而狗听到铃声就分泌唾液乃是条件反射,是本不存在的,连续刺激后才产生的。条件反射就是原来不能引起某一反应的刺激,通过一个学习过程,就是把这个刺激与另一个能引起反应的刺激同时给予,使他们彼此建立联系。

巴甫洛夫认为,中性刺激与无条件刺激在时间上的结合称为强化,强化的次数越多,条件反射就越巩固。条件刺激并不限于听觉刺激。一切来自体内外的有效刺激(包括复合刺激、刺激物之间的关系及时间因素等)只要跟无条件刺激在时间上结合(即强化),都可以成为条件刺激,形成条件反射。一种条件反射巩固后,再用另一个新刺激与条件反射相结合,可以形成第二级条件反射。同样,还可以形成第三级条件反射。在人身上则可以建立多级的条件反射。

当条件刺激不被无条件刺激所强化时,就会出现条件反射的抑制,主要有消退抑制和分化。条件反射建立以后,如果多次只给条件刺激而不用无条件刺激加以强化,结果是条件反射的反应强度将逐渐减弱,最后将完全不出现。例如,对以铃声为条件刺激而形成唾液分泌条件反射的狗,只给铃声,不用食物强化,多次以后,则铃声引起的唾液分泌量将逐渐减少,甚至完全不能引起分泌,出现条件反射的消退。

巴甫洛夫还认为,消退是因为原先在皮质中可以产生兴奋过程的条件刺激,现在变成了引起抑制过程的刺激,是兴奋向抑制的转化,这种抑制称为消退抑制。巴甫洛夫指出,消退抑制是大脑皮质产生主动的抑制过程,而不是条件刺激和相应的反应之间的暂时联系已经消失或中断。因为如果将已消退的条件反射放置一个时期不做实验,它还可以自然恢复;同样,如果以后重新强化条件刺激,条件反射就会很快恢复,这说明条件反射的消退不是原先已形成的暂时联系的消失,而是暂时联系受到抑制。消退发生的速度,一般情况是,条件反射愈巩固,消退速度就愈慢;条件反射愈不巩固,就愈容易消退。

在条件反射开始建立时,除条件刺激本身外,那些与该刺激相似的刺激也或多或少具有条件刺激的效应。例如,用 500 赫兹的音调与进食相结合来建立食物分泌条件反射。在实验的初期阶段,许多其他音调同样可以引起唾液分泌条件反射,只不过它们跟 500 赫兹的音调差别越大,所引起的条件反射效应就越小。这种现象称为条件反射泛化。以后,只对条件刺激(500 赫兹的音调)进行强化,而对近似的刺激不给予强化,这样泛化反应就逐渐消失。动物只对经常受到强化的刺激(500 赫兹的音调)产生食物分泌条件反射,而对其他近似刺激则产生抑制效应。这种现象称为条件反射的分化。

2. 操作性条件反射学说

操作条件反射,亦称"工具性条件反射",是指在一定刺激情境中,个体的反应结果能满足其某种需要,以后这种操作及活动得到强化而形成的条件反射。操作性条件反射学说是由美国行为主义心理学家斯金纳(B.F.Skinner)于 20 世纪 30 年代在经典条件反射学说的基础上提出的。他认为人类行为主要由操作性反射构成的操作性行为,操作性行为是作用于环境而产生结果的行为。

斯金纳为研究动物的学习行为,采用精确的测量习得反应技术,设计了一种由动物进行操作活动的实验箱(通常称"斯金纳箱"),用来测定动物完成压杆或按键活动的特定反应。箱内放进一只白鼠或鸽子,并设一杠杆或按键,箱子的构造尽可能排除一切外部刺激。动物在箱内可自由活动,当它压杠杆或啄键时,就会有食物掉进箱子下方的盘中,动物就能吃到食物,箱外有一装置记录动物的动作。斯金纳认为,这种先由动物做出一种操作反应,然后再受到强化,从而使受强化的操作反应的概率增加的现象是一种操作性的条件反射。

斯金纳通过实验发现,动物的学习行为是随着一个起强化作用的刺激而发生的。斯金纳把动物的学习行为推而广之到人类的学习行为上,他认为虽然人类学习行为的性质比动物复杂得多，但也要通过操作性条件反射。操作性条件反射的特点是：强化刺激既不与反应同时发生，也不先于反应，而是随着反应发生。有机体必须先作出所希望的反应，然后得到"报酬"，即强化刺激，使这种反应得到强化。学习的本质不是刺激的替代，而是反应的改变。斯金纳认为，人的一切行为几乎都是操作性强化的结果，人们有可能通过强化作用的影响去改变别人的反应。在教学方面教师充当学生行为的设计师和建筑师，把学习目标分解成很多小任务并且一个个地予以强化，学生通过操作性条件反射逐步完成学习任务。

3. 社会学习理论

社会学习理论是由美国心理学家阿尔伯特·班杜拉（Albert Bandura）于1952年提出的。班杜拉认为社会学习理论是探讨个人的认知、行为与环境因素三者及其交互作用对人类行为的影响，它着眼于观察学习和自我调节在引发人的行为中的作用，重视人的行为和环境的相互作用。班杜拉认为，以往的学习理论家一般都忽视了社会变量对人类行为的制约作用。他们通常是用物理的方法对动物进行实验，并以此来建构他们的理论体系，这对于研究生活于社会之中的人的行为来说，似乎不具有科学的说服力。由于人总是生活在一定的社会条件下的，所以班杜拉主张要在自然的社会情境中而不是在实验室里研究人的行为。班杜拉指出，行为主义的刺激—反应理论无法解释人类的观察学习现象。因为刺激—反应理论不能解释为什么个体会表现出新的行为，以及为什么个体在观察榜样行为后，这种已获得的行为可能在数天、数周甚至数月之后才出现等现象。

班杜拉认为，人的行为，特别是人的复杂行为主要是后天习得的。行为的习得既受遗传因素和生理因素的制约，又受后天经验环境的影响。生理因素的影响和后天经验的影响在决定行为上微妙地交织在一起，很难将两者分开。行为习得有两种不同的过程：一种是通过直接经验获得行为反应模式的过程，班杜拉把这种行为习得过程称为"通过反应的结果所进行的学习"，即我们所说的直接经验的学习；另一种是通过观察示范者的行为而习得行为的过程，班杜拉将它称之为"通过示范所进行的学习"，即我们所说的间接经验的学习。

班杜拉的社会学习理论所强调的是这种观察学习或模仿学习。在观察学习的过程中，人们获得了示范活动的象征性表象，并引导适当的操作。观察学习的全过程由四个阶段（或四个子过程）构成：注意过程、保持过程、动力复制过程、强化过程。注意过程是观察学习的起始环节，在注意过程中，示范者行动本身的特征、观察者本人的认知特征以及观察者和示范者之间的关系等诸多因素影响着学习的效果；在观察学习的保持阶段，示范者虽然不再出现，但他的行为仍给观察者以影响，要使示范行为在记忆中保持，需要把示范行为以符号的形式表象化，通过符号这一媒介，短暂的榜样示范就能够被保持在长时记忆中；观察学习的第三个阶段是把记忆中的符号和表象转换成适当的行为，即再现以前所观察到的示范行为，这一过程涉及运动再生的认知组织和根据信息反馈对行为的调整等一系列认知的和行为的操作；能够再现示范行为之后，观察学习者（或模仿者）是否能够经常表现出示范行为要受到行为结果因素的影响，行为结果包括外部强化、自我强化和替代性强化，班杜拉把这三种强化作用看成是学习者再现示范行为的动机力量。

社会学习理论强调观察学习在人的行为获得中的作用，认为人的多数行为是通过观察别人的行为和行为的结果而学得的。社会学习理论重视榜样的作用，人的行为可以通过观察学习过程获得，但是获得什么样的行为以及行为的表现如何，则有赖于榜样的作用。榜样是否具有魅力、是否拥有奖赏、榜样行为的复杂程度、榜样行为的结果和榜样与观察者的人际关系都将影响观察者的行为表现。社会学习理论强调自我调节的作用。人的行为不仅受外界行为结果的影响，更重要的是受自我引发的行为结果的影响，即自我调节的影响。自我调节主要是通过设立目标、自我评价，从而引发动机功能来调节行为的。社会学习理论主张建立较高的自信心，一个人对自己应对各种情境能力的自信程度，在人的能动作用中起着重要作用，它将决定一个人是否愿意面临困难的情境，应对困难的程度以及个人面临困难情境的持久性。如果一个人对自己的能力有较高的预期，在面临困难时往往会勇往直前，愿意付出较大的努力，坚持较久的时间；如果一个人对自己的能力缺乏自信，往往会产生焦虑、不安和逃避行为。因此，改变人的回避行为，建立较高的自信心是十分必要的。

（二）三种行为理论学说的比较

经典条件反射学说是指个体对那些通常并不产生反应的刺激做出回应，从根本上是建立条件刺激与无条件刺激之间的联系，当有吸引力的刺激物与中性刺激物多次相互匹配时，中性刺激物就会变成条件刺激物，因而拥有无条件刺激物的性质。经典条件反射是被动的，产生于人们对具体的、可识别的事件作出的反应，可以解决一些简单的反射行为。

操作性条件反射学说是指被期望的、主动的行为带来了奖励或避免了惩罚。该理论认为行为是结果的函数，行为结果是否得到强化影响着这一行为重复的可能性，即强化可以巩固行为并增加其重复的可能性。操作性条件反射指的是主动的或习得的行为，而不是反射性或先天的行为，而且在具体行为出现之后如果能提供令人满意的结果，会增加这种行为发生的频率。

社会学习学说是指个体可以通过观察和直接经验两种途径进行学习，其中榜样的影响是该理论的核心内容，榜样对个体的影响包括四个过程。社会学习理论认为个体不仅可以通过直接经验进行学习，还可以通过观察或聆听发生在他人身上的事情而学习，这是操作性条件反射的扩展，也就是说，该理论也认为行为是结果的函数，不过，其同时还承认观察学习的存在以及知觉在学习中的重要性。人们根据自己的认知做出反应并界定这一结果，而不是根据客观结果本身做出反应。

三、行为塑造

行为主义认为，人类的行为大部分是通过后天的学习而获得的，不良行为是错误学习的结果。教育与环境在儿童心理和行为的发展中起决定作用。通过一定的技术手段，并加强训练，人是可以摈除不良旧习，重塑一种新的健康的行为方式的。行为塑造，就是使用行为主义的一些方法，对个体目前所没有的目标行为的系列连续趋近动作进行不断强化，直到个体最终能经常地做出目标行为的整个过程，让个体建立之前没有的新的行为习惯。

（一）行为塑造的特点

1. 关联的阶段性

由于行为塑造多是对较为复杂的行为进行塑造，只靠一个步骤一般很难完成，因此在行为塑造的过程中，常把最终的目标行为分成一个个相互关联的阶段性的目标行为。

2. 逐步渐进性

行为塑造过程中每一个阶段的目标行为都是相互关联的，是一种连续的趋近行为，只有在前一个阶段的目标行为完成了的基础上，才能进入下一个目标行为，这样就形成了一系列的逐步向前推进的运行程序。

3. 兼用强化与消退策略

在行为塑造过程中，每个阶段的趋近目标行为实际上都是一种新行为，当被塑造对象达到一个预定的阶段性目标，训练者都要给予强化。当强化到一定程度时，训练者就会停止强化，强化的停止使用往往会导致行为的消失，实际上这一过程就是行为消退的过程。

（二）实施步骤

1. 确定终点目标行为

只有确定了终点目标行为，才能判定行为塑造计划何时能够成功，是否成功。终点目标行为要具有可行性与可操作性。在确定目标行为时，要具体、准确，使其具有操作性，可以被观察和记录，以便不同人员都能进行同一终点目标行为的操作。例如学生"迟到"的终点目标行为操作性定义可以是：学生每周不迟到或者只能迟到一次。

2. 确认初始行为

初始行为是个体已有的、与目标行为有关的动作，可以以其为基础向目标行为推进。初始行为或是第一个趋近行为必须是个体已经在做的动作，至少是偶尔做过。初始行为还必须和目标行为有关联。

3. 计划塑造步骤

计划必须完整，体现每一步的递进性，即每个步骤必须能使个体的行为比先前的行为离目标行为更近一步。同时应注重塑造结果的可适应性，使该行为能在日后的生活中被运用。塑造过程中的各个步骤之间所体现出来的改变应大小适合，太小会费事，太大可能会导致个体停滞不前。

4. 选定有效强化物

每一个步骤所实施的行为是否能有效形成，其关键在于强化物的使用是否及时、合理。因此必须为塑造对象选定一个可作为其强化刺激的强化物。强化物的使用必须因人、因时、因地制宜。强化刺激的量要适度，以免塑造对象很容易就得到满足。

5. 实施塑造

从初始行为开始，要对行为的每一个过程都加以强化，直到确保该行为已经习得，然后对这一行为停止强化，转而强化下一个行为。

第二节　常见儿童行为问题与行为塑造

2013年5月29日，习近平总书记在北京市少年宫参加"快乐童年 放飞希望"主题队日活动讲话强调，"从小就要树立劳动光荣的观念，自己的事自己做，他人的事帮着做，公益的事争着做"。

一、儿童的常见行为问题

（一）撒谎

1. 撒谎的概念

撒谎是一种用语言虚构、捏造事实来掩盖自己的意图，或用不正确的方式隐瞒部分或全部事实的欺骗行为。撒谎需具备三个要素：陈述目标的虚假性、传递者认为它是虚假的、传递者具有欺骗接受者的意图。据调查，100%的被调查者（包括中学生和小学高年级的学生）都坦率地承认自己撒过谎。

案例

爱撒谎的凯凯

男孩凯凯在家里跑动时不小心碰倒桌子，碰坏了妈妈刚刚买的精致茶具，妈妈回来后质问凯凯怎么回事，凯凯说："猫咪刚才从桌子上蹦过去，碰坏了杯子。"妈妈查看家里的监控发现凯凯在撒谎，更是气不打一处来，狠狠地打了凯凯的小屁股。

案例分析

哲学家罗素说过："孩子不诚实几乎总是恐惧的结果。"美国著名儿童心理学家基诺特也说："说谎是儿童因为害怕说实话挨骂而寻求的避难所。"当孩子已经有了一些基本的是非判断，当他们发现自己做错事时，会本能地害怕随之而来的惩罚，特别是已经有过做错事被训斥、被惩罚的经验。

2. 儿童撒谎的类型

根据儿童撒谎的动机，可将说谎分为以下七种类型。

（1）防卫性撒谎。父母、老师期望过高，或者管教过严，孩子为了逃避惩罚，往往会用谎言来挡驾。每个人都有私人空间，有内心深处不愿被人踏入的隐私地带。说谎只是为了明哲保身，保护自尊，避免被谴责。3岁孩童，打碎了花瓶说是家里的小花猫干的，撒谎为的就是不挨大人的打。

（2）恶作剧性撒谎。其动机是戏弄别人，从中获得心理满足，以恶作剧说谎戏弄别人以显示自己的小聪明。

（3）牟利性撒谎。其动机是以说谎作为工具骗取金钱、好感、信任等，满足自己物质或精神上的某种需求。如明明是其他同学做的卫生，老师问时却说是自己做的，其实就想让老师表扬自己。

（4）报复性撒谎。这是儿童常用情绪表达的一种方式。当他对某人心怀不满时，可能会通过谎言来挑战或示威。其动机是利用谎言报复他人，包括造谣、破坏对方名声等。发泄对别人的敌意、恼怒等情绪，使报复对象处于不利地位以满足自己的敌对和报复心理。

（5）幻想性撒谎。多发生在幼儿身上，是一种无意撒谎。这个时候孩子具有很强的"神话编造才能"，他们无法分清想象与现实，经常会把想象的内容编进对现实的描绘中。这种说谎有时可能是孩子创造性想象的表现。

（6）好奇性撒谎。一些孩子出于好奇心而说谎，例如，为了检验父母、教师的判断、鉴别能力而说谎，看看自己说谎后父母、教师是否能发现，是否能识别出其谎言。

（7）虚荣性撒谎。这是最常见的撒谎之一，是在"夸夸其谈"的条件下产生的。这样的撒谎，具有自我陶醉的特点，往往是为了逞能，为了抬高自己而虚构一些事实来获得别人的注意或羡慕。这一类撒谎的背后有时深藏着自卑，因为他们得到别人的真实的赞美太少，于是就发展成过分地自我赞美，以补偿希望别人认可的需要。

儿童心理学研究发现，几乎所有的儿童都会"说谎"，但孩子说谎并不一定都是不诚实的品质问题，孩子说谎的原因有很多。要具体地分析孩子说谎的心态和动机，针对不同情况采取不同的措施。

3. 儿童撒谎的原因

儿童说谎原因基本分两大类：无意说谎与有意说谎。

无意说谎发生在儿童想象发展的时期，他们常常对未来事物产生一种不自觉的幻想，有时把幻想当现实。这年龄的儿童记忆也不是很精确的，对抽象概念，如时间、方位等往往容易产生混淆，把将来当过去。也可能由于对事物的不理解，而无意中说了谎。无意说谎多发生在3岁以下年幼的孩子。

儿童有意说谎原因主要有以下几个。

（1）做错事后害怕受惩罚。孩子年龄小，难免会做错事，孩子做错了事会担惊受怕，尤其是已有了做错了事会被训斥、惩罚的经验，再犯错误后就会捏造谎话来掩饰错误。小学生对自己难以自控而犯下的过错是有所知觉的，但又害怕受到批评、指责或者惩罚，他们会想法来掩盖真相、推卸责任。

（2）受成人言行影响。如果成人为了取得某种利益而说谎，一旦孩子发现后就会不自觉地模仿，从而逐渐形成儿童自身的习惯。如当电话铃响的时候，父母却让儿童说"告诉他我不在"。当父母要求孩子替他说谎时，父母正好教孩子对自己说谎。另一方面，教师或家长的承诺由于各种原因无法兑现，比如有些家长答应给孩子买玩具，但由于其他原因未能实现，孩子在发现父母也会说谎、也会不遵守承诺后，受到影响也会效仿。

（3）为达到个人目的。孩子为了达到某种目的而编造谎话。如有的孩子不愿去幼儿园，就撒谎说"幼儿园有小朋友打我"或"今天肚子疼"。有些儿童为了拿到钱，就向父母撒谎说"学校要交 20 元班费"，实际只需要交 10 元。

（4）为取悦父母。有些家长对孩子要求很高，如果孩子表现得好就会很高兴，满足孩子的一切要求，如果孩子没有达到期望就会训斥孩子，长此以往，孩子为了取悦父母就会说谎。

（5）虚荣心作怪。有些孩子，为满足自己的虚荣心，往往容易胡编乱造，瞎吹瞎说。一件事本来不是他做好的，但他说是自己做的，可以得到奖赏，面子光彩；事本来是他做的，但做得不好，怕丢脸，于是他说那件事不是他做的。

（6）自卑心理导致。有些孩子因学习成绩方面的原因常得不到老师的表扬，在同学中也不引人注目，孩子会有不如别人的自卑心理。比如 10 岁的小佳谎称假期父母带他去看了大海，还坐了大轮船，同学们都围着他好奇地问这问那，在大家羡慕的眼光中他感觉受到了大家的重视。

4. 儿童撒谎的辅导

要纠正学生撒谎，首先要正确区分撒谎的性质。未成年的孩子偶尔说说谎，可视为天真幼稚和幻想，或为了掩饰错误，保护自己。学生说谎，是一种不敢正视某种事实的表现。在种种利害关系面前，他们采取逃避不利、趋向有利的选择，实际上是错误的。长期不诚实而且撒谎的性质涉及道德、品行方面的问题，就是一种品行障碍。教育者要将有意说谎与无意说谎区分开来，对有意说谎者一定要严格教育，而对无意说谎者则要正面引导。

儿童撒谎的辅导

（1）抓好第一次。如果孩子仅是第一次说谎，父母、老师必须当件大事把它抓好。在弄清说谎的缘由和动因后，应即动之以情、晓之以理，分析说谎的危害，指出问题的严重性并明确表态："下次不能再说谎。"要有敏锐的观察力和判断力，抓住时机，及时引导，宽容、真诚、信任，使之感到没必要撒谎，进行彻底自我反省，就显得尤为重要。因是初犯，孩子进行自我反省、自我责备、自我保证，容易收到成效。

（2）重视屡犯的孩子。对那些屡次说谎的孩子，父母、老师要认真分析其说谎的原因，摸准其说谎的规律，要多花点功夫，不要轻信孩子的话，稍有怀疑，必须马上核实孩子的话。

如是谎言，应及时揭穿。要让孩子知道谎话骗不了父母，就只好实话实说。

（3）创造民主和谐的家庭氛围。对待孩子要温和、耐心和公正，让孩子敢于说实话。有时即使孩子做了错事，只要孩子认错了，就不应再打骂。一定要尊重、关爱学生，宽容、真诚接纳他，使之感受到安全、温馨、被信任，他才会大胆说真话。唯有这样，学生才会正视自己，反思自省，乐于改正。反之，说了真话又不被信任，或不公正被对待，就会强化孩子的说谎行为。

（4）父母、老师自己不说谎。有的孩子说谎，原因往往是家长、老师自己说谎"教"出来的。所以家长、老师决不能在孩子面前说谎，或说话不算数，欺骗孩子。教师、家长要以身作则，起表率作用，不可用谎言来掩饰自己。家校保持密切联系，合力共育孩子，不给说谎行为有可乘之机，努力使学生养成实话实说的好习惯。

（5）实施行为疗法，自我观察管理。对说谎时间长、难于自控的学生，开展行为疗法。与学生协商，以签订合约的方式，直接帮助孩子进行自我观察、自我管理，消除、纠正不良行为，建立良好行为。学生出现良好行为时，及时给予奖励和肯定评价，使之保持、巩固、发展；未能完成目标，则按约定给予惩罚，以示警醒。可设"每天目标行为自评表"，如实填写，教师、家长或小伙伴负责督促，持之以恒，定能改变。

（二）拖拉

1. 拖拉的概念

拖拉即形容一个人办事缓慢、不痛快、时间观念差、经常拖后期限的现象。拖拉具有自愿、回避和非理性等特征。首先，拖拉是个体自主决定的行为活动，不是因为客观原因而导致的延误。其次，拖拉者对应该做的或将来已经计划好的任务不愿意去做，表现出回避的倾向。最后，拖拉是个体的一种非理性行为，尽管知道拖拉会使事情变得更糟糕，知道拖延不能解决问题，个体还是会选择拖延行为。

案例

拖拉的彬彬

男孩彬彬是一个聪明孩子，可是他又是一个干什么事都喜欢拖拉的人。他的作业总是比别人做得慢，课堂作业不能按时完成，哪怕老师在他身边不断提醒，他还是写几个字就停笔，其他同学只需要15分钟完成的作业，他一个小时也没完成。每天午餐，他也吃得很慢，总是最后几个。上课时走神表现得特别明显，如果不提醒，总是回不了神。小动作很多。家长反映：回家后作业要做很久，注意力很容易分散，要不喝水，要不就笔断了，橡皮没了。

案例分析

小学生的意志品质的特点是自觉性较差，往往容易为他人的意见所左右，不相信自己行为的正确性，因而不敢坚持自己行动的方向和结果，缺乏自主精神。三年级以后，小学生行为受暗示性影响逐渐减弱，而独断性逐渐增强。所以在一二年级时，孩子行为往往不够自觉，表现出拖拉的行为习惯。

2. 拖拉行为分类

美国心理学家约瑟夫·费拉里将做事拖拉的人称为患有"慢性拖拉症"。他将"慢性拖拉症"分成"激进型""逃避型"和"犹豫型"。"激进型"有自信能在压力下工作，喜欢把事情拖到最后一刻以寻求刺激。"逃避型"通常因为不感兴趣而不愿做，或缺乏自信，害怕做不好而迟迟不肯动手。"犹豫型"是指他们不能果断、及时地作出决定。小学生的拖拉行为多是由于对所做的事不感兴趣，或难以集中精力做事，或能力有限不自信，因此多属于"逃避型"。如孩子不想写作业，可家长却在一边催他快点写，孩子就更加慢了。

3. 儿童拖拉行为产生原因

（1）天生慢性子。有一些儿童明显比其他儿童动作慢，不论在什么情形下、做什么事情都慢，即便是有强烈的外界刺激他仍然是行动迟缓、慢条斯理，紧张不起来。这类儿童的神经类型往往属于相对安静而缓慢型，这是先天气质造成的。

（2）注意力不集中。儿童做事或者写作业的时候总是东摸一下西看一下，是他们的生理特征决定的，这个时期他们的大脑很跳跃，注意力不集中，做事拖拉，时间过去很久，事情还没做完。

（3）时间概念模糊。特别是低龄孩子，不知道把一件事尽快做完后会有什么好处，也不认为自己慢有什么不好。最明显的就是在假期中，他感觉时间足够多的时候就会拖延，等到最后几天才发现，还有那么多作业没有做。比如孩子上学拖拉，他们觉得上学早晚无所谓，他想的只是眼前的事情，这是由孩子时间概念模糊导致的。

（4）学习基础差，对学习没兴趣。孩子对学习没兴趣，很有可能是基础薄弱，对知识消化能力不够，学习跟不上，没有学习成就感，在学习过程中就会表现拖拉行为。每个人都喜欢先去做那些自己喜欢的事情，对于不喜欢的事情，通常都会把它们放到最后，有的时候甚至会有意识地忽略这些事情的存在。根据心理学的解释，人类的大脑实际上是在进行一种选择性的记忆，也就是说，我们总是倾向记住那些让自己感到高兴的事情。

（5）消极对抗。有些父母"望子成龙"心切，很少给孩子空闲的、可以自由支配的时间。孩子一件任务完成了，另一件任务又来了，家庭作业做完了还有额外的作业，额外的作业做完了还要练琴、画画，反正不能闲、不能玩。孩子无论做什么事都要听从父母的安排，这时候孩子容易和父母对着干，就用拖拉磨蹭来对抗父母的压制。

（6）懒惰、依赖心理。一些家长对孩子过分宠爱，也会造成孩子的拖拉。如帮孩子盛饭、穿衣、洗漱、整理等，时间长了以后，孩子的惰性会越来越强，依赖性也越来越大，因为孩子知道，自己无论怎么做都可以，反正爸爸妈妈会来帮他的。

4. 儿童拖拉行为的辅导

（1）培养儿童把握时间的能力。对于这种孩子，先应该帮他认识拖拉的坏处，让他接受意见并愿意改正。再与孩子一起制定一份生活日程表，记录每天早晨穿衣、盥洗、吃饭等所用的时间。孩子看到自己的进步，就会主动加快自己的做事速度，时间观念也就加强了。

（2）强化集中注意力训练。注意力缺陷的孩子，往往窗前有只小鸟飞过，他就会放下作业去看个究竟；听到电视的声音，就会跑去看一眼电视，其他的事也雷同。针对这种坏习惯，家长就要在孩子做作业时，尽量提供安静的环境，排除与当时事件无关的因素，使孩子能专心做作业。当孩子专注于小手工制作或观察小动物时，父母切记不要打扰孩子，而应该耐心地等他完成。因为孩子沉浸在他的兴趣时，就是在培养自己的注意力。

（3）创造机会促进心理能力的发展水平。我们要创造机会，比如让孩子经常和小伙伴展开竞赛：比速度、比勇敢、比仔细等，让孩子在竞争中逐步认识到自己的能力，养成敏锐捕捉信息并做出反应的思考力和行动力。再如经常让孩子大声朗读，因为朗读可以使孩子口、眼、脑相互协调，孩子在读书的过程中，尽量不读错、不读丢、不读断，注意力就能逐步提高，理解能力也会增强。

（4）平时训练儿童良好行为习惯。孩子从小饭来张口、衣来伸手，养成了对成人的过分依赖。上学后，问题马上暴露了出来：在学校，什么事情都比同学慢，吃饭慢、做作业慢，连考试、测验都无法按时完成。为此家长要坚决放手，让孩子在做事的过程中，锻炼才干。比如规定时间内不吃完饭，就坚决收拾餐桌，使他下次进餐时学会抓紧时间。孩子做事遇到困难，也不急着帮忙，只做必要的指导。

（5）多用鼓励表扬，树立孩子信心。表扬和鼓励比批评和指责能更有效地激发孩子的积极动机，孩子受到的表扬越多，对自己的期望也就越高。如果父母能经常对孩子说："你看你做得多快""做得真棒，加油啊"，孩子便会受到正面的外部刺激。另外，为了使孩子更有动力，当他做事的速度比以前加快时，或者当他达到了大人的要求时，父母还可以适当地给予一些物质奖励，比如给孩子加一个小红星，带孩子外出游玩，给孩子买他想要的玩具等。用鼓励和奖赏来"催"孩子做事，往往能够收到很好的效果。

（三）注意力不集中

1. 注意力不集中的概念

注意力不集中是指难于长时间地把注意力集中于一件事情上，易冲动、易分心、没耐心、追求瞬间满足，缺乏观察的能力和聆听的技巧。无论是大人还是孩子，无论是工作还是学习，注意力不集中的人，重则影响身心健康，轻则影响学习成绩和工作效率，一般不会成为一个成功的学习者，事业上也不会成为一个成功的工作者。

案例

"眼观六路、耳听八方"的小豪

三年级的男生小豪，上课总是注意力不集中，经常东张西望、做小动作，如玩尺子、铅笔、橡皮。老师多次在课堂上提醒教育他要遵守课堂纪律，他答应了，结果还是管不住自己，有时还跟其他同学说话，影响了其他同学听课。上课时只要教室里有动静，哪怕是一声的咳嗽，他也要扭头看一下。老师开玩笑地说："哪怕地上掉了根针，他都能听见。"

案例分析

案例中小豪的注意力稳定性不够，不懂得如何将自己的注意力集中在课堂上。在小学生阶段，无意注意先于有意注意发展，有意注意需要从无意注意过渡而来，小学生自觉性和自制力较差，需要教师的及时引导，给予其明确的课堂目的，帮助他们组织自己的注意力，从而实现无意注意和有意注意的结合，认真听讲。

2. 注意力不集中的表现

（1）容易分心。不能专心做一件事，注意力很难集中，做事常有始无终。

（2）学习困难。上课不专心听讲，易走神，学习成绩不稳定，健忘、厌学，作业、考试中经常因马虎大意而出错。

（3）活动过多。在任何场合下都无法安静，手脚不停或不断插嘴、干扰大人的活动，平时走路急促，经常无目的乱闯乱跑，不听劝阻。

（4）冲动任性。情绪不稳定，易变化，常常不假思索就得出结论，行为不顾忌后果。

（5）自控力差。不遵守规章秩序，不听老师、家长的指示，做事乱无章法，随随便便，一切听之任之，不能与别人很好合作，容易与他人发生冲突。

3. 注意力不集中的原因

（1）心理压力过大，高度紧张和焦虑。

（2）对所学科目的目的、意义认识不足。

（3）不善于集中自己的注意力。

（4）环境的干扰。

（5）家长教养方式不当。

（6）对某些学科不感兴趣，甚至厌倦这门学科，或不喜欢这门课的老师。

（7）睡眠不足，大脑得不到充分休息，也会出现注意力涣散。

（8）营养不良，如偏食、挑食等。

4. 注意力不集中的辅导

（1）创造有序的环境。学习环境的有序和整洁对儿童的注意力有重要影响。确保学习区域的桌面整洁，书籍和学习材料摆放得井井有条。儿童定期整理书包和学习用具，有助于培养他们的组织能力和注意力。除此之外，舒适的学习环境也可以提高儿童的专注度。确保房间明亮、通风，并尽量减少干扰因素，如手机、电视和游戏机等。父母也尽可能不在孩子学习时进进出出，大声干扰。此外，室内的光线也是一个容易被忽视的环节，光线柔和适度有助于孩子集中注意力。

（2）分解任务。对于一个长期任务或一个复杂的学习活动，分解成小的任务可以帮助儿童更好地集中注意力，让孩子在规定时间内分阶段完成学习任务。如果孩子能够专心完成，父母要给予一定鼓励（表扬、抚摸、亲吻等），并让他休息5～10分钟。以写作为例，让他们先展开思路，然后分段撰写。每完成一个小步骤，都给予肯定，这样可以激发儿童的积极性，并帮助他们逐渐建立持续完成任务的意识。

（3）制定规律的学习时间表。为儿童制定规律的学习时间表是培养他们注意力的关键。在日程表上安排固定的学习时间，从早晨起床到晚上睡觉前，每天都能清楚知道何时进行学习、何时进行休息，以及何时进行其他活动。有规律的学习时间表对于儿童的时间管理能力和自控能力的培养非常重要。在执行过程中，要尽量保持时间表的严格性，但也要给予一定的弹性，以适应儿童的生活实际情况。

（4）运动和休闲活动。不容忽视的是，儿童运动和休闲活动对于改善他们的注意力非常重要。进行适量的体育锻炼和有趣的休闲活动可以帮助儿童释放精力和压力，增强他们的耐心和专注力。学校应该加强体育课程，鼓励儿童参与各类运动俱乐部或兴趣小组，以保证他们有足够的机会进行户外活动和体育锻炼。

（5）制定奖惩制度。奖励和惩罚对于帮助儿童改善注意力问题非常重要。重要的是要让儿童明确知道哪些行为是正确的，哪些是错误的，并给予相应的奖励或惩罚。这需要与儿童建立良好的沟通和信任关系，以便有效地运用奖惩制度。奖励可以是物质奖励，如小礼物或特殊活动的机会，也可以是口头的表扬或鼓励的话语。

（6）培养兴趣爱好。儿童对于自己感兴趣的事物更容易集中注意力。鼓励儿童培养自己的兴趣爱好，如音乐、绘画、园艺等。这样的爱好可以给他们提供一个专注和投入的平台，同时也丰富了他们的生活经验。

（7）学校与家长的合作。学校和家长之间的合作对于矫正儿童注意力问题至关重要。学校可以提供相关的教育课程和支持，家长可在家里营造良好的学习环境，并与老师保持积极的沟通，共同关注孩子的学习进展以及注意力问题的矫正。有时候可能需要专业人士的帮助，如儿童心理咨询师或教育专家的参与。

5. 教师在课堂上帮助学生克服注意力不集中的方法

（1）明确学习的目的和任务，在课前给予学生这堂课应当完成的学习目标。

（2）运用多种方法合理组织课堂教学，吸引学生的注意力。可通过多媒体教学、加强讲课声音的抑扬顿挫、有趣生动的板书等，不断引起学生对课堂内容的兴趣，帮助他们培养注意的稳定性。

（3）培养学生的间接兴趣，让其能投入到课堂学习中来。

（4）对有不良学习习惯的学生，应针对性分析，事先谈话，采取预先控制。

（5）对在上课过程中开小差的学生，应及时用眼神或言语暗示，采取信号（立即停止讲课、轻敲学生桌面等）控制。

（6）对上课分心且影响他人的学生，可对其提问。

（7）对认真听课的学生及时表扬，树立榜样，形成良好的学习氛围。

（四）逆反

1. 逆反的概念

逆反也称"对抗"或"抗拒"，是一种对立情绪和行为意向，对事情所做的反应跟当事人的意愿或多数人的反应完全相反。如有的人的逆反心理表现为别人都反对的事，他偏要赞成；越是不希望他做的事，他越要做。

逆反行为源于逆反心理，是逆反心理的外在表现形式。所谓逆反心理不是一种异常现象，它是由于双方价值观不一致而产生的正常的心理过程。一般来说孩子在发育的过程中会有两个逆反期。第一反抗期是在3岁左右的时候，这个时候由于儿童的自我意识地发展，说话、运动、认识事物能力的发展，他会感到有些事情自己可以做了，跟父母亲的教育观点就会产生冲突。第二反抗期是在青春期前后。从心理发育的角度来说，这都是孩子的正常心理发展，但对父母亲来说，会觉得孩子在对抗自己。

案例

逆反的小姜

小姜，男，11岁，小学五年级学生，他数学成绩突出，其他成绩一般。性格倔强，个性刚硬，自尊心特强，逆反心理十分严重，经常和父母、老师发生冲突，有很强的抵触情绪。越是反对的事情，他就越对着干。在学校，他这种反抗行为十分尖锐，每当老师批评他时，他眼睛直盯着老师，一副不服气的样子，甚至还和老师顶嘴。课堂上故意讲话，做小动作，老师点他名字，他就抵赖、不承认，课后不完成作业。

案例分析

由于小学生正处于成长过渡期,其独立意识和自我意识日益增强,迫切希望摆脱家长和老师的监护,反对成人把自己当成小孩子,同时,为了表现自己的与众不同,易对任何事情持批判的态度。小姜的叛逆行为是进入成长过渡期的一种表现,许多即将进入青春期的孩子对大人都有一种逆反心理。

2. 儿童逆反的特点

(1)可变性。小学生的认识还不全面、不清晰,因此有些观点、信念尚未完全形成,且极不稳定,随着环境、条件的变迁而变化。由此可见,小学生的逆反行为是可以通过教育手段而改变的。

(2)迁移性。迁移性表现在当某一人物的某方面言行引起了他们的反感时,就倾向于将这种反感及排斥迁移到这一人物的方方面面,甚至将这个人全部否定,这种反抗的迁移性使他们常常排斥一些正确的东西,这给他们成长带来不利影响。例如,有的学生被教师批评后就不喜欢这个教师,以致不愿上该教师的课,甚至出现逃课的现象。

(3)盲目性。造成小学生的逆反行为不可否认的有教师和家长教育不当的原因,但由于小学生缺乏理性的分析能力、容易意气用事等,往往把成人的"教导""劝说"误解为是与自己过不去而全部反对。

(4)破坏性。小学生精力充沛,急于表现自己,有的学生在学习、劳动等方面不能很好地表现自己但又不甘于默默无闻,因此就通过逆反行为来表现自己,如在课堂上公开顶撞老师、不遵守纪律等。这种心理状态对班级的管理以及班集体的建设都有相当大的负面影响,对学生的健康成长也极为不利。

3. 儿童产生逆反的原因

(1)个性因素。随着生理的发育、心理的完善,孩子的活动范围增大,活动能力增强,自主意识萌芽,儿童渴望独立。有些儿童看问题易偏激,喜欢钻牛角尖,固执己见,走向极端。这些儿童自尊心很强,但有时又不能正确地维护自己的尊严,尤其当他们屡遭挫折、失败后可能一蹶不振,自暴自弃,显得意志薄弱。对老师、同学的帮助置之不理,甚至把教育者的劝说、告诫看成是嘲弄自己,是对自尊心的伤害,因而把自己放在了教育者的对立面,继而产生逆反心理。

(2)家庭教育。家长简单粗暴的教育方法,面对孩子的犯错,以"痛打""重揍"式的暴力行为进行教育,忽视沟通和疏导,让孩子萌发了强烈的逆反心理。过高的要求和期望,不切实际的要求和日趋升高的期望,忽视了孩子的兴趣和能力,忽视了选择和自主的权利,导致孩子产生逆反心理。限制儿童感兴趣的活动,不让他们从事感兴趣的活动,容易导致学生的逆反心理。父母的分歧、敌对情绪,争吵不休,紧张冲突,甚至家庭的离异破裂,让孩子矛盾、困惑、焦虑、心神不宁，从而导致心灵的孤独、疲劳和逆反心理的形成。

（3）学校教育。学校的教育方法不当，是造成学生逆反心理的主要因素。有些教师为了维护自己的"师道尊严"，对犯了错的学生严厉训斥、恶语讽刺，甚至体罚学生等都会伤害学生的自尊和人格，引起学生在心理上产生反抗、对立情绪，拒绝接受教师的教育，不愿执行教师提出的要求，甚至故意对抗。有些教师处理学生问题时不公正也造成学生的反感和对立。有些教师不顾学生的个体差异，以优秀学生作为标准衡量或贬低其他学生，导致学生会产生不满和厌烦的情绪，产生对教师和同学的恨，甚至自暴自弃。还有的教师教学方法不灵活，课堂上死气沉沉，呆板乏味，这样会使学习意志较差的学生产生反感的情绪。

（4）社会影响。当今社会是一个开放的社会，有多种多样的信息没有经过加工就进入校园和家庭，而学生盲目的模仿就让逆反心理有了生存的空间。学生的道德是非观念还不稳定，很容易受到怂恿，形成一些不正确的观念，做一些不该做的事，例如与老师顶嘴，反抗父母定下的规矩，而与此同时，学生却因为做了这些不该做的事受到同学们的称赞和吹捧，被坏朋友认可，这样就很容易使学生产生错觉，逐渐形成逆反心理。

4. 儿童逆反的辅导

儿童逆反的辅导

（1）转变家长的人才观，遵循科学的教育方法。调整心态，适度期望。应根据孩子的身心特点，遵循科学的方法，树立新的人才观，顺其自然、促其发展。家长要放下架子，加强沟通。努力创设民主、和谐的家庭氛围，在尊重、信任的前提下，进行平等的交流、谈心，扬长避短，发挥孩子特长优势，全面地了解孩子，真诚地走近孩子。在儿童心灵深处，最渴望得到的是他人的赞赏与肯定，家长对他们身上的闪光点，哪怕是一个小小的进步都给予肯定或表扬，然后再指出错误之处，提出希望，他们就能很乐意地接受。让儿童看到自己的点滴进步，有利于他们健康心理的形成。

（2）转变教师的角色，走进学生的心灵。构建"民主、平等、和谐"的师生关系，努力转变教师的角色，走进学生的心灵中去，设身处地多从孩子角度去认识、体验和思考，选择合适的方法、适合的时机去引导孩子、教育孩子。对孩子多一些赞美和鼓励，少一些责备和训斥；对孩子多一些理解和宽容，少一些误解和惩罚。对孩子多一些换位思考，少一些埋怨。一视同仁对待每一个孩子，公平、公正善待每一个学生，真心真意关爱每一个孩子。教师应多培养自己的人格魅力，在学生面前，以自己敬业、博学、自律、宽厚、诚实、可信的良好人格形象感染学生，提高自身的感染力和说服力。这样可以提高教师在学生心目中的威信，让学生"亲其师而信其言"，从而有效防止逆反心理的产生，使学生养成健康的心理品质。

（3）优化教育条件，创造良好情境。教师要绝对信任和尊重每一位学生，对学生要充满爱心。在班集体中讲求民主，创设良好的学习氛围，关心体贴学生，尤其对常犯错误的学生，更应从感情上亲近他们，从兴趣上引导他们，在学习上帮助他们，在生活上关心他们，使他们对教师的隔阂和对抗心理消除，乐意接受劝导，逐渐改正自己的错误认识和不良行为。教育不仅要有适宜高效的教育内容和方法，而且要有促进学生思想情感及心理向积极方面发展的情境。引导学生积极参加集体教育活动，引发学生的上进愿望，发展个人的品德和才能。发挥集体活动对每个成员的教育、评价和激励作用，营造积极的心理氛围，最大限度地防止逆反心理的产生。

（4）激发学习兴趣，营造乐学氛围。"兴趣是学生最好的老师"，教学过程中，教师应采取多种多样行之有效的形式，诱发学生的学习兴趣，变"要我学"为"我要学"。结合小学学科特点，刻苦钻研教材，精心设计教法，在课堂上开展内容新颖、生动活泼的各项教学活动，充分激发学生的学习兴趣，努力调动学生的学习积极性，让学生在乐趣中学到知识，在乐趣中掌握知识，从而真正做到爱学、乐学。

（5）重视心理疏导，控制学生逆反心理。加强心理疏导是控制学生逆反心理的有效途径之一。小学生的逆反心理具有双重性，作为教育者，既要看到它消极的一面，也要看到它积极的一面。如果我们对逆反心理善加"利用"，就可以激发儿童的好奇心、好胜心，引发儿童的求知欲望。教师应该用真诚的语言和态度来帮助学生，用满腔的热情和爱来关心学生，耐心倾听他们的烦恼，细心抚慰他们的心灵，让师生在心心交流、情情相融的境界中产生情感的共鸣。同时帮助学生疏解各种情绪，消除内心矛盾，恢复心理平衡，形成积极的心态，使之逐步主动适应所处的环境，从而促进孩子个性的发展。

（6）加强对社会文化现象的分析和导向。面对错综复杂的文化现象和社会问题，小学生往往还未具备正确的认知能力，常常是因为好奇心驱使进行模仿，难以辨清其实质或其中蕴含着的积极、合理因素。这就需要我们教育者及时、有效、准确地把握这些现象和问题，把它提出来置于儿童面前，深刻分析其实质和其中的合理成分，帮助小学生建构正确的认知，避免盲目的追随，提高他们是非判断能力，这也可预防、消除逆反心理。

（五）欺负

1. 欺负的概念

欺负又名欺凌，是小学时期学生较为常见的一种不良行为。欺负是力量较强或人数较多的一方对力量较弱或人数较少的一方所实施的攻击行为，通常表现为以大欺小、以强凌弱、以多欺少。欺负行为是一种特殊类型的攻击行为，是有意给他人造成身体上或心理上的伤害的行为，即它属于攻击行为的一种；欺负者和受欺负者双方在力量上存在着较大的差异性，即欺负行为的实施者与受欺负者比较起来在身体上（个头、力量）或心理上（人缘好、经常被老师表扬等）处于优势地位，同时受欺负者在受到欺负时不能进行有效的反击或自卫。力量的不均衡性是欺负区别于一般的攻击行为的本质特征；欺负行为还具有重复发生的特点，欺负者在一段时间内经常欺负别人，而受欺负者也会经常受他人欺负。

案例

受欺负的小明

小学三年级学生小明在上学期间，被同班同学小红和小绿多次欺凌。小红和小绿经常在小明背后扯他的书包，推他，还经常在课间休息时间嘲笑他，让他感到十分尴尬和无助。小明对此并没有向老师和家长寻求帮助，他一直忍受着这种欺凌，但是随着时间的推移，小明的情绪越来越低落，成绩也开始下降。

案例分析

小学校园欺凌事件的发生对孩子的身心健康和成长都会造成极大的负面影响，所以我们应该全面加强对学生的反欺凌教育，让他们建立正常的人际关系，避免发生类似的事件。同时，家长也应该多关心孩子的情况，让孩子能够在家庭中得到更多的关爱和支持。

2. 欺负的种类

根据欺负发生的方式和表现形式，我们可以把欺负划分为直接欺负和间接欺负两种类型。

（1）直接欺负。直接欺负是指采用公然、明显的方式进行欺负。直接欺负又可分为直接身体欺负和直接言语欺负。直接身体欺负是指欺负者直接用身体上的优势对受欺负者进行攻击，包括打、踢、抓、咬、推搡等对受欺负者身体造成直接伤害的行为，以及勒索、抢夺和破坏物品等身体动作行为。直接言语欺负是指欺负者用语言对受欺负者进行攻击，包括辱骂、讥讽、嘲弄、挖苦、起外号等言语行为。

（2）间接欺负。间接欺负则是指以较不易被发现的方式进行欺负，通常借助第三方进行欺负。间接欺负包括关系欺负、网络欺负等类型，具体表现为背后说人坏话、散布谣言、社会排斥和社会孤立等。间接欺负比较隐蔽，通常不易引起人们的重视和关注，但事实上同样会给受欺负者造成严重的伤害，尤其是心理伤害。

3. 儿童产生欺负的原因

（1）身体外貌。学生身体力量的大小差异常常构成影响欺负发生的重要因素之一。欺负者在身体力量上处于优势地位，而另外一些学生则会因为身体弱小、在受到欺负后不能有效反击而容易被欺负。一些学生的生理缺陷（如身体残疾、肥胖等）有时也会构成别人欺负他们的"借口"。当然，身体强壮的个体并不必然会欺负身体弱小的个体。

（2）态度与价值观偏差。欺负者在欺凌事件中持有消极的态度，他们更认同欺负行为，在目睹欺负事件时无动于衷或麻木不仁，很少愿意帮助受欺负者。欺负者的社会目标、价值观念也存在偏差。他们把支配和控制他人看作社会生活的要求，偏激地认为，要想不被人欺负，就必须去欺负和控制别人，或者认为通过攻击和欺负别人可以使自己显得很厉害，从而获得同伴的崇拜。欺负者对社会环境认识也存在偏差。他们不相信自己生活在一个公平、公正的世界中，对自身生活缺乏信任和希望，对未来缺乏足够的信心。有些欺负者在欺负了别人后不感到内疚或不认为自己有错，在内疚感缺乏的情况下，个体易表现出攻击、欺负等不良行为。

（3）人格特征。欺负者通常有盲目的高自我评价和自尊、自信，这种高的自我评价和自信又常常与对他人的怀疑、低估或歧视相对应，这构成了他们实施欺负的重要心理条件。在气质与性格特点上，欺负者多脾气暴躁，易怒，冲动性强，对一般性的外界刺激反应强烈。受欺负者的人格特征通常自尊较低，自卑，性格较内向，情绪不稳定。受欺负者这些消极的人格特征制约着其与同伴交往的方式、对待世界的态度以及问题解决策略，在特定情境下，就可能构成欺负发生的"客体"条件，使其沦为攻击的对象。

（4）不利的家庭及父母教养因素。父母惩罚子女的不良影响，虽然父母对儿童的身体惩罚能够导致儿童对父母的要求的即时服从，但是，儿童会从父母的身体惩罚及其后果中同时获得运用身体力量赢得别人服从、实现对他人控制的榜样模式，他们也可能采用攻击的方式去征服别人。儿童早期依恋关系为非安全型的个体会表现出较多的攻击和其他外部行为问题。同时，那些早期亲子依恋关系为不安全型的孩子也可能因为由亲子交往中获得的与生俱来的不安全感从而在同伴交往中表现得退缩、胆小，这部分儿童易成为受欺负的对象。此外，父母较多的控制和高压管教、缺乏温情，易导致孩子与父母关系紧张，使得儿童对父母的管教与要求变得不认同，表现出反抗和对立的情绪，在情感上表现得冷漠，缺乏移情能力。这种家庭中的孩子易表现出攻击和欺负行为。而相反，如果父母对孩子过于保护、温情，则会使他们过分依赖父母，这部分儿童在同伴交往中易成为受欺负的对象。

（5）同伴背景因素。受欺负者在同伴群体中的受欢迎程度较低，而被拒绝程度较高，即他们的同伴地位通常是最糟糕的。这种不利的同伴地位使得他们在受到欺负后不能得到同伴的有效支持，从而增大他们继续受欺负的可能性。有些经常欺负别人的学生有自己的小团伙，这一团伙内的学生的攻击、欺负及其他不良行为都较多。与不良同伴的朋友关系会使得欺负者继续受到不良行为的影响，从而他们攻击和欺负别人的可能性进一步增大。此外，除直接参与欺负行为之中的学生外，其他学生的表现也对学校欺负的发生有影响。在欺负事件中，如果有同伴在场旁观，会刺激欺负者的表现欲或者被欺负者视为对欺负的认可，从而在客观上促进欺负的发生与持续；而如果同伴主动或被邀请而加入欺负，对欺负者来说是一种支持，对欺负行为是一种鼓励，会直接促进欺负的发生与持续。

（6）教师的影响因素。教师在学生的学校活动扮演重要的角色，虽然教师并不直接参与到欺负的活动中，但是教师对待欺负事件的态度、处理欺负事件的方法都会对班级内的欺负行为产生影响。教师对待欺负事件持有的积极态度越多，越有信心处理班级的欺负事件，会采用更多反欺负的干预策略，其班内学生反对欺负的态度会更加积极，会出现更少的欺负行为，更多的学生同情和保护受欺负者。另外教师支持的缺乏、不良的师生关系和较多的师生冲突，会导致学生缺乏安全感，从而导致学生成为欺负者。

（7）学校氛围与规范。学校整体氛围影响欺负及其相关行为（如对抗、违纪等）的发生。积极的学校氛围，如低冲突、组织有序、学习定向、鼓励合作等，有助于欺负及相关行为的降低。此外，当学校具有积极的管理措施、高水平的父母参与及高学业标准时，学校中的欺负现象则较少。班级管理规范是指在存在于班级范围内的一系列准则、价值观和标准，规定了成员认为恰当、成员可接受和期望的态度和行为。当一个班级整体上对欺负行为持积极、默认或不反对态度时，该班级欺负发生的频率较高，而一个班级具有较高的反欺负班级态度时，该班级欺负行为发生的频率会相对较低，而对被欺负者保护性行为发生的频率相对较高。

（8）社会传媒。传统大众媒体（包括电视与电影）中的暴力性内容对学校欺负的发生有着重要影响，看电视的暴力内容时间越多，儿童出现的攻击行为也越多。影像游戏因带有很强的互动性而更容易对参与其中的儿童青少年产生影响，玩暴力影像游戏时间越长，所表现出的攻击行为越多。这是因为，媒体中的暴力和攻击性内容本身为儿童青少年提供了暴力与攻击行为的模仿榜样。按照班杜拉社会学习理论的观点，如果这些暴力行为和暴力行为者在影视作品中没有得到相应的惩罚，甚至得到奖励或赢得利益，那么久而久之会使儿童青少年习得攻击和暴力有用的观念。对于影像游戏来讲，儿童青少年在虚拟的游戏世界中直接参与打打杀杀的行为，依靠打赢对方来获得分数，这会更容易使他们形成攻击、暴力有用的信念以及冷漠的性格。

4. 儿童欺负的干预

学生间的欺负行为大多发生在学校，欺负与学校环境有着密切的联系。近年来欺负干预和预防研究也表明，最有效的欺负干预方案是全校范围内的、综合性的干预。在对学校欺负进行干预或预防时，仅从个体角度入手是不够的，还需要从整个学校层面甚至是班级层面进行。

（1）制定反欺负措施。全校范围内实施反欺负政策是解决欺负问题的核心，它为欺负干预提供了一定的框架和依据，有助于教职工对欺负问题达成一致性认识，提高反欺负运动的效果。反欺负政策的制定，应在欺负干预委员会的指导和协调下，以学校欺负问题的调查结果为基础进行。在制定政策的过程中，应广泛听取各方意见，充分调动教师、学生及家长的积极性，主动参与政策的制定。在反欺负政策中，应包括具体欺负干预目标、各部门的职责、监督评价标准、奖惩措施等一系列内容。

（2）提高学生家长和社区的参与程度。学生家长、社区的参与程度对欺负的干预和预防有重要作用，为此，应采取多种措施提高学生家长及社区人员对学校欺负干预活动的参与程度。提高学生家长的参与程度可采取：召开家长会议，使学生家长对学校的欺负干预政策有所了解；对其进行欺负基本知识的培训；就孩子在学校中的表现进行沟通；使其有机会参与学校政策的制定；提供参加学校活动的机会等。为了使社区也参与到欺负干预当中，应在欺负干预政策制定过程中，充分听取其意见；让其监督反欺负政策的执行及进展情况；给学生创造一定机会，使其参与社区活动等。

（3）加强对高危地点或时段的监控。在一些教师不易监控的地点，如洗手间、走廊、操场等，以及一些疏于管理的时段，如课间操、午餐等，更易发生欺负事件。因此，加强对这些高危地点或时段的监控就显得非常必要。为此，学校应专门组成巡视小组，加强对这些地区或时段的监控，以降低欺负发生的可能性。

（4）把反欺负主题和活动纳入到课堂教育当中。在反欺负政策的宣传和实施过程中，任课教师起到至关重要的作用，他们可以把反欺负主题或活动纳入课堂教育中。课堂教育的内容可包括：对欺负的界定，欺负行为对欺负者、受欺负者及他人的影响，帮助受欺负者的方法，应对欺负的有效策略等。按照学生年龄的不同，可采取不同的教育内容或方式（如角色扮演、自信心训练、移情训练等），提高其对欺负的正确认识、增强其应对欺负的能力。更为重要的是，要让学生明确"打小报告"与"揭发欺负行为"的区别，鼓励其敢于揭发同学的欺负行为。

（5）组织相关的班级活动。召开班会为学生提高对欺负问题的认识，讨论对违反班规行为制裁的办法，建议同学如何应对欺负等。通过组织一定的班级活动，可促进学生之间的交流和沟通，增加彼此之间的了解。也可通过一定的活动，对学生进行自信心训练或社会交往技能的培养，提高其应对欺负的能力；也可发展学生的移情能力，使其学会尊重他人以及与他人进行合作。

（6）及时、经常与学生家长保持联系和沟通。为更有效地应对欺负，老师特别是班主任应与学生家长密切联系、相互合作，共同解决学生的欺负或受欺负问题。当教师发现学生在学校中有欺负行为或受他人欺负时，应及时与学生家长取得联系，以更好地了解情况，并取得家长的配合；当家长发现孩子有欺负或受欺负的迹象时，也要及时与教师取得联系，以了解学生在学校中的表现情况。只有双方真正地结合起来，才能有效地解决学生中的欺负问题。

（六）偷窃

1. 偷窃的概念

偷窃（或盗窃、偷盗），是基于自己或第三人的无正当权利占有（包括管领、支配、处分等），而擅自取走他人财产的行为，是违反社会道德规范的行为。法律上，偷窃也是刑法规定的刑事犯罪行为。做出这个行为的人被称为"小偷""窃贼"等。偷窃犯罪的构成要件通常是意图自己或第三人的不法所有（管领、支配、处分等），且有认知其为他人财产的能力，而故意未经同意地取走他人财产，为侵犯财产法益的犯罪。

儿童的偷窃行为，也是一种条件反射。儿童开始偷窃，主要是在外界诱因的驱使下，通过自身的心理活动而形成的。儿童幼稚无知，缺乏道德认识，社会上一些坏人就乘机而入，专用"物质"引诱他们，这个"物质"诱饵，则成了儿童产生偷窃行为的刺激物。条件反射就是在内外刺激下，通过人的神经系统的活动发生的有规律性的反应。儿童偷东西的过程也就是条件反射形成的过程。在"物质诱饵"的刺激下,迎合了儿童内心的低级要求,经儿童自身的高级神经活动,支配儿童发生偷窃行为。天长日久,条件反射如得不到抑制,则可能受到"强化"。这种行为一旦养成习惯,就会自动化了,心理学上称为"动力定型"。

案例

爱偷拿东西的小华

小华,女,11 岁,性格好动,很爱和同学说话,爱吃零食,爱买玩具。学习兴趣不高,经常不交作业。开学不久,有人反映她偷了同学的小录音机,当时她没有承认,一周后,办公室老师发现丢了钱,追查下来,种种迹象显示她的嫌疑最大,经过查问,她终于承认了。还说一周前她利用其他同学不在教室的时间,偷偷拿了同桌的小录音机。后来还发现:以前她就有偷同学文具、玩具等行为,四年级时还偷过同学的游戏机。

案例分析

偷窃者的心理错综复杂,多种心理因素相生相伴、相互交织。发现学生偷窃不良行为,不能简单处理,毕竟他们还是未成年人,思想幼稚单纯。有时受虚荣心或利益驱动,难免会有贪小便宜的想法。这也说明校园开展法制教育的必要性和重要性,学校应及时纠正学生的偷窃行为,培养学生艰苦朴素、勤俭节约的良好道德品质,使学生不仅在校园里学到文化知识,更要学会做人。

2. 儿童产生偷窃的原因

(1)家庭教育的影响。父母与孩子朝夕相处,是孩子的抚养者和监护者,是孩子道德行为的启蒙老师,父母的言行对孩子有决定性的影响。如果父母的教育方法不当,正确引导不够,就会引起孩子行为的偏差。父母对孩子缺乏教育和沟通,忽视了对孩子良好成长环境的构建,忽视了对孩子健康人格的培养,就可能孩子出现问题行为。倘若当孩子开始出现"偷拿"行为时,家长知道后却没有严加管教,这样就纵容孩子的行为;如果只是简单粗暴地打骂责罚,则会导致孩子的问题日趋严重。

(2)学校的影响。如果儿童在班中表现不突出,很少被同学们注意,那么,儿童一定程度上是为了引起同学和老师的注意而去偷窃。学校思想教育不力,有的教师教育方式简单粗暴,对所谓的问题学生冷眼相看。在这种冷漠态度下,问题学生便会产生各种消极心理乃至采取抵制行为,甚至采用偷盗来对抗老师。

(3)物质上的引诱。意志薄弱的儿童被身边精美的学习用品和好看的玩具所吸引,但是家长又不愿意给钱,所以为了满足物质上的需要,儿童学会了偷窃。

(4)不良榜样的示范。有些同伴或者个别家长本身品行不正,儿童自然有样学样。如有些家长本身也有偷窃行为，或者发现小孩偷窃时不仅不批评，还一起享用小孩偷窃来的财物，并帮助隐瞒真相，这样家庭出来的学生当然很难会以偷盗为耻。

（5）主观原因。

1）占有心理。儿童阶段的学生自我意识发展还不完善，他们看到自己喜欢的东西就想据为己有，这是一种占有心理。这种心理主要跟学生早期的家庭教养有密切关系。这类学生在幼儿时自我意识还没有完全形成，随意从其他孩子手里抢东西，而此时其父母也并不以为意。之后随着学生年龄的增长，小时候形成的错误观念被强化，于是出现了偷窃的行为。

2）嫉妒心理。在学校的学习生活中，有些学生看到自己身边的同学在某些方面超过自己，便将对方视为对自己的威胁，并随之做出一些消极的行为。这种"见不得别人好"的行为就是小学生嫉妒情感的一种表现。

3）补偿心理。从心理学上看，补偿心理其实就是一种"移位"，此处的行为被压制，欲望得不到满足，就转移到别处寻求补偿。

4）捉弄心理。处于前青春期阶段的学生，特别顽皮，他们会悄悄地把同学的书、文具偷走藏起来，或者丢掉，当看到别人因找不到书籍或文具而着急、难过时，他们就起哄，觉得好玩。这种"把自己的快乐建立在别人的痛苦之上"的行为，就属于捉弄心理行为。

5）报复心理。在学校的集体学习生活中，儿童在与同学相处过程中常常会出现一些小矛盾、小纠纷，此时心胸狭隘、自尊心敏感的学生就很容易会对对方怀恨在心，产生日后报复的心理。而偷窃对方财物就是他们常常采用的其中一种报复方式。

6）被迫心理。这是一种小学生偷窃行为的特殊心理。这种学生偷窃，往往是非出其本意，而是被迫的。比如，被高年级或者行为霸道的学生勒索要钱，被勒索者在向父母要不到钱的情况下只能铤而走险，偷父母或同学的钱以求过关。

3. 儿童偷窃的干预

（1）家庭预防与干预。

1）理解孩子。孩子对于没有见过的，或者是喜欢的东西，肯定会有十足的兴趣。当成人见到心仪的物品时都想买，更何况孩子，只是孩子不懂得自己应该用什么样的正确方式得到，是买还是借。他没有这个意识，他只知道我喜欢就要拿回来，不管别人是否同意。所以家长首先要理解孩子的行为，属于正常的心理范围。

2）用换位思考的方式告诫孩子。孩子行为对错，父母的价值观会给孩子提供标准。父母需要告诉孩子，哪怕是一针一线，也不应该拿别人的。父母应该引导孩子换位思考，用同理心能帮助孩子从他人的角度考虑事情。

3）和老师私下沟通。私下里和老师沟通一下孩子的行为，并让老师观察一下，孩子是否把物品归还原处。对于孩子归还的行为，要给予积极的表扬和肯定。

4）平时生活中，注意尊重孩子对物品的所有权。有的父母经常把孩子的衣服、玩具随便送人，这样会导致孩子对物权认识不清。建议家长在送人前，都要先问一下孩子的意见。这样孩子就知道赠予或索取都是需要别人的同意的，而不是任意拿走的。

5）告诉孩子要使用正确的方式。要让孩子学会借，告诉他不可以不问自取，这是非常不礼貌的事情。鼓励他和其他小朋友说出自己也很喜欢，想借的想法。教会孩子用正确的方式得到自己想要的东西。

（2）学校教育与干预。

1）加强法制教育。加强诚信、守法等的宣传教育，让学生知道必须对自己的行为负责，讲授法律知识，说明偷窃可能产生的严重后果。在平时教育教学中，讲解一些简单的法律知识，通过讲故事、举例子，帮助他们学法、守法，培养其从小养成遵纪守法的良好习惯，增强他们分辨是非的能力。

2）端正认知，抑制心理诱因。首先让儿童在思想上认识到随便拿别人东西是可耻的，同时，让儿童在每次想去拿别人东西的时候，都在心里对自己说：拿别人东西是可耻的，迟早被发现的，别人会看不起的。"若要人不知，除非己莫为"，以抑制她想偷别人东西的欲望。

3）加强思想教育。学生出现偷窃行为，心理负担较重，担心被人发现暴露后又担心教师责骂、同学讽刺。这时候教师应该察言观色，及时掌握学生的心态，辅以必要的疏导，使其尽快解除心头之虑。可以晓之以理，与其讲述诚实为人的道理，强调诚实的可贵，指出偷窃的危害。可以动之以情，用一个个生动的故事打动其心扉，用老师殷切的期望启发其思想。尽可能淡化问题的严重性，减轻学生的心理压力，使问题迎刃而解。

4）净化班级环境，营造良好的班风。在班级管理中，班主任要注重班级文化的建设，营造良好的班风，在班里经常开展"诚实守信"等活动，有意识渗透诚信教育，给学生创造良好的交流平台。通过活动让他们懂得做人应该诚实守信。这对于预防和纠正学生的偷窃等不良行为是非常有帮助的。

当然，儿童的健康成长，靠一两方面的努力是不够的，还需要我们社会全体的关注与努力，共同为儿童营造一个良好的成长环境。总之，我们相信只要家庭、学校与社会的共同关心与努力，儿童的偷窃行为就一定能够得到有效的控制，还孩子一个健康、诚实的心灵。

二、行为塑造的方法

行为塑造的方法和技术有很多种，在这里我们将这些方法分为基本方法和扩展方法。

（一）基本方法

1. 强化

（1）强化的概念。强化是指在个体反应之后呈现强化物，即任何能增加先前反应频率的一切刺激和事件。强化包含三个要素：第一，有一个具体行为的发生；第二，这个行为紧随一个具体的结果；第三，这个结果导致这个行为在将来更有可能出现。

（2）强化的类别。

1）正强化。正强化指在某种情境或刺激下产生的行为反应之后呈现某事物，导致行动者愉快并使特定行为表现频率增加。给予一种好刺激是为了建立一种适应性的好的行为模式，运用奖励的方式，使这种行为模式重复出现，并保持下来。呈现的事物可以是精神的或是物质的，如得到食物、金钱、表扬等。

2）负强化。负强化指在某种情境或刺激下产生的行为反应之后减弱或移去某事物，导致行动者愉快并使特定行为表现频率增加。例如一位小学生有咬手指的习惯，这种行为一出现就受到指责，但一旦他不再咬手指了，就应立即停止对他的指责。

正强化和负强化都是增加行为反应频率，它们的区别在于，正强化中，反应伴随的是个体喜爱的刺激；在负强化中，反应伴随的是厌恶刺激的消除。

（3）强化物。强化过程中，行为反应伴随的刺激物称为强化物。当孩子表现得好的时候，家长给孩子的一个微笑、一个拥抱、一个奖励，或者撤销处罚等，这些能让孩子好的行为维持发生，或者是让好的行为在未来增加发生的频率，这就是强化物。正强化物是各种令人喜爱的事物；负强化物是令人讨厌的事物。

选择强化物时需要注意以下几点。

1）要考虑行为主体的特点，对不同的人，同样的事物的强化价值可能是不一样的。强化物一定要选择孩子感兴趣的物件或者讨厌的东西，也可以是话语动作等多种形式，但不是家长根据自己的目的挑选，是要根据孩子的反应去选择。

2）同样的事物在不同的情况下的强化价值可能不一样，强化物要根据孩子兴趣变化随时变化，需要不断挖掘和发现，不能局限于食物。

3）行为养成后，有形的强化物要逐渐减少，尽可能选择社会性强化物，效果更好。在生活中可以多多使用社会性强化物去鼓励孩子，拥抱孩子，让孩子在完成某件事的时候可以立刻得到强化。

（4）行为强化程序。行为受到强化的过程及详细情况就是行为强化程序。行为强化程序向人们说明了强化刺激是跟随每个反应还是只跟随部分反应出现。行为强化程序可分为两种：连续行为强化和间歇行为强化。

1）连续行为强化是对每一次或每一阶段的正确反应给予强化，多用于行为形成时期。这种强化方法虽然有效，但在生活中某些情况下存在实现的困难，不能时时刻刻给予强化。比如，对于一个有不准时上课习惯的学生，每次他准时上课，教师都会表扬他这种行为。通过强化能够让学生形成准时上课的行为习惯，但在生活中实施有困难。

2）间歇行为强化是在第一次对行为进行强化以后，按照一定的时间间隔对行为给予强化。根据时间间隔的安排，又分为固定时距强化和变动时距强化。固定时距强化是按照固定时间间隔实施强化。不管个体在这一段时间内做出了多少次行为，每隔固定时间给一次强化。如生活中，定时发放工资就是这样的一种形式，职工会在每月固定时间拿到工资。固定时距强化的缺点是当每次受到强化的行为结束后，开始一段时间内再次发生这种行为的频率很低，甚至不出现，只是在接近时距的终点时才又加快行为。所以，这种行为建立后不能维持很长时间。变动时距强化只规定一个平均时距，如平均每三分钟实施一次强化，但每次强化之间的具体时间间隔不固定，或长或短。如教学中，教师说一节课会提问三次，但是具体提问时间不确定。变动时距强化可以避免固定时距的缺点，使行为保持平稳和均匀地出现，而且这样建立的行为也不容易消退。

（5）影响强化效果的因素。

1）行为反应与后果产生的时间间隔。强化强调的是反应后尾随刺激即行为后果的作用。强化物应该在行为发生之后立即呈现。反应和后果之间拖延的时间越长，后果的效果就越差，因为二者之间的接触或链接被削弱了。如果反应和后果之间的时间太长以至于二者失去接触，后果对行为就没有效果了，所以强化要及时。

2）行为反应与后果之间的一致性。行为反应后果一贯都立即跟随着反应出现，那么后果就更有可能强化反应。当反应总是产生出后果，而且只有反应先发生后果才会发生，那么反应和后果之间就存在着一致性。当一致性存在时，后果更有可能强化反应。例如：白鼠按动杠杆就会得到食物，那么按动杠杆的行为就会被强化；如果白鼠按动杠杆，有时有食物，有时没有或经常没有，那么白鼠按动杠杆的行为会减弱。

3）强化物与行为人的关系。行为的后果成为强化物的可能性因人而异。确定哪一个后果是某一具体的行为的强化物十分重要。不能因为一个特定的刺激物是大多数人的强化物，就假定它也是另一个人的强化物。反应的后果起到什么样的强化作用，和行为人对它的好恶程度、需要动机等联系在一起。如吃得很饱时，食物就可能失去强化作用。对强化物的满足也会导致其强化作用的降低，如教师滥用"你真棒"等赞美性语言，会成为廉价的表扬。因此，给予正强化物要适度，以免孩子产生"饱餐"或者损害身心健康。

2. 惩罚

（1）惩罚的概念。惩罚是指当行为者在一定情景或刺激下产生某一行为后，若及时使之承受厌恶刺激（又叫惩罚物）或撤消正在享用的正强化物，那么其以后在类似情景或刺激下该行为的发生频率就会降低。

（2）惩罚的类别。

1）正惩罚。正惩罚是指当个体不适当的行为出现时，施加一个讨厌的刺激。给予处罚往往是给对方一种使之感到不快的刺激，如随地吐痰，当即罚款。在实行这种处罚方式时必须注意：意义要明确，时间要适当。

2）负惩罚。负惩罚是指当个体做出特定行为后，他所期望的东西就不出现，不再给予原有的奖励，这也会减少做出该行为的频率。如工厂规定，迟到三次扣除1个月的奖金，就是利用了负性惩罚原理。

（3）影响惩罚效果的因素。

1）及时性。惩罚必须在不良行为发生后立刻施予。如果惩罚和不良行为间隔的时间太长，行为者可能会对惩罚感到莫名其妙或因在这段延缓时间中行为者已做过不少其他的事甚至是好事，这时再惩罚会减弱或失去矫正行为的价，同时引起行为者的抱怨和委屈。所以，教育要及时，不翻旧账，不算总账。

2）行为反应与后果要有一致性。如果刺激的出现与行为相一致，那么它作为惩罚因素的效果也会更好。

3）已形成事件。有些先行事件会在某个具体时间内使一个刺激作为惩罚因素的效果更好。

4）惩罚的作用是因人因时而异。无论强化或惩罚，都要关注行为反应的结果与行为人的生活经历、需要动机、情感意志和价值观念等方面的关系，关注这种后果对行为人日后行为的作用。

（4）强化与惩罚的关系。当刺激物跟着行为出现的时候，这个过程可能是正性强化或者正性惩罚，这要根据将来行为是被加强还是被削弱来确定。当刺激物跟着行为移除的时候，这个过程可能是负性强化或者负性惩罚，这也要根据将来行为是被加强还是被削弱来确定，如表7-1 和表 7-2 所示。

表 7-1　强化与惩罚对照表

未来的行为	行为的结果	
	刺激物的出现	刺激物的移除
未来行为被加强	正强化	负强化
未来行为被削弱	正惩罚	负惩罚

表 7-2　强化与惩罚操作对照表

强化与惩罚	目的	分类	操作过程	范例
强化	增加行为概率	正强化	给予愉快刺激	完成作业给予表扬
		负强化	给予厌恶刺激	完成作业就不受批评
惩罚	降低行为概率	正惩罚	给予厌恶刺激	不完成作业就罚站
		负惩罚	给予愉快刺激	不完成作业不让出去玩

（5）惩罚的原则。惩罚的实施涉及厌恶刺激的呈现、强迫的活动和运动限制以及有些人身权的限制等方面的问题，因此使用该方法来矫正儿童行为应该遵循以下原则。

1）选择实用而无反感的方法。了解学生的性格特点和喜怒哀乐。有的学生做了错事只要瞪几眼就可令其改正错误，而有的学生特别是调皮的男生对一般的批评根本不当回事儿，这就要选择适合这一类学生的惩罚物，如果不了解学生，不问青红皂白采用"一刀切"的方法，就有可能造成不良后果。

2）实施惩罚时保持平静。惩罚是件不愉快的事，不仅被惩罚者感到痛苦、焦虑，施行惩罚者也易产生激动情绪。而情绪的激动和极度的愤怒可能会加重惩罚的强度。因此，教育工作者要时刻提醒自己以清醒的头脑、平静的态度对学生进行教育，以免因情绪激动而造成危害。

3）惩罚与正强化结合使用。成人对孩子要"严慈相济"，严肃地对待其问题行为，同时，当孩子表现好的时候，要诚恳地表扬他，这就既告诉了孩子不能做什么，又告诉了孩子能做什么。

4）选择的被惩罚行为应是具体的不良行为。惩罚可能产生侵犯行为或者其他情绪的副作用，也可能导致受惩罚个体的逃避或回避的行为和模仿行为，甚至还可能对使用惩罚方法的人产生负强化作用。如某学生课堂上做小动作、发怪声、抄作业和同桌打闹等这些都是具体的不良行为，教师应针对这些具体行为对学生进行教育，不可全盘否定他的表现或他本人。

3. 消退

（1）消退的概念。消退是指在某个情境或者刺激条件下，行为者产生了以前被强化的反应，但反应之后并没有跟随通常的强化，那么在下一次遇到类似情境时，该行为的发生率就会降低。简单地说，消退就是对以往强化过的行为不再进行强化的过程，通过这一过程可以使得行为的发生率逐渐地降低。在日常生活中，人们常常会在无意中使用消退技术，比如，当别人喊自己绰号的时候不予理会，慢慢地别人也就不再喊自己绰号了；上课时小明喜欢做鬼脸、爱出风头，王老师对他不理睬、不关注，后来小明的这种行为就慢慢减少了；每次孩子哭闹着提出无理要求时，父母总是不予理会，孩子的哭闹行为也就慢慢减少了。在这些例子中，行为之所以会慢慢减少甚至完全消失，都是因为维持行为的强化物消失了。总之，消退技术中导致行为减少甚至消失的关键在于撤离原先维持行为的结果即撤离强化。

（2）消退过程的特征。

1）行为的缓慢减少。采用消退之后行为会产生缓慢的减少，这是消退技术所带来的行为的最主要变化。与惩罚技术快速抑制行为不同，消退所导致的行为变化是缓慢的、渐进的。因此，即使在完全彻底地实施了消退技术之后，仍旧会有行为发生，特别是当行为形成的过程是间歇强化这样的方式，行为减少的过程将更加缓慢。但是这种行为的缓慢减少很容易导致实施者对矫正技术有效性的错误判断，误认为没有效果而放弃消退，这种放弃会导致行为矫正变得更加困难。

2）消退爆发。消退过程中行为的一个普遍变化是撤除强化之后个体的行为反应会有一个迅速增加的现象，研究者将这种现象称之为消退爆发。也就是说，在个体行为减少或者消失之前会出现爆发性增加的现象，包括行为反应的频率、持续时间和强度等。比如，孩子如果以前常常通过哭闹的方式获得要求的满足，如果父母不再满足其要求，那么孩子的哭闹行为在减少之前将会更加厉害，哭的时间将更加长，哭的声音也会更加响亮。

消退爆发的过程中，一些个体甚至还会出现新的更加严重的行为。比如，如果哭闹的行为达不到要求的满足，一些孩子甚至会出现在地上打滚、用头撞地、用牙齿咬自己等更加严重的自我伤害性的行为，以及用手打父母或者骂人等攻击性的行为。

虽然消退爆发是消退过程中的一个重要特征，是停止对行为进行强化之后行为所出现的一种自然变化，但很容易导致干预者对所用行为矫正技术产生误解或者判断错误，特别是当个体出现新的行为问题，尤其是严重的自我伤害行为或者情绪反应时，实施者往往会害怕个体会对自己造成伤害而放弃继续实施消退，最终导致消退技术使用失败。因此，在实施过程中要小心处理。

3）自然恢复。从消退的总体过程来看，个体行为的逐渐减少是最终的一个趋势。但是，也会出现这样的现象，即在行为完全停止之后，行为还会再次重新出现，这一现象被称为是行为的自然恢复或者自然回复。在自然恢复的过程中，即使行为出现之后没有出现强化，行为还是会再次出现。不过，如果消退过程仍旧有效的话，自然恢复过程通常会很短暂，行为的频率、持续时间和强度回弹也很有限。但是这一现象也很容易导致干预者或者其他人员产生误解，以为消退已经失去了效果。实际上，自然恢复也是行为消退过程中的一种自然现象，只要行为出现之后仍旧不再伴随之前的强化，这一现象也会很快消失。如孩子哭闹要东西的行为消退后，偶尔还会复发。如果妈妈继续不予理睬，那么孩子的行为就会消失，但如果妈妈此时满足他，则先前消退的效果也消失了。

（3）影响消退的因素。虽然在消退过程中，行为的减少是缓慢地产生的，但是还是有一些因素会对消退效果产生影响，比如之前行为形成过程中强化的种类、强化的量、以前是否采用过消退等。

1）行为是连续强化还是间歇强化。行为的强化历史会影响到行为的牢固度以及消退的容易性。行为的强化历史包括行为是通过哪一类强化形成的，是连续强化还是间歇强化，是可变程序的间歇强化还是固定程序的间歇强化。在前面消退的基本类型中，我们已经提到过由间歇强化形成的行为的消退特点。一般来说，间歇强化比连续强化形成的行为更难以消退，其行为减少得更慢，可变程序形成的行为比固定程序形成的行为更难以消退。在对间歇强化形成的行为进行消退时，消退爆发的可能性更高，而且也会更严重。但是在现实生活中，很多行为都是通过间歇强化的过程形成的，因此在采用消退技术时要做好长期作战的思想准备。若要加快消退的进程，在消退之前对其进行短时间的连续强化，当个体习惯之后再实施消退。

2）行为强化的历史长短、数量多少、质量好坏。行为的强化历史除了强化的间歇性和连续性之外，还包括强化的历史长短、强化的数量和质量。个体行为之前的强化历史越长，也就是被强化的时间越长，消退越不容易产生效果。比如孩子睡觉之前要父母陪伴、若不陪伴就哭闹发脾气的行为已经出现一年，比才出现两三个星期的孩子要更难以进行消退。若之前维持行为的强化量很大，质量较高，个体的满足感较强，一般来说，个体对消退的阻抗会越厉害，行为消退时消退爆发会更严重。

3）以前消退使用的情况。个体当前的问题行为是否曾经被消退过以及之前的使用效果如何，也会影响到此次的消退效果。如果之前消退技术很好地消除了行为，只是后来由于偶然的强化导致了行为又有发生，那么再次使用消退，行为就会迅速地减少。但是如果之前的消退使用遭遇到失败，如因为行为的消退爆发而导致消退中断，那么就会导致行为变得更加的牢固，行为对消退的阻抗也更加厉害，此次消退将会更加艰难。因此，实施者要做好充分的思想准备，要有更好的耐心。

（4）消退的应用技巧。要有效应用消退这种行为塑造技术，教师可采用下列几方面的操作技巧。

1）将消退与奖励配合使用。不期望的行为尽管可以通过奖励的撤消而减弱，但如果只将消退作为一种单独的纪律手段去使用，那也并不总是有效的，所以，将消退与其他纪律手段配合使用才是明智的做法。其中，最为有效的是将消退与奖励结合使用。例如，当一个儿童在课堂发言中无次序时，教师一方面可采用消退技术，即不理睬这个儿童，但另一方面当这个儿童能按照班级规则讲另一件事情时，教师就应给予积极的鼓励或评价。

2）当旧习惯再现时使用消退。消退行为实际上只是一种转移，而非永久消失。如果开始的错误行为再受到某种因素的诱发或强化时，这种错误行为便会重新恢复。当旧有的不良行为再度出现时，就需要继续使用消退技术。例如，某小学的一位教师，经过不断努力，采用不予理睬的消退技术基本消除了某三年级学生的爱发脾气的行为。但这位教师因病休息了一周，当她再上班时，发现这位学生爱发脾气的老毛病又犯了，因为过去一周里，顶替她的那位教师无意强化了他已消退的不良行为。于是，这位教师再次采取不予理睬的消退技术，结果，又使这位学生的毛病降到最低限度。可见，消退技术并不是一劳永逸的事，它需要连续反复使用，才能真正使不良行为得到长期抑制。

3）使用消退技术要注意一致性。使不期望行为再现的基本原因之一就是偶然或间歇性的奖励。要使不期望行为长期被抑制或不再反复，就要使消退技术保持一致。这种一致性体现为，技术本身的前后一致，以及不同教师在使用消退技术中的一致性。也就是说，不同学科的教师要在学生某一行为的抑制中采取目标一致的手段，切忌有的采用消退法，有的却给予直接或替代性强化，这是教育中的内耗，必须引起足够的重视。

4）不理睬的方法虽然困难但却有效。在消退技术中，最常采用的方法是对不良行为不予理睬，即通常所说的"冷处理"，但这对教师来说却不太容易做到。教师的职业敏感性，往往在面对学生不良行为时，会马上做出反应。如："小王，回座位去""小李，你的铅笔削得太尖了""小赵，别打扰别人，做你自己的作业去""小马，坐正"。等等。正如前面曾论述过的那样，教师要认识到，教师对学生的这些表面上看来是约束的做法，实际上却加强了不期望行为出现的频率。教师尽管很容易理解教育中"不予理睬"或"沉默"的价值，但要付诸实践却是不甚容易之事。可见，要真正做到这一点，教师还必须有良好的自我控制能力。

5）在使用消退时要取得全班同学的支持。消退技术的使用，不可能只在教师与某一位违纪的学生之间完成。当教师对某位儿童实施消退技术时，班级中的其他同学也应努力与教师合作，同时对这位或几位儿童施以相同的消退技术，如沉默、不理睬等。比如，某一儿童在班上闹笑话，其他同学没有不理睬他，而是对着他发笑，这样，教师的不理睬就会在其他同学的笑声中显得无效。其他同学的笑声便成了抵消教师消退技术效果的强化物，并使闹笑话的同学更为得意，错误行为难以抑制。而全班或小组式消退过程方可达到教育者所期望的目标。作为教师，要善于组织和利用班级众多成员的影响作用，只有集体参与不良行为的消退才是较为有效的做法，教师同时也要配合使用积极强化的纪律手段。

案例

老师的冷处理

马凡在学校被视为"有问题的学生"，老师对他感到非常头痛。因为不管老师要求他做什么事，或指派做任何功课，马凡总是要和老师争辩一番，反问老师为什么他要做这些事或说老师指派不公平等。后来，老师开始采用不同的态度对待马凡，每当马凡开始和他争辩时，老师就转过身去指导别的学生或埋头于他自己的工作。三个星期后，马凡的争辩行为不再出现了；同时马凡似乎也改变了，他不但变得更快乐，其他那些惹人讨厌的行为似乎也消失了。

案例分析

如果别人正在做一些你所不喜欢的行为，以引起你的注意，而你也已预先准备好态度不去注意他，这就是所谓消退法，俗称忽视法策略，也可以称为是"冷处理"策略，或撤销关注策略。所以不要去注意那些不良的行为，这样一种健康而愉悦的关系就会发展起来。对于闹别扭、发脾气、撒娇、无理取闹、呜咽、搞恶作剧、班级小丑等行为采用故意忽视法较有效。

（二）扩展方法

1. 代币制

这是一种通过强化与惩罚相结合的方法，是用一种条件强化物来进行的行为矫正和塑造的程序。这种强化物称为代币，是可以累积起来交换别的强化物的东西，能够系统地管理该环境中的个体行为。如某位母亲想要养成孩子自己穿衣的好习惯，就可以使用代币法。首先，和孩子进行商议，如果孩子能够按时穿衣，就给孩子一朵小红花，如果小红花积攒到五个，就可以看一场电影，时间久了，就会发现，孩子就能够养成自己穿衣的习惯。在这个过程中，所采用的代币就是小红花，它的交换价值就是五朵小红花换场电影。

使用代币制的有以下几个步骤。

（1）确定目标行为。

（2）选定所使用的代币，制定代币获得的标准和等级。

（3）确定支持代币的强化物。

（4）建立代币兑换规则、时间及地点。

（5）当代币疗法实施中出现对抗期望行为的非期望行为时，应运用"反应代价"，即每当非期待行为出现时拿走相应代币。

（6）当期望行为出现时，可以逐步消除代币系统。

案例

不听话的王乐乐

王乐乐今年4岁，因为家里祖辈的娇惯，他养成了很多坏习惯。生活方面的有：房间凌乱、东西乱放等。交往方面的有：经常和幼儿园同学打架、破坏同学的物品等。对此，教师、家长进行了多次劝导，家长也没少打骂，但收效甚微。

案例分析

为了帮助王乐乐改掉坏习惯，以适应幼儿园活动，父母可以为儿子设计一个代币制。妈妈和王乐乐商量，并制定了代币制的项目。

◇ 遇事不随便发脾气，发一颗五角星。

◇ 自己穿衣、吃饭，各发一颗五角星。

◇ 自己收拾玩具、书包、碗筷、叠衣服，各发一颗五角星。

◇ 骂人，扣一颗五角星。

◇ 乱发脾气，扣一颗五角星。

每天都会对应王乐乐的表现，来计算相应的五角星，一颗五角星代表1块钱，一周结算一次。实施3个月左右，王乐乐就变了很多。在执行代币制时需注意要严格，不能讨价还价。同时请教师多注意观察其在学校的表现，这样在教师和家长的共同监督下使王乐乐的行为得到改善。

2. 榜样示范法

以某个个体或某个团体的行为为榜样，让儿童通过观察、收听、阅读或操作等途径而改变自己的行为，从而使儿童形成与榜样相同的动作、思想、态度或是语言表达等特性，这种行为改变技术被称为榜样示范法，是用榜样人物的高尚思想、模范行为、优异成就来影响学生的思想、情感和行为的方法。用来示范的榜样可以是家长和教师、同学，也可以是英雄人物、革命领袖、历史伟人和文艺形象。

榜样示范法的实施步骤如下。

（1）确立目标行为：依据行为塑造的目的及社会意义，确定将要塑造的目标行为。

（2）选择好榜样：榜样必须真实可信。

（3）榜样展示良好行为并受到奖励。

（4）儿童模仿并展现该良好行为，得到奖励。

3. 契约法

契约法是教师或家长组织或安排一种情境，以合同的方式，让儿童按照成人要求完成任务，之后儿童可以从事自己喜欢且是被成人认可的事情。契约法具体可以分为口头合同、书面合同；短期合同、长期合同。

一个行为契约由五个基本部分组成。

（1）确定目标行为。目标可以是减少不适宜行为，也可以是增加适宜行为，或者两者兼有。但是不管怎样，目标行为必须是客观的、可操作的，不能含义模糊、靠推论。

（2）规定确认目标行为的方法。既然签约双方要对目标行为相互监督，那么目标行为出现或者没出现，就要有一个双方都认同的目测方法。常见的方法有直接观察的行为和固定的行为。前者如家庭作业本，后者如"不许敲桌子""不乱花钱""每天洗自己的碗，叠自己的被子"。

（3）确定行为契约的有效期。

（4）确定强化和惩罚的跟随条件。签约者执行的是适宜行为，得到契约中明确规定的强化，如果是不适宜行为，契约中也要有明确的惩罚后果。

（5）契约双方签字。

4. 自我管理

自我管理是一种自己对自己实施行为矫正的程序，可以用来帮助学生学会抑制不良或过度行为。这方法最大的特点是在学生日常生活中实施矫正程序，辅导教师并不在场，这可以帮助学生逐步建立起有效的自我控制行为。

（1）自我管理的三个步骤。

1）与学生共同确定目标行为和自我强化程序或策略，要求学生做出实施与改变的公开承诺，建立改变契约。这时要注意将学生要做的事情具体化，最好列成表格，让学生明白要做的具体行为和目标。

2）学生在自己的日常生活中实行矫正程序，进行自我强化。通常分三个步骤，即自我训导—自我记录—自我实施。

3）评估与跟进。每隔一段时间做一次定期检查，对进展予以肯定和强化，就存在的问题进行调整，分析原因，采取专门措施予以调整，直至计划结束。

（2）自我管理的实施原则。

1）确定一个明确具体、程度适宜的目标行为。目标不要模糊抽象，要把目标列成要说或做的事情，行为者是否达到目标一目了然。

2）增加非期望行为发生的难度。非期望行为存在是因为周围有它的强化物，没有了客观环境的刺激，非期望行为就无从发生。

3）加强自我监督和鼓励。自我鼓励是为自己坚持到底提供力量。如把行为目标贴在床头或桌角，时时提醒自己；找相关的名言提升自己的认识等。

4）寻找他人支持。家长、老师和同伴的支持与帮助也是实现自我管理的一个途径，尤其是同龄人之间的模仿行为是不可忽视的外在刺激。

5）可以把自我管理法和前面介绍的几种方法结合使用，效果更好。

5. 合理情绪疏导法

要培养孩子良好的习惯，不但要打造他们的行为，还要理顺他们的思想认识。纠正孩子偏执的、非合理的、情绪化的认知是重要的一环。

（1）识别自动化思想。

所谓自动化思想，就是孩子已经形成的价值观，是他们对外界事物和现象的理解与判断。比如考试成绩不理想，有的人归因于自己太笨，有的孩子则认为自己挺聪明就是没有好好学，有的孩子则自暴自弃，认为自己不是一个好孩子等。我们可以采取"自我归纳"的方法不断发掘和识别自己的自动化思想，在学习、生活中不妨多问自己几个"为什么"。比如"我为什么这样做？""我为什么成功了？""我为什么没有完成得更好？"等等。当与同伴交往受到挫折的时候，有些儿童的想法如"我必须得到其他孩子的喜欢，否则就是我不好""别人应该主动接近我，并与我做朋友"等就是她在社交失败时产生的自动化思想。教育者要充分识别孩子的自动化思想。

（2）识别认知错误。

一般来说，孩子不容易认识到这种自动化思想的错误所在，因此要帮助他们了解哪些是认知方面的错误（绝对化、消极的自我评价等），关注后者，改变认知。一般来说，成人比较容易确认自己的自动化思想，但是不容易认识到这种自动化思想的错误所在，甚至把他们当作不需要论证的想当然的道理。这时，就要根据我们的自动化思想，提出正反两方面的证据，分析哪些是情感事实（愤怒、悲伤、难过、抑郁等），哪些是认知方面的错误（绝对化的要求、消极的自我评价等），然后关注后者，归纳出一般性的认识。通常质疑和反诘对我们识别认知错误比较有效，针对自己不合理的、夸张的想法，我们可以对自己进行直截了当地挑战式发问："你有什么证据可以证明你的这一观点？""是否别人都可以失败而唯独你不能？""是否别人都应该按照你的想法去做？""你有什么理由要求事情按照你的想法发生？"当你发现自己的辩护已经变得理屈词穷的时候，你就会真正认识到：我的思想原来是不现实的、没有根据的；我的想法有些是合理的，有些是不合理的；我必须以合理的信念取代不合理的信念。

（3）进行积极的自我暗示。

加强孩子的自我言语行为，给予替代性思想。孩子常常告诉自己的话或句子会成为他们的思想，并成为支配行为习惯的一个重要原因。因此要经常进行积极的言语暗示，促成良好行为的养成。积极的自我暗示不能用复杂语言进行描述，因为潜意识不懂逻辑。永远不要对自己说"我很笨，我不行，我很穷，麻烦了，完蛋了，不可能，失败，我会遭拒绝"等消极、负面字眼。不要用否定、模糊的字眼，如"我不会生病，我不会失败，我大概做得到。"应该改为"我会成功，我很健康，我一定做得到。"刺激潜意识一次是不够的，需不断重复，并形成稳定的习惯。视觉化对潜意识的暗示力量，远胜于其他的暗示方式。因此，凡是重要的信念一条一条写下来贴在显眼处，写下来很好，变成图像或立体的更好，然后将它贴在或放在你每天都能看得见的地方。善用潜意识的力量，成功会比你想象得更快、更轻松。常见的积极的自我暗示："我是最棒的，我一定行""我一定要努力，加油干""我真是好样的""我真行"等等。

课后心理游戏

一、气球大对抗

（一）目的：培养合作性。

（二）时间：20～30 分钟。

（三）材料：红、蓝两包不同颜色的气球。

（四）内容：

1．组员分为红蓝两组。

2．组长将气球吹放在地上。

3．组长一声令下，组员在 15 分钟内，用尽任何方法去弄破另外一组颜色的气球。但禁止使用手或脚，可用坐在地上的方式等。

4．限时 15 分钟，剩下气球多的一组得胜。

二、乐乐球

（一）目的：培养耐性及合作性。

（二）时间：20～30 分钟。

（三）材料：小皮球数个。

（四）内容：

1．设定起点与终点，将组员平均分组。

2．组长一声令下，组员便将一脚向后弯，以膝盖内侧（即腿窝）夹球。从起点单脚跳至终点，把球传于下一位组员。

3．如果球于途中掉落地面，必须重新开始。最后，以全部成员完成游戏的一组为胜方。

备注：组长可在途中设障碍物增加难度。

课后知识巩固

1．简述主要的行为理论。
2．简述行为塑造的内涵。
3．如何开展儿童撒谎的辅导？
4．如何开展儿童拖拉的辅导？
5．如何开展儿童逆反的辅导？
6．如何开展儿童欺负的辅导？
7．如何开展儿童偷窃的辅导？
8．简述强化的内涵。
9．简述惩罚的内涵。
10．简述消退的内涵。
11．简述行为塑造的扩展方法。

第八章 儿童常见障碍性心理问题与教育

知识目标

1. 了解儿童障碍性行为问题的内涵。
2. 掌握儿童障碍性行为问题的矫治方法。
3. 了解学习障碍的概念及内涵。
4. 掌握学习障碍的矫治方法。
5. 了解特定性发育障碍的概念及内涵。
6. 掌握特定性发育障碍的矫治方法。

能力目标

1. 能够正确使用儿童障碍性行为问题的矫治方法。
2. 会设计改善儿童学习障碍的辅导方案。
3. 会设计改善儿童特定性发育障碍的辅导方案。

第一节 儿童障碍性行为问题

2016年9月9日，习近平总书记在北京市八一学校考察时强调："中小学生要立志成才，必须勤奋学习、提高综合素质，努力做到修身立德、志存高远、勤学上进、追求卓越，强健体魄、健康身心、锤炼意志、砥砺坚韧。"

一、病理性偷窃

（一）病理性偷窃的概念

病理性偷窃又称偷窃癖、偷窃狂，属冲动控制障碍的一种。患者有反复出现的、难以克服的偷窃欲望和浓厚兴趣，伴偷窃行动前的紧张感和行动后的轻松感。其偷窃的目的不在于获得经济利益，而是获得心理上的满足，也不具有其他明确目的（如挟嫌报复、劫富济贫或引人注意等），纯粹是出于无法抗拒的内心冲动，据此可与一般偷窃行为相区别。女性多于男性。多始于童年或青少年时期，在病程上有慢性化倾向，较少持续至中年。常伴抑郁、焦虑障碍，也可伴神经性贪食或人格障碍。

有偷窃癖的人除强迫性行窃这一单一表现之外,并无其他精神异常,也没有智能缺陷,据此可与精神分裂症、脑器质性疾病或智力发育迟缓的偷窃行为相区别。偷窃癖是一种少见情况,只占偷窃犯罪中的极小部分。一般是从童年或少年期就开始发生,每次行窃后心理上都会感到快感与满足。对偷的东西或收藏,或随手舍弃,或偷偷送还原主。

(二) 病理性偷窃的特征

偷窃癖的特点是有不能控制的反复出现的偷窃冲动,偷来的物品并非自己所需,也不是为了物品的价值。患者往往是把偷来的物品丢掉或偷偷地送回原地或隐藏起来。这种偷窃冲动似乎有一定的周期,当冲动的紧张度升到一定程度,偷窃行动就带来满足。患者没有预谋,如果是有组织有预谋的偷,则不属于"偷窃癖"。偷窃癖主要的特征:

(1) 反复出现不可克制的偷窃冲动。
(2) 行窃前顷刻紧张加重。
(3) 行窃时有快感或轻松感。
(4) 偷窃的物品大多数为一些日常生活用品,多无太大的经济价值。
(5) 多发生在青少年期,且女性明显多于男性。

(三) 病理性偷窃的产生原因

对于病理性偷窃的发病原因,至今尚未形成统一的意见。研究者从不同角度进行探讨,结果发现病理性偷窃的产生原因主要有以下几点。

1. 与大脑萎缩或者精神发育迟滞有关

从生理学角度研究认为大脑萎缩或者精神发育迟滞可产生病理性偷窃行为。有关研究认为,这类儿童有大脑发育不良和脑内单胺代谢异常,因此这类儿童的情感方式、行为方式与同龄儿童有偏差。

2. 与儿童早期经验有关

精神分析学派认为病理性偷窃与儿童早期经验有关,是一种力比多(libido)的替代物。他们偷窃是病的外在表现,内在的"驱力"和根源来自焦虑、抑郁和强迫症。

3. 家庭教育方式过于专制有关

从现实病例研究出发,发现很多病理性偷窃的个体在家庭教育方式过于专制,患者家族史中存在精神病或人格偏离者,而且很多病理性偷窃患者自身也存在不同程度的人格缺陷,大多数比较要强、好胜、狭隘、自私。患有偷窃癖的儿童多由祖辈监护养育,或父母离异、再婚,与孩子缺少情感沟通,在学校多被孤立、惩罚,这使他们缺少爱和理性诱导,因此也就难以建立自尊自爱。当他们的快乐取向与某些不良行为联想在一起,在潜意识中成就了一种自我精神补偿,指责批评他们,就意味着压制了他们的精神需求,不但效果不好,反而随着年龄增长会形成心理障碍和人格缺陷。有研究证实,有偷窃癖的人大多有性格缺陷,如自幼倔强、好强、比较自私狭隘、交往狭窄。另一个较显著的特点是"报复心"极强,无论是家人的责骂,还是同事朋友的批评,都容易在他们心中产生一种报复的冲动,而这种报复心理往往就是通过偷窃行为发泄出来。事实表明,患偷窃癖症者最初常常都有一种报复心理,是想通过偷东西来报复伤害过他的人。但以后的行为似乎与这种报复方式并不直接相关,更多的是一种"习惯"使然。

(四)病理性偷窃的诊断标准

(1) 自己诉说具有难以控制的强烈偷窃欲望,在行窃之前紧张感逐渐增强,虽然努力自控,但不能停止偷窃。

(2) 专注于思考或想象偷窃行为或有关情境,行窃时感到愉快、满足或放松。

(3) 偷窃不是为了表达愤怒或报复,也不是受妄想或幻觉的影响。这些偷窃发作没有给个人带来收益,或尽管对自己的社会、职业、家庭的价值观和义务,均有不利的影响,仍然偷窃。

(4) 偷窃不能以品行障碍、躁狂发作或反社会人格障碍更好解释。

(5) 在1年中,至少有过3次偷窃发作。

(五)病理性偷窃的矫治

病理性偷窃的矫治

1. 普及相关的法律知识

我们可以从两方面入手:行为的不合法性以及后果的严重性。首先向其说明财物所有权,即财务所有人依法对自己的财产享有占有、使用、受益和处理的权力。自己对不具备所有权的事物在不经主人允许下占为己有,属于偷窃行为,这种行为性质不因你对产品的喜爱而有任何改变。同时,指导其学习《刑法》第二百六十四条以及《治安处罚条例》第四十九条的相关规定:对偷窃者依据情节的轻重予以拘留、有期徒刑、无期徒刑甚至死刑的处罚。通过法律教育,使其明白不论其动机如何,偷窃行为都是一种违法行为,后果是非常严重的。

2. 理解认同,消除阻抗,温暖尊重的爱心感化

偷窃行为一旦被发现,病理性偷窃患者常就会被认为是品行恶劣、行为不端的坏学生、坏孩子。此时来自社会家庭的惩罚与压力会让患者更加低沉。患者为了摆脱自身的消极情绪,释放压力,就进一步促进了偷盗行为的发生,这样就陷入了心理与行为的恶性循环。因此,父母和老师要放弃偏激无效的教育方法,承认以往在关爱上的欠缺,这样可拉近心理距离,缓解孩子的紧张感。此时良好的社会支持系统以及积极的爱心感化是非常有必要的。温暖尊重的爱心与积极的教育感化相结合,会产生更良好的效果。

3. 注意力以及兴趣的转移

将被压抑的情绪或者过多的精力通过别的方式释放出去,可以减弱患者的偷盗行为。已有案例显示,对患者的兴趣进行引导,使其将兴趣转移到合理的活动中,同时在其取得成绩时及时给予强化,可明显地控制其偷窃行为。

4. 厌恶心理疗法

大量研究表明，厌恶心理疗法对病理性偷窃存在显著治疗效果。厌恶心理疗法一般原理是：依据回避学习原理，把求助者的不良行为与令人厌恶的刺激（电击、弹手腕、催吐等）相结合，建立一种新的条件反射，以对抗原有不端行为，进而消除这种行为。

橡皮圈厌恶疗法是厌恶疗法中一种简单易行的方法，主要是通过拉弹早先固定在手腕上的橡皮圈，作为厌恶刺激，以抑制存在的病态行为。这种方法操作过程必须正确，否则会影响效果。操作时拉弹必须尽量用力，使腕部产生疼痛感；拉弹时需要集中注意力记忆病态现象消失的拉弹次数；拉弹若 300 次以上，病态行为仍不消失，需要考虑拉弹方法是否存在问题，如方法无误，此法可能对此病人无效；每日坚持记录治疗日志。

也可采用影视、图片和想象等手段使患者在产生偷窃冲动的同时生成约束感，以在心理上产生威慑力量。例如可将电影中众人打骂指责小偷的情景重复播放给他们看，或者让其观看偷窃违法者"铁窗泪"的图片。进一步指导患者偷窃癖发作时，马上用力打自己耳光，使劲捏住自己大腿，并想象自己被抓住、被羞辱的情景。进行多次后，求助者会对偷窃行为产生厌恶感，甚至可能产生恐惧，这样就促使其偷窃行为逐渐消失。病因和发病机制目前未明，现代很多研究从现实病例出发研究问题产生的原因，发现很多病理性偷窃的个体家庭教育方式过于专制，患者家族史中存在精神病或人格明显偏离常态者，而且很多病理性偷窃患者自身也存在不同程度的人格缺陷，大多数比较要强、好胜、狭隘、自私。大脑萎缩或精神发育迟滞也有可能产生病理性偷窃行为。

另外，有偷窃癖的患者也可根据上面的原理进行自我矫正。比如，在每次出现偷窃欲念的时候，患者可用力拧痛自己的肌肉，或者闻一种没有危害但味道很不好的气味，也可强迫自己去做令自己厌烦的事情（如呕吐）等等。如果能由家人配合给他（她）一些厌恶的刺激，则矫正起来可能会更容易一些。不过，要想纠正自己已经习惯成癖的行为，则需要顽强的意志和坚定的信念。因此，有偷窃癖的人在矫正自己行为的过程中，应特别注意要持之以恒，要坚定不移。如果不能保证每次出现偷窃欲念时都能伴随着厌恶性的刺激，则会给彻底矫正不良的癖好带来阻碍。所以，患者一定要坚持到底。

5. 偷窃癖有效治疗的一般过程

（1）理解认同，消除阻抗。父母和老师要放弃偏激无效的教育方法，承认以往在关爱上的欠缺，这样可拉近心理距离，缓解孩子的紧张感。

（2）相互商定，正面强化。同孩子一道商定矫正计划，根据过去偷窃行为频次，制定递减和延长周期的具体要求，若达到要求，家长要及时兑现奖励，老师给予积极评语及签字。

（3）专业治疗，改善脑功能。根据患儿不同年龄和智商、情商、焦虑或抑郁程度，医生选择认知治疗、放松治疗、暗示治疗、点穴治疗等方法进行治疗，使本病从根本上得以治愈。

二、注意缺陷与多动障碍

（一）注意缺陷与多动障碍的概念

注意缺陷与多动障碍俗称多动症（Attention-Deficit Hyperactivity Disorder，ADHD），指发生于儿童时期，与同龄儿童相比，以明显注意集中困难、注意持续时间短暂、活动过度或冲动为主要特征的精神失调。多动症是在儿童中较为常见的一种障碍，儿童患病率一般为3%～5%，男女比例为4∶1，早产儿及剖宫产儿患多动症的概率较高，在60%以上。这类患儿的智力正常或基本正常，但学习、行为及情绪方面有缺陷，主要表现为注意力不集中、注意短暂、活动过多、情绪易冲动，学习成绩普遍较差，在家庭及学校均难与人相处，日常生活中常常使家长和教师感到束手无策。

（二）注意缺陷与多动障碍的特征

1. 注意缺陷

注意缺陷与多动障碍儿童注意集中时间短暂，注意力易分散，他们常常不能把无关刺激过滤掉，对各种刺激都会产生反应。因此，他们在听课、做作业或做其他事情时，注意力常常难以持久，好发愣走神；经常因周围环境中的动静而分心，并东张西望或接话茬；常常一件事未做完，又去做另一件事；难以始终遵守指令而完成要求完成的任务；做事时也常常不注意细节，常因粗心大意而出错；经常有意回避或不愿意从事需要较长时间集中精力的任务，如写作业，也不能按时完成这些任务；常常丢三落四，遗失自己的物品或好忘事；与其说话，也常常心不在焉，似听非听等。

2. 活动过度

活动过度是指与同年龄、同性别大多数儿童比，儿童的活动水平超出了与其发育相适应的水平。注意缺陷与多动障碍儿童活动过度多起始于幼儿早期，但也有部分起始于婴儿期。在婴儿期，他们表现为格外活泼，爱从摇篮或小车里向外爬，当开始走路时，往往以跑代步；在幼儿期后，他们表现好动，坐不住，爱登高爬低，翻箱倒柜，难以安静地做事，难以安静地玩耍；上学后，他们上课坐不住，在座位上扭来扭去，小动作多，常常玩弄铅笔、橡皮、书包带，与同学说话，甚至下座位，下课后招惹同学，话多，好奔跑喧闹，难以安静地玩耍；进入青春期后，他们小动作减少，但可能主观感到坐立不安。

3. 好冲动

注意缺陷与多动障碍儿童做事较冲动，不考虑后果，因此，他们常常会不分场合地插话或打断别人的谈话；会经常打扰或干涉他人的活动；老师问话未完，会经常未经允许而抢先回答；会常常登高爬低而不考虑危险；会鲁莽中给他人或自己造成伤害。他们情绪也常常不稳定，容易过度兴奋，也容易因一点小事而不耐烦、发脾气或哭闹，甚至出现反抗和攻击性行为。

4. 认知障碍和学习困难

部分注意缺陷与多动障碍儿童存在空间知觉障碍、视听转换障碍等。虽然他们智力正常或接近正常，但由于注意障碍、活动过度和认知障碍，他们常常出现学习困难，学业成绩常明显落后于智力应有的水平。

5. 情绪行为障碍

部分注意缺陷与多动障碍儿童因经常受到老师和家长的批评及同伴的排斥而出现焦虑和抑郁，20%～30%伴有焦虑障碍，该障碍与品行障碍的同病率则高达30%～58%。与同龄人相比，他们在情感上显得较不成熟，而且会较多地伴有对立违抗障碍、冲动、发脾气等情绪和行为问题。

6. 神经系统特征

一般动作笨拙，精细动作协调不好，空间知觉障碍，容易迷路。无病理性神经反射，不能很好地控制自己的情绪情感。

（三）注意缺陷与多动障碍的产生原因

1. 遗传因素

目前研究表明该障碍与遗传因素有关，遗传度为0.75～0.91，遗传方式尚不清，可能为多基因遗传。分子遗传学研究表明该障碍和多巴胺受体基因的多态性有关。

2. 神经生理学因素

注意缺陷与多动障碍儿童的脑电图异常率高，主要为慢波活动增加。脑电图功率谱分析发现慢波功率增加，α波功率减小、平均频率下降。提示他们存在中枢神经系统成熟延迟或大脑皮质的觉醒不足。

3. 轻微脑损伤

母孕期、围生期及出生后各种原因所致的轻微脑损伤可能是部分注意缺陷与多动障碍儿童发生该障碍的原因，但没有一种脑损伤存在于所有注意缺陷与多动障碍儿童，也不是所有有此损伤的儿童都会患该障碍，而且许多注意缺陷与多动障碍儿童并没有脑损伤的证据。

4. 神经生化因素

有研究表明注意缺陷与多动障碍儿童可能与中枢神经递质代谢障碍和功能异常有关，包括多巴胺和肾上腺素更新率降低、多巴胺和去甲肾上腺素功能低下等。

5. 神经解剖学因素

磁共振研究报道注意缺陷与多动障碍儿童存在胼胝体和尾状核体积的减小，功能核磁研究显示该障碍患儿尾状核、额区、前扣带回代谢减少。

6. 心理社会因素

不良的社会环境、家庭环境，如经济过于贫穷、父母感情破裂、教育方式不当等均可增加儿童患注意缺陷与多动障碍的危险性。

7. 其他因素

注意缺陷与多动障碍儿童可能与锌、铁缺乏，血铅增高有关。可乐、咖啡、食物添加剂可能增加儿童患该障碍的危险性。

（四）注意缺陷与多动障碍的诊断

1. 诊断要点

（1）起病于 7 岁前，症状至少持续 6 个月。

（2）以注意障碍、活动过度、好冲动为主要临床表现。

（3）对社会功能（学业或人际关系等）产生不良影响。

（4）排除精神发育迟滞、广泛发育障碍、情绪障碍等。

2. 症状标准

（1）注意缺陷症状。

符合下述注意缺陷症状中至少 6 项，持续至少 6 个月，达到适应不良的程度，并与发育水平不相称：

1）在学习、工作或其他活动中，常常不注意细节，容易出现粗心所致的错误。

2）在学习或游戏活动时，常常难以保持注意力。

3）与其说话时，常常心不在焉，似听非听。

4）往往不能按照指示完成作业、日常家务或工作（不是由于对抗行为或未能理解所致）。

5）常常难以完成有条理的任务或其他活动。

6）不喜欢、不愿意从事那些需要精力持久的事情（如作业或家务），常常设法逃避。

7）常常丢失学习、活动所必需的东西，如玩具、课本、铅笔、书或工具等。

8）很容易受外界刺激而分心。

9）在日常活动中常常丢三落四。

（2）多动、冲动症状。

符合下述多动、冲动症状中至少 6 项，持续至少 6 个月，达到适应不良的程度，并与发育水平不相称：

1）常常手脚动个不停，或在座位上扭来扭去。

2）在教室或其他要求坐好的场合，常常擅自离开座位。

3）常常在不适当的场合过分地奔来奔去或爬上爬下（在青少年或成人可能只有坐立不安的主观感受）。

4）往往不能安静地游戏或参加活动。

5）常常一刻不停地活动，好像有个机器在驱动他。

6）常常话多。

7）常常别人问话未完即抢着回答。

8）在活动中常常不能耐心地排队等待轮换上场。

9）常常打断或干扰他人（如别人讲话时插嘴或干扰其他儿童游戏）。

（五）注意缺陷与多动障碍的矫治

多动症的病因、表现及诊断复杂，治疗时需要综合治疗，合理选择最佳治疗方法是非常必要的。目前 ADHD 的治疗方法主要有药物治疗、心理行为治疗、家庭治疗、脑电生物反馈治疗等，其中药物治疗是首选。研究认为，药物治疗为主，同时配合心理行为治疗、家庭治疗或脑电生物反馈治疗是最好的策略。

1. 药物治疗

多数 ADHD 儿童在服药物后多动行为或认知功能都有改善，但药量难掌控及药物副作用可导致因营养不良，影响骨骼生长和成长发育，以及停药可能引起行为反弹现象（出现比未用药前更加严重的行为症状）等问题，这就要求在用药过程中，药物剂量的控制和药物疗效的评价一定要做得专业精确可靠。药物治疗包括中枢兴奋剂、抗抑郁药、抗高血压药。

2. 物理治疗

物理治疗为经颅微电流刺激疗法，这是一种与传统药物治疗完全不同的方法，通过微电流刺激大脑，能够直接调节大脑分泌一系列有助于改善多动症和抽动症症状的神经递质和激素，这些激素参与调节人体多项生理和心理活动，能够全面改善多动和抽动症患儿情绪不稳、易激惹、活动过度等表现。

3. 心理治疗

心理治疗主要针对 ADHD 儿童的情绪、亲子关系、人际交往、自我认知等方面展开，这些方面对于 ADHD 儿童适应社会、发展自我是非常有益的，但对注意缺陷多动障碍本身的症状效果不明显，可作为 ADHD 的一个常规的辅助治疗方法。

4. 行为治疗

行为治疗对改善儿童行为有明显作用。主要体现在自我管理、时间管理、学校及家庭行为控制等方面。行为治疗是 ADHD 的必要治疗措施，单纯的药物治疗很可能随着停药效果就消失了，但如果同步配合行为治疗就会在停药后保持某些有效的行为特点。

5. 神经生理训练

神经生理训练对改善 ADHD 儿童的神经反应能力有效。ADHD 归根到底是一种精神失调，因此有着明确的神经反应缺陷。神经生理训练可以有针对性地、循序渐进地切实改善这种神经反应缺陷。具体效果可反映在儿童对目标刺激反应的正确率越来越高、疏漏越来越少，因此，神经生理训练对改善 ADHD 儿童学业反应的高错误是很有帮助的。另外，还有脑生物反馈训练、中医药、针灸、推拿等治疗方式。

6. 心理社会性干预性治疗

心理社会性干预性治疗包括行为治疗、学习辅导、家庭治疗和医护配合等方法。多数治疗方法都需要专业人员完成。

以家庭治疗为例，从系统论观点分析，孩子作为家庭系统中的一员，孩子出了问题，反映出家庭中的问题如亲子关系不正常、家庭教育不科学等。同时，家里有多动症患儿，也常常会导致大人之间的关系紧张。因此，在采取积极的防治措施时，必要时其他的家庭成员也要接受咨询。接受咨询可以使父母学会理解、同情对方，能够相互学习、相互安慰。

家庭治疗有以下目的。

（1）协调和改善家庭成员间关系，尤其是亲子关系。

（2）给父母必要的指导，使他们了解该障碍，正确地看待患儿的症状，有效地避免与孩子之间的矛盾和冲突，和谐地与孩子相处和交流，掌握行为矫正的方法，并用适当的方法对患儿进行行为方面的矫正。

通过培训父母，教给父母管理子女行为的方法让家长了解 ADHD 儿童产生对抗行为的原因，指导父母关注、表扬儿童，纠正儿童的不良行为，使父母能更加理解患儿的需要，更好地对其行为做出适当反馈。父母培训可创造一种长期、持续、有利康复的环境，使儿童能减少对抗行为，逐渐展示他们具有良好行为的能力。

训练 ADHD 儿童社会能力，包括社会技能、认知技能和躯体技能训练。帮助 ADHD 儿童学会实际社会技巧、正确对待他人、解决好人际关系、相互学习、接受奖励或批评，处理挫折和恼怒等方法。该方法对 ADHD 的远期疗效较好。

拓展知识

注意缺陷与多动障碍（多动症）

一、注意缺陷与多动障碍（多动症）的预防

一般认为，如下措施可以在一定程度上预防多动症的发生。

1. 提倡婚前检查，避免近亲结婚；选择配偶时要注意对方是否有癫痫病、精神分裂症等精神疾患。

2. 适龄结婚，切勿早婚、早孕，也勿过于晚婚、晚孕，避免婴儿先天不足；有计划地优生优育。

3. 为了避免产伤、减少脑损伤的概率，应自然顺产，因为临床中发现多动症患儿中剖腹产者所占比例较高。

4. 孕妇应注意陶冶性情，保持心情愉快，精神安宁，谨避寒暑，预防疾病，慎用药物，禁用烟酒，避免中毒、外伤及物理因素的影响。

5. 创造温馨和谐的生活环境，使孩子在轻松愉快的环境中度过童年，要因材施教，切勿

盲目望子成龙。

6. 注意合理营养，使孩子养成良好的饮食习惯，不偏食、不挑食；保证充足的睡眠时间。

7. 尽量避免孩子玩含铅的漆制玩具，尤其不能将这类玩具含在口中。

二、注意缺陷与多动障碍（多动症）诊断标准

（一）美国标准

多动症的最新临床诊断标准是1989年由美国精神医学会制定的，现摘录如下。

当与大多数同龄儿童相比，下列行为更为频繁，符合下面14条中的8项，并持续6个月的，诊断具有注意缺乏多动障碍。

1. 手或脚不停地动，或在座位上扭动（少年为坐立不安的主观感受）。
2. 即使必须坐好，也很难静坐在座位上。
3. 易受外界因素影响而分散注意力。
4. 在集体活动或游戏时，不能耐心地等待轮转。
5. 别人问话尚未结束，便立即抢着回答。
6. 不按他人指示做事情（并非故意违抗或不理解）。
7. 在做功课或玩耍时不能持久地集中注意力。
8. 一件事尚未做完，又做其他事情。有始无终。
9. 不能安安静静地玩耍。
10. 说话太多。
11. 常常打断他人的活动或干扰他人学习、工作。
12. 别人对他说话，他往往没有听进去。
13. 学习时的必需物品，如书本、作业本、铅笔等常常丢失在学校或家中。
14. 往往不顾可能发生的后果参加危险活动，例如，不加观察便跑到马路当中。

（二）中国标准

1989年，我国中华医学会精神科学会通过的《中国精神疾病分类方案与诊断标准》（第二版）中，对注意缺乏多动障碍确定了以下诊断标准。起病于学龄前期，病程至少持续6个月，具备下列行为中的4项的诊断为注意缺乏多动障碍儿童。

1. 需要其静坐的场合下难以静坐，常常动个不停。
2. 容易兴奋和冲动。
3. 常干扰其他儿童的活动。
4. 做事常有始无终。
5. 注意难以保持集中，常易转移。
6. 要求必须立即得到满足，否则就产生情绪反应。
7. 经常多话，好插话或喧闹。

8. 难以遵守集体活动的秩序和纪律。

9. 学习成绩差,但不是由智力障碍引起。

10. 动作笨拙,精巧动作较差。

排除标准为:不是由于精神发育迟滞、儿童期精神病、焦虑状态、品行障碍或神经系统疾病所引起。

三、注意缺陷与多动障碍(多动症)症状

不同时期的多动症症状有不同的表现,具体如下。

1. 婴儿期。约30%的多动症儿童出生后就显得多动,不安宁,易激惹,过分哭闹、叫喊,母子关系不协调。

2. 幼儿期。50%~60%多动症儿童在2~3岁时就显得与其他小孩不一样,特别不听话,难管教,睡眠不安,常有遗尿,大多饮食差,培养排便、睡眠习惯均困难。

3. 学龄前期。症状渐明显,干事注意力不集中,注意时间短暂,活动过多,不能静坐,爱发脾气,不服管理,缺乏自控能力,参加集体活动困难,情绪不稳,破坏东西,玩具满地撒,不爱惜,不整理,对动物残忍,有攻击性、冲动性行为,常和小朋友打闹。

4. 学龄期。多动症的一切症状都显露出来,如注意力集中时间短暂,上课不专心听课,容易分散注意力,学习困难,不能完成作业,忍受挫折的耐受性差,对刺激的反应过强,冲动任性,情绪不稳,有攻击行为,与同伴相处困难,是班上的"小丑"。

5. 中学时期。活动过多可能逐渐减少,仍注意力集中困难,接受教育能力迟钝,缺乏自尊心和动力,办事不可靠,有攻击性、冲动性行为,对刺激反应过强,有过失行为,情绪波动,说谎,逃学,容易发生事故或少年犯罪。

6. 成年时期。多动明显减少,仍有半数以上的人和正常人有所不同。多数人注意容易转移,冲动,情感爆发,易与人争执或打斗,与同事关系紧张,参加集体活动有困难,酗酒嗜赌,工作不能胜任,缺乏理想和毅力,事业上难有进展。

四、注意缺陷与多动障碍(多动症)类型

世界卫生组织1978年颁布的《国际疾病诊断分类手册》(第9版)将本病命名为"儿童期多动综合症",共分为4型。

1型:单纯活动过多和注意障碍,以注意持续时间短暂和活动过多为主要表现,并无明显的行为障碍和发育迟延。

2型:伴有发育迟延的多动症,伴有言语发育迟延,笨拙,阅读困难或其他特殊技能的发育迟延。

3型:伴有行为障碍的多动症,伴有明显的行为障碍,但无发育迟延。

4型:其他。

第二节 学习障碍

一、学习障碍及其特征

（一）学习障碍的概念

世界卫生组织认为学习障碍是指从发育的早期阶段起，儿童获得学习技能的正常方式受损。这种损害不是单纯缺乏学习机会的结果，不是智力发展迟缓的结果，也不是后天的脑外伤或疾病的结果。这种障碍来源于认识处理过程的异常，由一组障碍所构成，表现在阅读、拼写、计算和运动功能方面有特殊和明显的损害。学习技能发育障碍是指智力正常的儿童在听力、会话能力、阅读能力、书写能力、计算能力、推理和推论能力这些特定领域的学习或使用上出现明显问题而引致学习困难，心理过程存在一种或几种以上的特殊性障碍。这类障碍不是由于智力发育迟缓、中枢神经系统疾病，视觉、听觉或情绪障碍所致，以神经发育过程的生物学因素为基础，可继发或伴发行为或情绪障碍，以男孩多见，男女比例为 4.3:1。美国神经心理学家将本病分为言语型和非言语型，认为这样更符合本病的神经心理模式和当今治疗教育观点。

（二）学习障碍的特征

1. 差异性

许多儿童的实际行为与期望行为之间有显著的差异，尽管智力正常或接近正常，但实际学习成绩却远低于其实际年龄和智力水平应该达到的水平。

2. 缺陷性

学习障碍儿童有特殊的行为障碍，这种儿童在很多学科方面能学得很好，但不能做其他儿童很容易做的事。

3. 集中性

学习障碍儿童的缺陷往往集中在包括语言或算术的基本心理过程中，因此，他们常常在学习、思考、说话、阅读、写作、拼写或算术方面出现障碍。

4. 排除性

学习障碍的问题不是由听力、视力或普通的心理发育迟缓问题引起的，也不是由情绪问题或缺乏学习动机引起的。

5. 可逆性

学习障碍是可逆的，依靠合适的教育训练可以改变，这与智力落后、感官受损造成的学习问题有根本不同。

6. 贯穿性

学习障碍可以贯穿于人毕生发展过程中,不仅儿童存在学习障碍,而且成人同样存在学习障碍,并且已经开始成为研究关注的热点。

二、学习障碍的症状及分类

(一) 学习障碍的症状

1. 感知障碍

学习障碍在视觉、听觉等方面存在明显的障碍。

(1) 视觉记忆困难,如有些在单词拼写中常出现错误,有些分不清形近的字。

(2) 空间定向困难,这些不能分辨上下、左右、高低、里外、进出或分聚,所以在算术运算时,经常产生各种错误。

(3) 听觉辨别能力差,学习障碍在声音的分辨方面有困难,不能区别近似的声母或韵母,不能分清音近的字。

(4) 听觉记忆能力差,对于长于5~6个词的句子不能重复,对声音的记忆存在障碍。

2. 注意障碍

注意障碍表现为在学习过程中不能专心致志,不能有目的地定向注意,好动、不安静、容易分心,注意的集中性、稳定性不够。

3. 语言障碍

语言障碍是儿童学习障碍的一个重要症状。

(1) 语言接受方面的障碍。能理解听到的信息,但不能很快地进行语言信息加工,所以往往不能抓住所讲的全部内容,而是只抓住其中的一部分内容。

(2) 口头语言表达方面的障碍。表现为难以用言语表达思想,词汇贫乏,不掌握语法;诵读困难,常将看到的词遗漏或用其他词替换,并且在发声和发音系统方面存在障碍。

(3) 书面语言表达方面的障碍。大多数学习障碍表现出书写困难和绘画困难,难以把想到的画出来,画几何图形的能力差,不能把看到的语言完整地写下来。

4. 思维障碍

思维障碍与语言障碍有密切关系。学习障碍表现出以下特点。

(1) 思考力缺陷,对概念、对象和空间关系的理解等方面有困难,难以形成概念。

(2) 思维的灵活性差或思维狭窄,缺乏分析综合能力,联想不流畅。

(3) 缺乏良好的判断力和选择能力,判断失误。

(4) 算术缺陷,表现为算术方面的学习困难。

(5) 抽象推理差。

5. 行为障碍

行为障碍也是学习障碍的表现特征。

（1）活动过度，表现为在不适当的场合过多活动。

（2）运动不协调，多数学习障碍表现出精细动作技巧障碍，做事笨手笨脚。

（3）行为冲动、任性。学习障碍有时伴有冲动行为，或无法预计的不适当行为。

（4）社会技能落后。学习障碍大多有社会与环境适应不良，一般社会能力比年龄相当的同伴低。

（5）社会退缩。学习障碍均有社会退缩等内向性行为问题。

（二）学习障碍的分类

1. 特定阅读障碍

特定阅读障碍是学习障碍中的一种，主要特征为阅读障碍。这种阅读障碍是一种词的识别技能及阅读理解的明显的发育障碍，并且是不能以智龄低、智力障碍，教育不当、不充足教育来解释的，也不是视觉、听力、神经系统障碍的结果。除有学业失败外，还有学校适应问题、与同伴关系的问题、情绪或品行障碍等。国内有系列研究发现，汉语阅读障碍儿童的主要临床特点为持续性阅读技能发展迟滞，并存在多方面的认知功能缺陷。该类儿童较多存在胚胎期神经发育不良，大多数患儿左半球功能比右半球功能差。

（1）特定阅读障碍的3种亚型。

1）单纯的词句理解障碍。

2）单纯字形——音、义识别（解码）障碍。

3）最常见和最严重的即混合型障碍。

（2）特定阅读障碍的具体表现。

1）认字方面：阅读障碍症患者在认字、学习拼音等方面表现出困难，比如刚学过的字就忘记、写字错别字多等都是阅读障碍症的表现。

2）阅读方面：在阅读方面，患者在朗读时会出现漏字、加字、念错字、朗读速度慢、长时间停顿或不能无法正确地分节等情况。在理解方面也会存在缺陷，不能想起刚读的过内容，不能从听读的资料中得出结论。

3）行为方面：存在自身行为方面的异常，表现为无法正常掌握事物顺序、理解时间概念、整理书本等，还出现手脚笨拙、容易跌倒等症状。

4）口语阅读方面：阅读时遗漏单词（如"兔子转身钻进篱笆下的洞里"读成"兔子转身进篱笆洞里"），加字（如"没想到她一进洞，就一直往下掉"读成"没想到她一进洞，就一直往地上掉"），读错字（如将"6"读成"9"，或把"d"读成"b"，把"愁"读成"秋"，"货物"读成"货动"，"搏斗"读成"博士"，"横过马路"读成"黄过马路"，"详细"读成"羊细"等），读错字（如"就"读成"龙京"，"党"读成"堂"），替换字（如"摔了一跤"念"跌了一跤"）

背诵句子中的单词或单词中的字母（"na"读"an"，"f"读"t"），阅读速度慢，停顿时间长或分节不正确。错误的音调，阅读相似结构的声音（"狐"念"孤"），多音字读错，读错两个字组成的一个字，不能区分同音字等。

2. 特定拼写障碍

特定拼写障碍的主要特征是特定拼写技能显著受损（包括口头与笔头正确拼写单词的能力都受损）。不能完全归因于智龄低、视力问题或教育不当等。特定拼写障碍有以下表现。

（1）语言理解困难。语言理解和语言表达不良，有的即使能说出少许单词，但构音明显困难。常表现"听而不闻"，不理睬父母或老师的讲话，易被视为不懂礼貌。

（2）语言表达能力弱。会说话较迟，开始说话常省略辅音，语句里少用关系词，言语理解良好而语言表达困难。

（3）阅读困难。读字遗漏或增字、阅读时出现"语塞"或太急、字节顺序混乱、漏行、阅读和书写时视觉倒翻，不能逐字阅读、计算时位数混乱和颠倒；默读不专心，需要借助手指点着字进行阅读。

（4）视觉空间障碍。有明显的文字符号镜像处理现象，如把 p 视为 q，b 为 d，m 为 w，wm 为 mw，6 为 9，部为陪等。计算时忘记计算过程的进位或错位，直式计算排位错误，抄错抄漏题，数字顺序颠倒，数字记忆不良，从而导致量概念困难和应用题计算困难。

（5）书写困难。缺乏主动书写，手技巧笨拙（如不会使用筷子、穿衣系扣子笨拙、握持笔困难、绘画不良），写字丢偏旁部首或张冠李戴，写字潦草难看，涂抹过多，错别字多。

（6）注意力。注意力较难集中，经常"走神"或者做"白日梦"，容易迷茫或者失去时间概念。

3. 特定计算技能障碍

特定计算技能障碍是指一种以计算技能损害为主的学习技能发育障碍。其缺陷涉及对基本计算技巧（即加减乘除）的掌握，且不能完全用精神发育迟滞或明显的教育不当来解释。具体有以下一些表现。

（1）有基本运算、推理能力障碍。标准化计算测验的评分低于其相应年龄和年级儿童的正常水平，或与相应智力期望水平相差达 2 个标准差以上。

（2）计算困难表现多种多样。如不能辨认数字符号、不能理解数学术语或符号、不能理解某种特殊运算的基本概念、难以进行标准数学运算、难以理解哪些数字与所要解决的数学问题有关、难以将数字正确排序或在运算中插入小数点或符号、不能熟练掌握乘法口诀等。但患者的阅读准确性、理解力和书写表达能力都在正常范围。

（3）持续存在的计算困难史。严重影响与计算能力有关的学习成绩或日常活动。

（4）听觉视觉语言技能问题。听知觉和语言技能基本正常，但立体视觉和视知觉技能受损。

（5）社交技能问题。某些患儿伴有社交困难及社会—情绪—行为问题。

三、学习障碍的原因和矫治

（一）学习障碍的原因

1. 生理因素

（1）小儿在胎儿期、出生时出生后由于某种病伤而造成轻度脑损伤或轻度脑功能障碍。

（2）遗传因素，有些学习技能障碍具有遗传性，如小儿的父亲、爷爷或其他亲属可见到类似情况。

（3）身心发展落后于同龄小儿的发展水平，乳牙脱得慢、走路说话迟、个子特别矮小等；感觉器官功能的缺陷或运动协调功能差。

（4）身体疾病，若体弱多病，经常缺课，所学的功课连续性间断，学习内容联系不起来，自然导致学习困难，或上课小动作多，或有注意缺陷，不能集中注意力，也会导致学习困难。

2. 环境因素

影响学习障碍的环境因素，可能来自家庭、学校和社会等多个层面。

（1）家庭环境。从家庭来看，家庭结构、教养方式、父母自身的行为方式等都会对儿童产生影响，其中教养方式是主要影响因素。

（2）学校环境。从学校来看，办学条件、师资水平、教育观念、教学方法、教育内容、师生关系、同伴关系等都会影响学生的学习。与学习障碍有关的比较常见的学校因素有：教育目标过高，脱离大部分儿童的实际水平，导致学习障碍儿童的增加；教学方法不当，不符合儿童的能力水平和个性特点，尤其没有考虑到学习障碍儿童的特殊性；教师态度不良，对学习障碍儿童不信任、不尊重、不关心，采取放弃甚至歧视的态度，导致这些儿童的学习情况更加恶化；同伴关系不良，和一般学生相比，学习障碍儿童的同伴接受性明显低下，由于经常遭到同伴的拒绝，他们比一般儿童更为孤僻、焦虑、缺乏安全感，这些都有可能使他们更加回避学校生活和学习任务。

（3）社会环境。社会经济条件、社会风气、社会规范与文化等社会因素也会对儿童的学习产生不可低估的影响。社会环境一方面直接影响儿童，另一方面通过家庭和学校间接地影响儿童的学习。

3. 心理因素

（1）认知能力能陷。认知能力包括感知、记忆注意、思维、语言、社会学习等各个方面，这些与学习有密切关系，任何一种认知能力缺陷都可以引起学习成绩的落后，这是造成儿童学习障碍的重要原因之一。很少有在所有的认知能力上都存在缺陷的儿童，大多数儿童只是在一种或几种认知能力上存在问题，比较常见的认知能力缺陷包括感觉统合障碍、注意缺陷、记忆缺陷、语言能力缺陷等。

（2）基本学习技能失调。基本学习技能是指学科学习中所必需的一些技能，主要指听、说、读、写、拼、计算等技能。这些技能的失调是造成学习障碍的直接原因。基本学习技能的发展与认知能力的发展有直接关系，认知能力发展的好坏对基本学习技能的发展起着直接的促进或阻碍作用。基本学习技能失调主要包括以下这些。

1）听技能失调，主要指听不懂他人所说的话（主要指他人话语的含义），不能遵循他人的指示等。

2）说与读技能失调，主要指说话语无伦次、词不达意或含糊不清；阅读句子或文章时吞吞吐吐，读错句，读书时没有语气和表情等。

3）书写技能失调，主要指书写技能很差，以致他人很难看清楚所写的内容（字词、数字、符号等），经常把字词、数字或符号写错等。

4）拼（音）技能失调，主要指不会把字母联结起来拼成字词，不能掌握某些音素的发音或经常把字词拼错等。

5）计算技能失调，包括不会按一定的次序数数，不懂数的含义（如不知道 5 有多大）、不会简单的加减运算等。

当然，学习困难学生并非上述所有的学习技能都失调，大多只是一种或几种技能失调。

（3）动机与情绪。虽然在学习障碍的定义中，排除了动机、情绪等因素的影响，但是越来越多的学者认为，学习障碍的原因与动机、情绪密不可分。研究发现，学习障碍儿童在抱负、求知欲、好胜心、坚持性、自我意识等方面明显低于学习优、中等的儿童，而学习焦虑水平却显著高于学习优、中等儿童。

（4）个性。学习障碍还与许多个性因素有关，如急躁、粗心、孤僻、自卑、冲动、过分依赖等。

4. 营养与代谢

学习困难与营养代谢相关，某些微量元素不足或膳食不合理，营养不平衡可影响智力发育。研究表明有学习障碍的小儿中微量元素锌、铜的含量显著低于正常儿童，而铁也是影响学习成绩的重要因素。

（二）学习障碍的矫治

1. 预防为主

（1）预防特定学习技能障碍的发生，要从母孕期做起，加强围生期保健，尽可能避免造成胎儿脑损伤的因素。

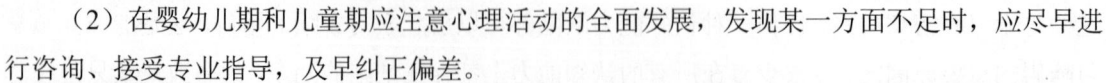
学习障碍的矫治

（2）在婴幼儿期和儿童期应注意心理活动的全面发展，发现某一方面不足时，应尽早进行咨询、接受专业指导，及早纠正偏差。

（3）加强营养，纠正偏食、厌食等不良进食习惯。补充铁、锌及维生素，防止铅中毒，避免食用含有添加剂、色素及防腐剂的食物。

2. 感觉运动能力训练

（1）大肌肉运动能力训练。大肌肉动作是各类感觉动作的基础，也是儿童最早发展起来的运动机能。从婴儿时期，我们就可以培养孩子的大肌肉动力。翻滚是人的一种最基本的大肌肉动作。可根据左右方位让儿童按照口令走路，也可设计障碍物让儿童通过。站的训练不仅可以促进儿童动作能力的发展，而且良好的站姿对个人形象的建立有好处。主要的大肌肉运动能力训练有以下一些。

1）滚的能力训练。翻滚是人的一种最基本的大肌肉动作。这种活动可以通过躯干的刺激来促进幼儿的神经发育与控制。可以让孩子仰卧地板，双手紧贴腰部，做全身左右滚动，或者让儿童做翻跟斗运动。

2）坐的能力训练。儿童的学习离不开正确的坐姿，如果儿童不能长时间地坐着，学习的集中程度必受影响。可以让儿童端坐在靠背椅上，为使儿童产生兴趣，可让其头顶数本书，并计算其顶书的时间长短。

3）爬的能力训练。由蠕动到爬行，进而爬向一定目标是促进孩子神经发育的一个重要手段。可让幼儿爬过一个橡皮圈或从地板的一端爬向另一端，也可让孩子进行转弯的爬行训练，这是充分控制身体的运动。

4）走的能力训练。走路涉及众多的协调功能和平衡能力，是人的一项基本能力。可根据左右方位让儿童按照口令走路，也可设计障碍物让儿童通过。还可以让儿童走平衡木，或者沿着一条固定的直线或曲线行走。

5）跑的能力训练。跑步要求更多的力量、耐力和协调性。可设计一些有趣的活动让儿童跑步，如让孩子手执一个球，进行跑步；或者在松软的沙土地上蒙上双眼跑步。

6）掷的能力训练。投掷气球或皮球，并要求准确性，可以练习儿童的手眼协调能力。

7）单脚或双脚跳训练。这种练习可以增加儿童的节奏感和腿部的肌肉力量，训练中尤其要强调左右腿的交替作用。

8）舞的能力训练。让儿童在音乐韵律中纵情跳舞，是训练节奏感与大肌肉动作的好机会。

9）站的能力训练。站的训练可以促进儿童动作能力的发展。可以让儿童端着一个盛满水的容器保持站立姿势一段时间，或者和儿童一起站着做一些游戏。

10）跪的能力训练。儿童下跪起立的过程中要不断变化身体的重心，因而对儿童动作的发展具有重要意义。可以训练儿童手着地下跪和不用手着地下跪。

（2）精细运动能力训练。儿童精细动作涉及手指、手腕、手、脚趾、脚、眼周等较小肌肉的协调。随着肌肉灵活性的发展，儿童的学习、写作和记忆能力也会有所提高。主要的精细运动能力训练有以下一些。

1）用勺的训练。练习用勺舀塑料串珠或玻璃珠，练习用勺舀绿豆或米，练习用勺舀湿沙子，练习用勺舀水。这项训练重点是提高孩子的腕部与手的配合协调能力。

2）用筷子的训练。练习用拇指和食指穿珠子或黄豆、纸片，练习用镊子夹珠子，练习用筷子夹纸团，固定筷子夹物品，能打开筷子，用筷子吃饭。这项训练的重点是提高孩子拇指、食指和中指为主的手指的配合协调能力。

3）拧毛巾的训练。练习拳头合拢、分开的动作，练习转动手腕（手攥拳头或打开）的动作，用蘸湿的小方毛巾（手帕）练习拧毛巾，协助孩子两只手向相反方向拧动，尽可能拧干水，再逐步去掉辅助。这项训练的重点是手腕的转动、握拳的力度和双手的协调。

4）解、系纽扣的训练。用旧衣服练习解纽扣，再练习系纽扣。这项训练的重点是手指之间的配合协调及手眼协调能力。

5）撕纸和折纸训练。练习撕纸，用软纸对折，练习将正方形纸对折2～3下，给予适当的语言提示。这项训练的重点是手指和手腕的配合协调能力。

6）涂色训练。随意涂鸦，在大空间内图画，在小空间内图画，分区域涂色，按规律涂色，独立涂简单笔画并选色。

7）书写训练。握笔随意划线，仿点连线练习（四点、五点、多点），仿写仿画练习，按正确方式书写或抄写。

8）橡皮泥抓握练习。两指、三指、五指捏，单手、双手手指搓，手心、手指按压拍，模仿做简单线条，模仿做简单图形，模仿做简单物品，看图做物品。

9）剪纸训练。能开合剪刀，单、双手连续剪纸，沿短、粗线剪纸，沿长、粗或细线剪纸，剪横线、斜线、折线、弧线，剪图形、剪图画。

10）夹子、镊子训练。能听指令打开夹子，单手、双手夹物品，能用镊子持续夹物品，近、远距离用镊子运送物品。

（3）感觉动作协调能力训练。

1）视动训练。视觉动作统合能力，是指视觉和身体各部位相互配合的能力。手眼协调就属于视觉动作统合能力。手眼协调好的孩子，能够很好地处理吃饭、穿衣、系鞋带等事情。以下几个视动训练项目，可以加强视动协调能力。"照镜子"训练，父母背对或者面对儿童站立，做一些动作，让儿童跟着做，儿童的动作要尽可能地与家长同步并且一致。可以逐渐提高动作的复杂程度和难度。做这种模仿训练的时候，最好在儿童面前放一面镜子，以让他看到自己看到他人的动作时是如何转化为自己的动作的。另外，最好只让儿童通过视觉信息获得怎样运动的信息，示范者不要做任何言语提示。"风吹过"游戏，让儿童排成一排，扮成波浪，风吹过时，一个接一个蹲下身体。做到排尾时，最后一个儿童蹲下，紧接着站起来。再从排尾开始到排头，依次向上站起。到排头时，排头站起再蹲下。这样的循环往复就像风吹过之后，波浪的摆动一样。还有踩气球比赛、接抛球游戏、各种手工劳动等其他视动训练方式，都可以有效地训练儿童的视动统合能力。

2）听动训练。听动综合能力是指听觉和动作统合的能力，是指用动作迅速表现其所听到的指令的能力。训练的目的是锻炼儿童听觉反应能力以及身体反应能力。训练方法：家长和儿童面对面站立，家长发出指令做动作，让儿童按照指令做出动作。比如：左手指鼻子，右手摸耳朵；摸额头、后脑，右手摸左肩膀；向左转，向右转，向后转；左手前伸，右手前伸等一系列动作。

3）触觉训练。人的触觉感受器分布部位不同，触觉训练以强化皮肤、大小肌肉关节神经感应，辨识感觉层次，调整大脑感觉神经的灵敏度为训练目标。触觉训练的第一个要点是针对皮肤感受的训练。在人类进化过程中，皮肤和脑神经有着共同的进化来源，因此皮肤也被看作第二大脑，皮肤所接收的信息会迅速传给大脑。针对皮肤的触觉训练应以温度、质感、重量、速度等为主，头部、颈部、身体两侧和四肢内侧是重点部位。触觉训练的第二个要点是针对肌肉与骨骼当中所存在的大量触觉神经细胞的训练。例如帮助儿童跨入球池或跳入球池。把身体全部埋入球池中，接受周围的挤压。身体在球池中翻动，四肢随之摆动，感受身体重力感的变化。触觉训练的第三个要点是针对关节之间的训练。关节为重点部位，用挤压、拉伸、碰撞、震动的方式来刺激触觉神经，丰富触觉感受，可采用训练类型有攀爬、蹦跳等活动。

4）本体感觉训练。本体感觉是指身体外围组织中本体感受器所产生姿势控制、关节稳定、多种意识性感觉的传入信息。简言之，就是人体在进行各种活动的同时能对自身的位置、姿势、运动以及负重的感知能力。本体觉训练以强化固有平衡、前庭平衡、触觉、大小肌肉双侧协调，促进身体的运动能力、健全左右脑均衡发展为训练目标。本体觉训练要点可以从肌肉收缩运动、顺应性反应两方面着手。一是肌肉收缩运动：游泳、摔跤、拔河、爬绳、骑车、搬运物品训练，肌肉收缩将有助于中枢神经系统本体感觉信息的输入。二是顺应性反应：每一种顺应性反应又会进一步促进感觉统合，为了统合这些感觉，儿童会试着顺应它们，如此便形成了一个良性循环。为了训练孩子的本体感，心理学家设计出了较小的滑行板，目的是要通过较强的肌肉收缩为脑干部统合提供感觉输入。持续的肌肉收缩能够增进肌梭机能，肌梭产生的感觉输入往往导入小脑，对脑干部的统合功能起到促进作用。此外，运动觉是意识到关节运动或位置的感觉，是从运动产生感觉反馈的重要来源。这些关节接收器没有其他感受本体信息的接收器敏感，需要通过关节挤压或牵拉提供额外的运动刺激。也有的在脚踝或手腕加上铅锤，以产生牵拉的作用，增加肌肉收缩的阻力，促进本体感受信息对中枢神经系统的输入。

5）前庭感觉训练。前庭觉是综合判断头部位置和身体变化的综合性感觉，有助于人的头、眼、四肢和身体相互协调做出一系列的动作。前庭觉负责接收并过滤脸部正前方的信息，所以前庭觉训练主要围绕头部和颈部进行。前庭训练需要前后、左右、上下、旋转、停止等有规律和无规律的刺激，可以通过各种运动训练达到刺激前庭系统的目的。"旋转"运动，可借助的器材有旋转圆桶、旋转木马、旋转椅子等；"平衡"运动，平衡木、平衡板等可以用来锻炼平衡能力；"跳跃性"运动，蹦床、翻滚、垫上运动等，通过反复体验跳跃这一动作，来锻炼前庭平衡觉；"摇晃"运动，荡秋千、躺吊床等是适合前庭训练的运动，可以采取腹卧、仰卧、侧卧等不同的体位,来获得不同的感受;"姿势反应性"运动,骑踏板车、玩沙坑、走草地、滑滑梯、腹部爬行等,对前庭平衡觉有刺激作用;速度感、位置感、距离感的体验运动,让孩子一只脚着地、一只脚踏上滑板骑踏板车,可以让孩子同时体验到速度感、位置感、距离感。

3. 认知能力训练

(1)注意力训练。注意力训练可以从视觉注意力和听觉注意力等方面入手,视觉注意力和听觉注意力高度结合能达到良好的效果。训练方法:拼图,拼图游戏需要高度集中注意力,可在相当长的一段时间里持续研究、拼搭,适合儿童用;反口令的游戏,一个人一个口令,你可以按照发口令做动作,例如说向前一步走,那就做向后一步退;大声读书,每天安排一个时间,大概是10~20分钟,可以朗读书本;听数报数法,听一组数字,如375985,然后立即报出来,每天训练的数组可逐渐加长;数数法,从3开始,隔3就数,如3、6、9、12、15……数到300,不管怎样数,先记下时间,看多长时间数完;物理隔绝法,就是把一切可以干扰你的东西全都拿走,最重要的就是手机,营造比较舒适、安静的环境,学习的时候桌面整洁,只放和学习有关的东西;劳逸结合,如果真的累了,就闭目休息一下,然后马上再投入学习。

(2)知觉能力训练。知觉能力训练主要针对视知觉和听知觉进行。视知觉主要训练儿童准确接收视觉信息,大脑进行准确加工处理的能力。训练的方法有:七巧板拼图,先利用彩色七巧板拼出各种有色彩的图形(色彩有提示作用),再用同色七巧板拼出各种图形;彩纸拼图,让儿童利用各种颜色或画有各种图案的彩纸来复制各种模式(如人、植物、动物等),例如把画有人体各部位的彩纸拼成一个人、把"肢解"的动物或植物复原等;搭积木,先练习用彩色的木制或塑料制积木拼几何形状或模型,后应用同色的捷式积木拼搭;猜谜,要求儿童解谜,谜底可以是人、动物、形状、数字或字母等,但谜面必须是视觉信息或视觉想象的,如"麻房子、红帐子,里面住了个白胖子";智力拼图,将原本完整的彩图按照一定的规律支解成若干个小部分,要求儿童根据原图还原。

听知觉主要包括专注力、分辨力、记忆力、理解力、排序力以及听说动作的综合能力等能力。听知觉训练不只是单纯地进行听觉训练,大多数情况下,听说读写是一体的,也是互相结合促进的。常见的听知觉的训练活动有:辨字词活动,通过辨别"同音不同声调"的字,提高儿童的听觉辨别力,选择孩子熟悉的"同音不同调"的字,让孩子做分辨声调的练习,注意听其中是否有误。当孩子完成任务、取得进步时,家长应给予鼓励,增强孩子的自信。

(3)记忆能力训练。记忆能力训练的内容和方法很多,主要包括视觉记忆能力训练和听觉记忆能力训练。常见的视觉记忆能力训练方法有:乾坤大挪移,准备三个不透明的杯子,准备任意小物件,用杯子扣上,先让孩子看清物件在哪个杯子里,然后移动杯子的位置,再让孩子指出物件在哪个杯子里;目标搜索,玩之前可以让孩子先在家中走一遍,家长给出一个颜色,让孩子闭上眼睛凭记忆说出家里有这个颜色的物品,建议说出10种以上,年龄较小的孩子,可以降低难度,说出5~6种即可;纸牌记忆,家长给孩子看几张扑克牌,让孩子5秒钟记住数字和花色，然后让孩子在一堆扑克牌中取出来；立体迷宫；立体拼图；拼字游戏，家长可以准备一些正方形纸张，上面写上孩子学过的、有偏旁部首的字，用剪刀剪下来，让孩子搭配出新的字；手影游戏，家长用手机手电筒照向墙面，用手做一些姿势，然后调整光源，手的影子就变得忽远忽近、忽大忽小，训练孩子的空间方位知觉；寻宝游戏，家长画一张家里的平面图，在平面图上做上标记，然后让孩子根据标记找到相应的"宝藏"。

听觉记忆力是一项非常重要的能力，它是指人们在注意倾听的基础上，保持和回忆一般听觉信息的能力。训练听觉记忆的方法：记忆购物名单，对于小孩子来说，家长可以在开始的时候，叫他只记住几个东西，随着时间推移，让他记住越来越多的东西；数字倒背，随机选一些数字，家长念，念完之后让孩子将它倒着重复出来，比如念的"123"，听完孩子就要说"321"；短句倒背，要求儿童听一句话，仔细听并把它记住，然后将听到的句子从后往前一个字一个字倒着复述出来，如将"月亮像小船"倒述为"船小像亮月"；传令兵游戏，爸爸或妈妈给孩子说话，每告诉一句，就让孩子传给另一房间的爸爸或妈妈，要求孩子说的话要准确无误；复述故事，听完别人讲的事情之后，用自己的话复述一遍，当然还可以把自己听到的故事，讲给其他人听。

（4）思维能力训练。

1）训练独立思考和表达能力。平时要做好对儿童思考能力的启发，采取发问的方式增强思维的活跃性。比如可以向儿童提出这个东西是做什么的、有什么用处、为什么可以这样使用等，通过对思维的多方面刺激和感知，提高儿童的思维能力。

2）训练积极探知能力。鼓励儿童和其他小朋友一起对未知进行探求，求知欲是人类思考的动力，能提高思维力。大量的生活实践以及对知识的应用和探知，能够促进思维模式形成，不但能够摆脱思维定势的束缚，保持浓厚的兴趣，还能不断增强儿童的思维能力。但是要做好儿童的安全防护，避免盲目探险，增加意外发生的风险。

3）训练发散和总结能力。发散能力能够使儿童从一个问题联想到多个方面，可以通过不同途径、不同角度让儿童思考问题，拓展儿童的大脑潜能，提供无限的思维空间。同时要让儿童学会将杂乱无关的事物进行总结，寻找共同点和契合点，最终形成解决问题的方法。通过从简单到复杂、由低级到高级的反复训练，让儿童不断发现规律，从而使思维能力达到较高水平。

4. 自我监控能力训练

学习障碍儿童往往表现为自我监控水平低，因此有必要进行这方面的训练。在训练时，训练者可指导儿童主动运用内部语言定时监控自己的行为，一直到一个任务完成为止。在让儿童进行自我监控之前，训练者先讲明具体做法；在最初几次，训练者需要观测儿童的自我监控情况，及时表扬儿童的正确行为，再逐步撤销外在监控。

辛涛根据梅肯鲍姆（Aaron T. Beck）的认知行为调节方法，设计了一套针对学习障碍儿童的自我监控训练方案。实践表明，该方案能有效促进学习障碍儿童学习状况的改善。其操作程序包括以下七步。

(1) 任务选择，训练者与儿童讨论其学习障碍的症结，确定突破的切入点。

(2) 认知模拟，由训练者向学习障碍儿童展示具体模拟过程。

(3) 明显的外部指导，训练者按上述认知模拟过程，教儿童一步一步地完成所要求的任务。

(4) 外显的自我指导，训练者要求学习障碍儿童按照上述方法，独立完成任务。

(5) 模仿悄声（小声）的外部自我指导，训练者向学习障碍儿童示范通过悄声（小声）的外部自我指导来完成学习任务。

(6) 练习悄声（小声）的外部自我指导。

(7) 内隐的自我指导，学习障碍儿童练习采用内部言语指导自己来完成学习任务。

5. 优化学习障碍学生的教学活动

教育的本质是育人，学校应以促进人的全面发展为重。面对学习障碍儿童时，教师应因材施教，认识到学习障碍儿童需要以不同的教育标准和要求、运用不同的教学方法开展教育教学，为每一个孩子制定他们所能完成的基本学习量，然后采取相应的教学方法以达到教学目标。

(1) 采取温暖、尊重的教育态度。在对学习障碍儿童的教育中，要采取温暖、尊重的教育态度，给予他们更多的关注和重视，鼓励和认可，不能抱着嫌弃、歧视和冷漠的态度。这是在整个教育过程中要遵循的原则。在教育过程中，要特别注意给予学习障碍儿童积极的教师期待，利用自我实现预言效应，促进学习障碍儿童发展。自我实现预言是指人们对某些事物的期待或真实信念，将有可能导致这些期待成为现实。教师如果能充分了解每个儿童的心理特点，形成恰当的高期望，那么儿童就有可能产生良好的自我实现预言效应，从而向积极的方向发展。

(2) 采用成功教学的课堂教学策略。学习障碍儿童在学习中经常失败，缺乏成功的体验，这极大地影响了他们的动机和自信。成功教学的基本思想是教师为学习障碍儿童创设学习成功的机会，使他们获得成功的体验，克服自卑心理，增强自信心，从而达到学习上的成功。

具体做法如下。

1) 低起点。摸清儿童的知识储备和能力状况，把起点放在儿童稍努力就可以达到的水平上。

2) 小步子。根据儿童实际能达到的目标，把教学要求按由易到难、由简到繁的原则分解成合理的层次，各层次之间的步子尽可能小些，把儿童产生学习挫折的频率减至最低限度。

3) 多活动。在课堂上改变教师大段讲解的方式，师生活动交替进行，让儿童大量参与学习活动，增强自我表现的机会，也延长其有意注意的时间。

4) 快反馈。在每一层次的教学过程中，既有教师的讲，又有儿童的练，还有教师的查。快速反馈可以把儿童取得的进步变成有形的事实，使之受到鼓舞。在这一过程中，教师的鼓励性评价始终是最重要的，它可以增加儿童的学习自信心，逐步培养他们成功的信念。

（3）进行个别化的学习方法及知识补缺的辅导。对于学习障碍儿童，需要针对每一个人的具体情况，指导儿童找到适合自己的学习方法，这样才能提高学习成效。同时，每个人知识技能的水平不同，他们往往有较多的知识和技能上的缺陷，对此，教师应进行针对性强的查漏补缺辅导。

总之，学习障碍儿童的问题是多方面的，应采取的疏导策略也应注意多方面推进。当然，在众多问题中，必然有相对突出的问题，要注意重点突破。

拓展知识

学 习 障 碍

一、学习障碍的界定

美国教育心理学家科克（S.Kirk）于1963年最早提出学习障碍（learning disabilities，LD）概念。他认为学习障碍是指儿童在语言、说话、阅读和社会交往技能方面的发育障碍。这些障碍不包括视、听觉障碍和智力障碍。在此之后，学术界研究比较活跃，不同的研究领域，不同的研究宗旨，其概念有所不同，其中具有代表性的定义如下。

美国学习障碍全国联合委员会（the National Joint Committee on Learning Disabilities，NJCLD）的定义：LD是指听、说、读、写、推理或数学等方面的获取和运用上表现出显著困难的一群不同性质的学习异常者。这些异常现象是个人内在的，一般认为是由于中枢神经系统功能失常所致。个体内在自控行为、社会认知与交往中的问题可能与学习无能同时存在，但这些问题不在LD范畴之中，同时，LD也可能与其他残障（如精神发育迟滞，情绪紊乱等）或外界不利条件（如文化差异，教育缺失或不良）相伴发生于同一个体，但LD并非后者的直接后果。

世界卫生组织的定义：学习障碍是指从发育的早期阶段起，儿童获得学习技能的正常方式受损。这种损害不是单纯缺乏学习机会的结果，不是智力发展迟缓的结果，也不是后天的脑外伤或疾病的结果。这种障碍来源于认识处理过程的异常，由一组障碍所构成，表现在阅读、拼写、计算和运动功能方面有特殊和明显的损害。

日本学者的定义：LD一般是指总体的智力发育并不迟缓，而是表现在听、说、读、写、计算或是推理能力等特定的学习和使用方面显示出各种各样显著困难的状态。其原因与中枢神经系统某些功能障碍有关，视觉障碍、听觉障碍、智力障碍、情绪障碍等以及环境的因素不是产生LD的直接原因。

俄罗斯学者的定义：俄罗斯特殊教育学者们把LD儿称为心理发展迟滞儿童，心理发展迟滞是一个心理教育概念。学者们认为,心理发展迟滞儿童是从儿童整个心理活动发展方面的障碍来确定的。其主要有两个特征:第一,儿童现有的心理发展水平与其实际年龄水平不相符;第二,儿童所产生的学习障碍不是长期存在的,即是暂时的。儿童总是能够在完成任务过程中使用所给的提示或帮助,掌握解题原则,并把这一原则转移到其他类似问题的解决上。

我国的研究现状,长期以来,我国教育工作者是在"差生""双差生""后进生""学业不良"等名义下进行LD的相关研究,很少探讨LD的界定。20世纪80年代以来,出现了"学习困难""学习无能""学习障碍"等词语,以"学习困难"的出现频率为最高,这几个概念一直在混淆使用。一些研究者对学习障碍的界定,时常简化为"差生"或"学习成绩低下"。例如,把智商在正常水平、学习的主要科目成绩不及格或低于平均成绩一个标准差以上的儿童认定为LD儿童,或把因学习差而留级、被教师评定为学习能力差的儿童认定为LD儿童。到目前为止,我国学术界对LD还没有一个统一明确的界定。

二、学习障碍的原因

学习障碍的原因到目前尚不清楚,仍处于探索阶段,普遍认为是多种因素综合作用的结果,既有内因,又有外因;既有个人生理心理方面的因素,也有家庭社会等环境因素;既有先天因素,也有后天因素;总之,造成学习困难的原因是多方面的,是内外因素综合作用的结果。到目前为止,关于儿童学习困难的原因有如下一些研究成果或认识。

1. 生理因素

(1)儿童在胎儿期、出生时出生后由于某种病伤而造成轻度脑损伤或轻度脑功能障碍。

(2)遗传因素。有些学习技能障碍具有遗传性,如儿童的父亲、爷爷或其他亲属有类似情况。

(3)身心发展落后于同龄儿童的发展水平。乳牙脱得慢、走路说话迟、个子特别矮小等;感觉器官功能的缺陷或运动协调功能差。

(4)身体疾病。孩子若体弱多病,经常缺课,会使得所学的功课连续性间断,学习的内容联系不起来,自然会导致学习困难;有的孩子上课小动作多,或存在注意缺陷,不能集中注意力,也会导致学习困难。

2. 环境因素

(1)不良的家庭环境。由于父母长期在外工作或家庭成员关系紧张等原因,使儿童从小就未得到大人充分的爱抚,特别是缺乏母爱。

(2)儿童在幼年时未得到良好教养,在儿童早年生长发育的关键期,没有提供丰富的环境刺激和教育。

(3)不适当的学习内容和教育方法使儿童产生厌学情绪。有些父母望子成龙心切,他们拔苗助长,不按儿童的身心特点进行教育,常在教育内容、方式、方法上违反教育规律。如学前儿童小学化、小学儿童初中化等。

3. 营养与代谢

近来研究证实，儿童学习困难与营养代谢相关，某些微量元素不足或膳食不合理、营养不平衡可影响智力发育。过去认为碘摄入不足影响儿童智力，锂元素影响儿童的性格特征，进而影响学习。有研究表明学习困难儿童发中微量元素锌、铜的含量显著低于正常儿童，而铁摄入不足也是影响学习成绩的重要因素。

4. 心理因素

儿童学习困难与心理因素密切相关过去已有认识，近来大量研究得以进一步证实，儿童学习困难存在普遍的心理问题。普遍观察得到的结果是学习困难儿童学习动机水平低学习动力不足，学习兴趣差，情绪易波动，意志障碍，认知障碍，自我意识水平低等。

5. 小脑发育

近年来的科学研究显示，学习困难是由于小脑发展迟缓造成的，小脑功能若无法有效发挥，将导致各类的学习困难。因为每一个人的小脑发育程度不同，所以每个人的学习困难的症状也不会完全相似，症状也常常相互重叠。由于小脑是学习过程中重要的讯息处理中心，能将我们的能力"自动化"。有了自动化功能，日常生活中的许多事物和技能，在我们学会后是我们不假思索就可以直接做出来的。一旦小脑无法有效自动化运作，每做一件事都要重新学习，那就很可能让阅读书写、动作协调、人际关系等一般人轻易可学会的生活技能变成困难，甚至变成灾难与噩梦，不论怎样奋斗挣扎，却总是陷在一筹莫展的困境里。

三、学习障碍儿童的表现

出生时具有高危因素的儿童容易发生学习障碍。他们往往较早就表现好动、好哭闹，对外刺激敏感和容易过激反应。母亲会感到养育困难，儿童可能不愿被母亲拥抱，喜欢独玩。有的可能走路较早但步态和动作不协调。亲子关系不良可能会导致母子语言和情感沟通减少，进而影响儿童的语言发展和情绪分化。好动和易兴奋会使许多母亲感到哺育棘手，因而容易招致母亲的情感忽略甚至是虐待。进入幼儿期有些学习障碍儿童会发生不同程度的语言发育问题，说话偏迟、揪头发、啃咬指甲、扔东西、哭闹、攻击倾向、动作缺乏目的性、对刺激过激反应、伙伴交往不良、语言理解和表达缺欠等。这使得儿童出现团体适应困难，并且认知发展不平衡或对某些狭窄领域的东西感兴趣，而对他人的活动缺乏关注。到了学龄前期出现更明显的认知偏异，如视觉认知不良、协调运动困难、精细动作笨拙、沟通和书写困难等。

入学后的表现主要在一般认知和特殊学习技能方面表现困难。

1. 语言理解困难

语言理解和语言表达不良，有的即使能说出少许单词，但发音明显困难。常表现"听而不闻"，不理睬父母或老师的讲话，易被视为不懂礼貌。有的机械记忆字句较好，而且能运用较复杂的词汇，但对文章理解不良，不合时宜地使用语词或文章，或"鹦鹉学舌"喋喋不休或多嘴多舌，用词联想奔逸，使人难懂其在讲什么。喋喋不休往往是患儿为寻求别人关注和理解而表现的一种手段。

2. 语言表达障碍

会说话较迟，开始说话常省略辅音，语句里少用关系词。言语理解良好而语言表达困难。可模仿说出单音，但不能模仿说出词组。有的患儿可自动反射性说出一两句话，但随意有目的性说话困难。有类似口吃表现、节律混乱、语调缺乏抑扬、说话伴身体摇晃、形体语言偏多等。

3. 阅读障碍

读字遗漏或增字、阅读时出现"语塞"或字节顺序混乱、漏行、阅读和书写时视觉倒翻、不能逐字阅读、计算时位数混乱和颠倒；默读不专心，易用手指指行阅读；若是英语或拼音可整体读出，但不能分读音节；组词读出时不能提取相应的词语，对因果顺序表达欠佳，并且命名物体困难。

4. 视空间障碍

手指触觉辨别困难，精细协调动作困难，顺序和左右认知障碍，计算和书写障碍。有明显的文字符号镜像处理现象，如把 p 视为 q，b 为 d，m 为 w，wm 为 mw，6 为 9，部为陪等。计算时忘记计算过程的进位或错位，直式计算排位错误，抄错抄漏题，数字顺序颠倒，数字记忆不良，从而导致量概念困难和应用题计算困难。结构性障碍使视觉信号无法传入运动系统，从而使空间知觉不良，方位确认障碍。因此易出现空间方位判断不良，判断远近、长短、大小、高低、方向、轻重以及图形等困难。

5. 书写困难

缺乏主动书写，手技巧笨拙（如不会使用筷子、穿衣系扣子笨拙、握持笔困难、绘画不良），写字丢偏旁部首或张冠李戴，写字潦草难看，涂抹过多，错别字多。

6. 情绪和行为

多伴有多动、冲动、注意集中困难。继发性情绪问题，如不良"自我意识"，学习动机不良，焦虑或强迫行为动作（啃咬指甲多见），课堂上骚扰他人，攻击或恶作剧，社会适应和人际关系不良，品行问题等。左利手（左撇子）比率高，并且过敏性体质者居多。未经及时干预矫治者发展为青少年违法和成年期精神人格障碍者偏多。在日本的不登校（拒绝上学）儿童中 LD 占有相当比例，而在欧美这类儿童则多发展为反社会行为者。

7. 神经心理特性

儿童虽智力正常，但临界智力状态者占有相当比例。智力测验多表现结构不平衡，语言和操作分值差异大，单项神经心理测验成绩低下，投射测验显示不良情绪和欲求不满，神经系统软体征检测多呈阳性，手眼协调困难，视结构不良。但有报道，LD 儿童中有个别高创造性的儿童，可能在音乐、美术、运动、数学、物理或理论研究方面取得惊人的成就，高创造性的个体中高功能往往占有一定比例。在医学检查中可能有脑电图异常等表现。

除上述之外，LD 儿童还可伴随注意集中困难，课堂上多动或打瞌睡，情绪冲动，自我意识不良，继发性情绪问题，品行障碍或青少年违法等问题。

第三节　特定性发育障碍

一、言语障碍

（一）言语障碍的定义

语言是人类在社会劳动和生活过程中形成并发展起来的，它是指通过运用各种方式或符号（手势、表情、口语、文字）来表达自己的思想或与他人进行交流的能力，是一种后天获得的、人类独有的复杂的心理活动。言语障碍是指对口语、文字或手势的应用或理解的各种异常。范里珀给言语障碍下的定义是："和常人的言语偏离甚远，以致惹人注意，干扰了信息交流，甚至使说话人或者听话人感到苦恼的言语异常。"由范里珀的定义可以看出，言语障碍指的是个体在言语表达方面明显地偏离常态。这个定义对我国特殊教育界的影响是比较大的，目前国内特殊教育界基本上都采用了这个言语障碍的定义。

由范里珀的定义可以推断，当一个人发生言语障碍时，他的言语行为表现出以下全部或是大部分特征"和常人的言语有明显的不同；引起别人的注意；让自己或是听话人感到不舒服；妨碍言语交接的正常进行"。我国学者哈平安指出，在某些特定的情况下，一个人的言语行为即使表现出异常，也不能认为有言语障碍。一种情况是，使用不同语言的人，言语行为当然是不同的。另一种情况是，使用同一种语言的人，如果所用的方言不同，他们的言语行为也是不一致的。还有一种情况是，处于语言习得阶段的儿童，其言语能力尚处在不完善阶段，自然存在很多缺陷。因此，他在《病理语言学》一书中给言语障碍下了一个更为严密的定义：已经完成了口语能力习得的、使用同一方言的人之间进行言语交际时，如果其言语行为引起别人的注意，会使人感到不舒服，妨碍言语交际的正常进行，那就得认为是言语障碍了。

（二）言语障碍的类型

言语障碍一般分为发音障碍、声音障碍、言语流畅性障碍三类。

1. **发音障碍**

又称构音障碍，是指发音的部位和方法不正确导致声母、韵母、语调的语音发音错误。主要表现为发音的延迟与异常，发音的发展速度低于相应年龄才平，说话吐词不清或发音错误。最容易发错的音有 s、z、c、sh、ch、zh、l、m、n、j、x 等。上述一些相近的音相互替代，如把老师（lao shi）说成老西（lao xi），把奶奶（nai nai）说成买卖（mai mai）。把单词起始或中间的音省略，固定性地把一些音发错，发音变调或不连贯。常见的情况有以下几点。

（1）音的替代。儿童说话时用别的发音替代正确发音。

（2）音的省略。儿童说话时在有些发音上不出声。

（3）音的添加。儿童说话时发出多余的音。

（4）音的歪曲。儿童说话时经常歪曲发音。

（5）声调异常。儿童说话时经常发音声调异于正常声调。

2. 声音障碍

是指说话时在音质、音调、音量、共鸣方面有异常现象。是指由于发声器官功能不协调或存在声带器质性病变，致使嗓音的音量、音调、音质、声音持续时间以及共鸣等出现异常。声音障碍是一种由多种原因引起的声音异常状态，包括器质性因素、神经源性因素、心理因素等。声音障碍在我们日常生活中非常常见，声音嘶哑、发不出声音等都属于声音障碍。常见的情况有以下几点。

（1）音质异常。发音中有呼吸声、沙哑、假声带发音、尖声、颤抖声等。

（2）音调异常。习惯性音调过低或过高，音调范围太窄等。

（3）音量异常。说话声音太小或太大。

（4）共鸣异常。如鼻音过重或不足。

3. 言语流畅性障碍

是指说话的节律异常，将某个音或某些音节不适当地重复、延长、停顿。包括构音障碍和口吃，例如部分儿童口腔轮匝肌松弛发音不清晰，舌系带过短，无法发出翘舌音，部分儿童属于顽固口吃可以伴随多年。

（三）言语障碍发病原因

由于发育延迟而引起的语言障碍，并不是由于听力障碍、中枢神经系统的器质性损害及严重的精神发育迟缓造成的，称之为发育性语言障碍。沈晓明主编《临床儿科学》指出，7%～10%的儿童在语言的发育上低于正常标准，有3%～6%的儿童存在语言感受或表达障碍，并影响日后的阅读和书写。另外，目前国内有700万聋哑人，绝大多数为语前聋者。言语障碍主要指局限性脑或周围神经病变所致的言语障碍包括构音困难和失语。脑部疾病，特别是脑血管病导致的言语障碍（构音困难和失语症）症状，发病率相当高。据1982年6个城市脑血管病流行病学调查资料，脑血管病的国内年发病率为182/10万人口，就诊患病率为620/10万人口。近年来的资料显示，脑血管病已经是成人患病死亡原因的首位。在脑出血部位统计中，可累及语言区的半球出血（内囊和基底核）占到80%；在缺血性脑血管病发病部位统计中，可累及语言区的大脑中动脉血栓形成也占到60%～80%。常见的椎基底动脉血栓形成，各种病因导致的脑干后组脑神经病变以及某些肌病，则可导致构音困难。

言语障碍的儿童，只要不是因智力缺陷造成的，一般不影响文化知识的学习，而语言障碍会对学习有不利影响。因此，在教育教学的要求上需要有所区别。

（四）言语障碍的干预训练

1. 改善养育环境中可能存在的不利因素

争取家庭的支持与配合，积极开展家庭内的训练，父母和主要抚养者在儿童语言发育和语言治疗中起着至关重要的作用。如家庭内尽量只使用一种语言，主要抚养人使用语言时尽量大声、简单、清晰、重复。

2. 制订个体化的训练方案

在准确评估语音、语言发展以及智能发展的基础上制订个体化的训练方案，对于特定性言语构音障碍的儿童，首先确定训练目标，一般选择其错误音中正常儿童最早出现的音（最容易的音）为目标音，通过感知、对比、模仿、最大接近、练习等方法进行音素的学习，然后根据患儿的语言发育水平进行合适的音节、单词、句子水平的学习。对于感受性或表达性语言障碍的患儿，以"最接近发育水平"的理论为原则制订训练计划，以行为塑造的原理为训练方法。具体注意要将一对一的强化训练与日常生活情景下、游戏情景下的学习相结合，将儿童感兴趣的物品和玩具与单词相匹配，首先创造各种情景鼓励儿童用任何手势或发声作交流，然后再逐渐纠正其不良的交流方式。

3. 做好儿童的健康教育

消除儿童的焦虑情绪，并说明保健的重要性、必要性和循序渐进。在心理治疗的同时，要努力为儿童创造一个干净舒适的环境，对儿童的每一个进步都要及时肯定和鼓励，增加信心。

4. 常见言语障碍的干预训练

（1）舌唇运动训练，几乎所有儿童都存在舌唇的运动不良，以至于儿童所发的音歪曲、置换或难以理解。所以，要训练儿童唇的张开闭合、前突缩回，舌的前伸、后缩、上举、向两侧的运动等。训练时要面对镜子以便于模仿和纠正动作。

（2）呼吸训练，和孩子一起玩吹蜡烛、音符、风车的游戏；也可以把乒乓球放在桌子上，从不同的方向吹，逐渐把距离从嘴前移到嘴前十厘米的距离。用吸管吹水吹泡泡，吹口哨，吹口琴，和小朋友一起吹空气，闻花香或香水等芳香物品。练习用吸管喝饮料，不同稠度的饮料，用粗细不同的吸管。

（3）发音的训练，令儿童尽量长时间地保持双唇闭合、伸舌等动作，随后做无声的构音运动，轻声地引出靶音。原则是先训练发元音，然后发辅音。待能发辅音后，要训练儿童将已掌握的辅音与元音相结合。这些音比较熟练后，就采取元音加辅音再加元音的形式，最后过渡到单词和句子的训练。

（4）辨音训练，训练儿童对音的分辨。首先要能分辨出错音，可以通过口述或放录音，也可采取小组训练形式，儿童说一段话，让其他儿童评议，最后由治疗师纠正。

（5）结合视觉能力来训练，如儿童的理解能力很好，要充分利用其视觉能力，如可以通过画图让儿童了解发音的部位和机制，指出其主要问题所在并告诉他准确的发音部位。此外，也可以结合手法促进准确的发音,首先是单音,然后是拼音、四声、词、短句。还可以给儿童录音、录像,让儿童一起对构音错误进行分析。

(五)口吃

1. 口吃的含义

口吃是一种言语障碍,表现为言语与正常流利的人在频率和强度上不同且非自愿地重复(语音、音节、单词或短语)、停顿、拖长打断。它也包括言语前的反常犹豫或停顿(又称为"语塞")和某些语音的拖长(通常为元音)。口吃的许多表现不能被他人观察到,这包括对特定音素(通常为辅音)、字和词的恐惧,对特定情景的恐惧、焦虑、紧张、害羞和言语中"失控"的感觉。它牵涉到遗传、神经生理发育、家庭和社会等诸多方面,是非常复杂的语言失调症。

2. 儿童口吃的类型

口吃可以分为短暂性口吃、良性口吃和永久性口吃。

(1)短暂性口吃。短暂性口吃是一种发育性口吃,始于1~2岁婴儿初学说话时,3岁年龄阶段最多。这时儿童言语发展到自己构造词句的阶段,但由于他们的神经生理成熟程度还落后于情绪和智力活动所需要表达的复杂内容,因而说话时出现踌躇和重复,常常一句长话停三四次才能说完。这是儿童言语发展的自然现象,随着年龄的增长,这种言语不流利的表现会逐渐消失。

(2)良性口吃。良性口吃是指3~6岁儿童发生的口吃现象,家长耐心矫正后,半年到六年内多可消失。

(3)永久性口吃。永久性口吃是指7岁以后的儿童,说话时第一个字重复,有时轻、有时重,字音拖得很长又不清楚,往往还需要借助面部或肢体动作来帮助说话,可能会出现有跺脚、摆手、口唇颤抖、躯干摇晃等动作,不能自行消失,需要进行矫治才能得到改善。

3. 口吃的产生原因

(1)遗传因素。口吃患者家族发病率可达36%~55%,故有人认为与遗传因素有关,可能为单基因遗传。也有人发现口吃患者及亲属中左利手多见,认为口吃与大脑"偏侧优势"有关。

(2)躯体因素。较多儿童围产期或婴幼儿期曾受到有害因素影响,如胎儿期母体患妊娠毒血症、出血或躯体性疾病,或发育过程中患某些传染病使神经系统功能弱化,在一些口吃儿童的大脑中,某个区域的活动或组织结构与正常说话的人不同,这可能会干扰大脑和控制声音的肌肉之间的信息传输,言语功能受累而导致口吃。

(3)心理因素。儿童口吃往往发生在急性或迁延性精神创伤之后,因而不少学说认为精神因素可能为口吃的重要发病原因。如儿童受到恐吓、被迫说话、突然的心理刺激、环境变化、父母离婚等。

（4）发展因素。2～3岁儿童词汇量增长迅速，但言语功能不熟练，不善于选择词汇量，经常犹豫、重复，说话时声音不流畅，这种状况大多在4岁之前会逐渐消失。

（5）模仿因素。儿童天性好模仿，幼小时期若家人或周围有人口吃，他也模仿，日久习惯就会形成口吃。

（6）教育因素。家长对子女教育不一致造成儿童心理混乱，在有分歧的父母面前无从答复，而导致口吃。家长或教师专横粗暴、过于严厉，对怯懦儿童形成心理压力，导致儿童言语表达的迟疑与停顿，出现口吃或口吃加重。

4. 口吃的诊断标准

（1）经常出现语音或音节的重复或延长，影响说话的流畅性。

（2）无表达内容障碍。

（3）症状至少持续3个月。

（4）排除抽动症及其他神经系统疾病。

5. 口吃的矫治

（1）社会心理支持疗法。首先，要求老师、家人、同学尊重儿童人格，不嘲笑戏弄儿童。其次，与儿童讲话时要保持心平气和、不慌不忙，使儿童受到感化，养成从容不迫的讲话习惯。最后，听口吃儿童讲话要耐心听完、不可打断；不当面议论其病态；口吃严重时，不强求其讲话，以避免紧张，并转移对其口吃的注意；最后，鼓励儿童树立战胜口吃的信心，培养沉着开朗的性格，鼓励儿童积极参加社会活动和人际交往，减轻由口吃产生的紧张心理。

（2）言语治疗。儿童进行言语矫正训练，训练包括肌肉放松、协调呼吸和说话、控制言语速度和延长母音（如声乐课练声"米""妈"；戏曲演唱喊嗓"衣""呀"）的发音等措施。腹式呼吸法能使肌肉获得适当的运动和协调，能松弛与缓和身体各部和颜面肌肉的紧张状态，能逐渐消除伴随运动。协调呼吸主要是采用符合发音规律的呼吸疗法，如练习呼吸操、进行呼吸和发音的协调训练。同时也提倡患者在说话时用腹式呼吸，有利于缓解患者的紧张情绪。要儿童在每句话的开始轻柔地发音，改变口吃者首字发音很急、很重的特点。说话的速度要慢，开始时可以每分钟60～100字，而正常说话速度是每分钟200字。这样有两个效果，一是慢速让人心态平静，二是有一种节奏感。这两点都能有效地减少口吃。

（3）多练习说话。先让患儿在没人的环境，从容地练习发音，先念单词，再练短句，再读长句。可配合音乐舞蹈、节拍器等，从容不迫地、有节奏地练习讲话。也可收听广播，模仿播音员朗读，逐渐克服口吃，使说话流畅。由近及远地与他人对话，先与家人、再与同学、周围人对话，最后再上讲台讲话。儿童平时可以多在空旷的地方练习说话，尽量能够让自己流畅地说出一整句话，然后慢慢的开始在有人的地方练习，从而逐步克服说话时的紧张心理。

（4）集体训练。可组织言语矫正训练班，在集体中，口吃患儿互相鼓励、互相帮助、互相矫正。老师给予必要的指导，教会口吃者尽量放松口腔、咽喉肌肉，先做呼吸练习，在呼长气时发各种单音，然后再练习不发音的唇、舌音。语言练习时先用简单的对答方式，一问一答，放慢讲话速度，使患儿说话呼吸正常，口吃自然减轻。

（5）沉默疗法。在你紧张或有口吃预期的时候，少说或不说。口吃是一种条件反射，长年的口吃，会强化你的条件反射。但是在紧张的环境下，少说或不说，使口吃的发生概率降低，口吃的条件反射就会逐渐淡化，最后消失。该方法并不是要你不说话、少说话，恰恰相反，你需要经常跟人交流，多倾听，只是在紧张或预期口吃的时候，适当少说而已。

（6）药物治疗。对于焦虑明显患者可以服用地西泮等抗焦虑药物，帮助减轻焦虑情绪，放松肌肉，加强言语训练效果。

二、运动技能障碍

（一）运动技能障碍的定义

运动技能障碍，也称为运动协调障碍和运动障碍，是一种常见的儿童疾病。患有这种疾病的儿童，相关症状包括：视觉空间能力障碍、无法回忆或计划、复杂运动困难等。该儿童早期的运动技能发展延迟，主要表现为坐不起来和行走困难。在生活中，该儿童通常表现为笨拙或健忘，如：无法判断空间距离，无法使用杯子或其他餐具，不会关水龙头或灯，手眼协调能力较差，难以学会握笔写字等。由于功能受损，无论是在学校，还是在日常生活中，行动都会比较困难。患有这种疾病的儿童可能会出现社交障碍或学习障碍等问题。

（二）运动技能障碍的特征

1. 身体特征

（1）运动时显得笨拙或不协调。可能会撞到物体，弄洒液体或碰翻物体。

（2）粗大运动技能、精细运动技能障碍或两种兼有。

（3）某些特定运动技能发展迟缓，例如骑三轮车或自行车、接球、跳绳、扣纽扣和系鞋带。

（4）运动能力与其他能力有差异。例如，智力和语言能力很强，而运动能力滞后。

（5）存在学习新运动技能的障碍。一旦学会某种运动技能，这种运动可以做得很好，但在其他运动方面仍然表现不佳。

（6）在需要不断变换身体姿势或必须适应周边环境中的各种变化时（例如，棒球、网球）会感到更加困难。

（7）在进行需要协调使用身体两侧的活动（例如，用剪刀、跨步跳跃、挥舞棒球棒或使用曲棍球棒）时会有障碍。

（8）体位控制和身体平衡能力较差，尤其在做需要身体平衡技能的运动（例如，上楼梯、站着穿衣裤）时特别差。

（9）工整书写或一般书写障碍。

2. 情感与行为特征

（1）某些特定活动缺乏兴趣或者逃避，尤其是需要身体反应的活动。

（2）由于在应付他们生活中必需的活动时遇到各种困难，致使儿童表现出较低的挫折耐受力、缺乏自尊和动力。

（3）逃避与同龄人交往，尤其在运动场所。

（4）对自己的表现不满意（例如，擦掉写好的作业、抱怨运动性活动中的表现、对做成的事情有挫折感）。

（5）抵制其日常习惯或环境的变化。

3. 其他普遍特征

（1）在兼顾速度和准确度方面有困难。例如，书写可能很工整，但非常慢。

（2）学业障碍，例如数学、拼写或书面语言，书写不准确、不整齐。

（3）日常生活（例如穿衣、使用刀叉、刷牙、拉上拉链、整理背包）障碍。

（4）难以完成规定时间内的任务。

（5）整理书桌、储物柜、家庭作业或者书写间距有障碍。

如果出现上述特征中的任何一种，并且妨碍孩子顺利参与家庭、学校或社区的活动，那么父母必须带孩子去当地儿童医院或治疗中心寻求健康医护服务。

（三）运动技能障碍的诊断

动作技能障碍的诊断包括症状、体征确定和鉴别诊断等步骤，大致包括如下内容和程序。

1. 诊断症状

诊断症状包括现病史、发育史（尤其婴幼儿期运动能力发展情况）、母孕期、围生期状况、家庭教育环景、儿童的学业成就（阅读、书写和算术能力等）等资料。在对这些儿童采集病史时，需了解其发育过程中，是否曾有精细动作、粗大运动、视觉、适应能力、体育运动方面的异常，并需采用标准的评定方法进行评价。对这些儿童不仅仅评价其动作技能，还必须评价其是否相关或伴随的障碍。

2. 医学检测内容

医学检测内容包括体格检查、神经系统检查，视、听觉、脑电测定，颅脑影像学检查等。

3. 神经心理测验

神经心理测验是在现代心理测验基础上发展起来的用于脑功能评估的一类心理测验方法，是神经心理学研究脑与行为关系的一种重要方法，心理测验评估的心理或行为的范围很广，包括感觉、知觉、运动、言语、注意、记忆和思维，涉及脑功能的各个方面。主要包括霍尔斯泰德-瑞坦神经心理成套测验（Halstead-Reitan Neuropsychological Battery，HRB）、鲁利亚-内布拉斯加神经心理成套测验（Luria-Nebraska Neuropsychological Battery，LNNB）和快速神经学甄别测验（Quick Neuropsychological Screening Test，QNST）。

4. 特异性测验进行评估和评定

（1）动作笨拙测验。动作笨拙的筛查可采用 Denckla 敲指测验和 Peg-Moving 笨拙动作测验。Gubbay 标准化测试可以用来评定笨拙程度。

（2）偶然动作测验。通过 Fog 测验和 Wolff 等采用的联带动作过程筛查方法可进行诊断和筛查。

（3）运用障碍测验。动作熟练测验是常用于运用障碍的测试方法。让儿童模仿手的不同姿势、做手势活动和用正常方法使用实际物品（如钢笔、茶杯），可以用来测试是否存在运用障碍及其严重程度。

（4）特殊技能运用障碍测验。通过观察书写可以测试书写不能的问题。采用 Bender-Gestalt 测验让儿童模仿绘画。模仿建筑设计可以测试建构障碍问题。应用 Reynell 发育性语言量表筛查运动性语言障碍。

（5）神经软体征测验。可以采用神经软体征检查和神经检查量表或儿童神经系统微体征检查进行筛查。EXAMINS 检查包括数数、视力测试、语言测试、眼震、眼睛对称性、手控制力、手臂和腿的交叉控制、左右自我定向、对检查者的左右定向、双侧手刺激、面-手定位、手指定位、皮肤书写觉、立体觉、联带动作、手指鼻试验、轮替动作和被动头转动等内容。

（6）南加州感觉统合测验。南加州感觉统合测验分为 4 项测验：空间测验，旨在评价知觉速度和空间想象力；南加州动作准确性测验，一项测量细微动作辨别和手—眼准确性的客观工具；南加州触觉和动觉测验，包括六项子测验，旨在评价儿童身体器官引发的知觉失调状况；南加州图形—背景视知觉测验，旨在评价个体从背景中选取图形的能力。南加州感觉统合测验是用于评价儿童的感觉统合和运动功能异常的有效工具。

（7）其他测验。可选用儿童能力测验、运动觉敏感测验、轻微神经功能障碍检查、粗大运动测验、运动 ABC 测验以及龚耀先编译的快速神经学甄别测验等工具评定运动技能障碍。上述动作技能障碍测验是一些代表性的诊断工具，在选取诊断运动技能障碍的测验时，须依据患儿个体在日常活动中的具体动作障碍表现，根据儿童的具体情况灵活选择恰当的工具。判断结果时，应参考年龄、性别、智力、合作程度、个体成熟水平和环境背景等。

5. 运动技能障碍的两种诊断标准

（1）美国《精神疾病诊断统计》（第 4 版）的运动技能障碍诊断标准。

1）生活的运动协调能力低于正常同龄儿，表现为明显的运动迟缓，如行走、爬行、独坐、投掷方面，还有体育运动表现笨拙、书写能力差等。

2）其中的运动障碍明显影响到学业成绩或日常生活。

3）这种运动障碍不是由全身疾病引起（如脑瘫、偏瘫或肌肉萎缩），也不符合全身性发育性疾病。

4）智力障碍引起的运动困难不包括在此类疾病中。

（2）《中国精神疾病分类与诊断标准》（第3版）的运动技能障碍诊断标准。

1）精细技巧，粗大动作的运动协调能力明显低于同龄儿童水平和其发育应有的水平。

2）智力正常或基本接近正常。

3）不是由于听视觉缺陷、神经系统疾病、肌病或关节疾病所引起。

（四）运动技能障碍的干预训练

运动技能障碍的干预训练内容包括：协助儿童在家庭、学校或社区完成任务的各种策略或者调节；调整儿童的环境；促进体育活动和增强参与意识的方法；指导如何挑选与孩子的兴趣和能力相匹配的社区休闲和体育活动。

1. 在家里的干预训练

（1）鼓励孩子参加感兴趣的游戏和运动，可以让他们接触各种运动，并在其中得到锻炼。应该强调的是体育活动的参与和享受，而不是精通或竞赛。

（2）在要求孩子参与团队活动之前，尝试私下给孩子介绍新的体育活动或带他们到新的运动场地适应。在孩子没有集中精力做运动时，努力让孩子复习与活动有关的规则和程序（例如，棒球规则、足球的玩法）。向孩子提出简单问题，以确保他们理解了有关概念（例如，"你击球的时候如何做？"）。在特定时间进行个别辅导，有助于教导他们一些特殊技巧。

（3）孩子可能表现出偏爱个人运动并在这些项目上表现较好（例如，游泳、跑步、骑自行车、滑雪），而不太喜欢集体运动。假如是这种情况，应尽量鼓励孩子参与其他可能获得良好结果的活动（例如，音乐、戏剧或艺术），并与同龄孩子互动。

（4）鼓励孩子穿容易穿上和脱下的服装上学。例如，运动裤、运动衫、T恤衫、紧身裤、毛线衫和尼龙搭扣鞋。如果可能，用尼龙搭扣代替纽扣、按扣或鞋带。在您有足够时间和耐心时（例如，周末或暑假期间），教孩子学会如何使用难用的扣件，而不要在您急于出门时做这件事。

（5）鼓励孩子参加一些能帮助改善他们计划和组织运动任务能力的实践活动。例如，准备饭桌、做午餐，或者整理背包。提出帮助孩子集中注意活动顺序的问题（例如，"你需要先做什么？"）。如果孩子感到受挫，应该提供帮助或给出具体指导和说明。

（6）认识并加强孩子的实力。许多患儿在其他方面展现出很强的能力，如他们可能具有很高的阅读水平、创造性的想象力、对他人需要的敏感性和很强的口语交流技能。

2. 在学校的干预训练

教育工作者和家长可以协同工作，确保运动技能障碍患儿在学校体验到成功。家长发现，在学年开始时约见教育工作者，讨论孩子的特殊困难并就行之有效的策略提出建议，是一种有帮助的做法。对有些儿童，可能需要采用个别教育计划；通常，下列做法对其他患病儿童来说就已经足够了。

（1）在教室中的干预训练。

1）保证儿童坐姿正确。确保课桌高度合适，儿童双脚平放在地板上，双肩放松，双臂舒适地放在书桌上。

2）设定切合实际的短期目标。这样做可以使儿童及教育工作者不断受到激励。

3）给儿童额外时间来完成精细运动的作业，例如，数学作业、工整书写、编写故事、实践性的科学作业以及艺术作品。如果速度是必要的，就不必计较准确性。

4）当抄写不是重点的时候，给儿童提供准备好的作业纸，使他们将精力集中在做作业上。例如，给孩子提供准备好的数学作业纸，已将问题打印好的纸张，或阅读理解问题的"填空"。

5）教会儿童特殊的书写策略，鼓励他们工整书写或始终用一致的方式书写字母。如果有助于儿童改善握笔方式或减小铅笔在纸上的压力，不妨让儿童使用细的魔术记号笔或者握笔器。

6）采用适合于有书写障碍的儿童用的纸张。例如，对于写很大字母的儿童，采用宽格线纸；对于写入线内有困难的儿童，采用有凸起线条的纸张；对于书写太大或字间空格不当的儿童，采用方格纸；对于难以将数学作业中数字对齐的儿童，采用带有大方格的纸张。

7）将重点放在课程目标上。假如课程目标是编写一个有创意的故事，那么就不必介意书写潦草、空格不均匀和多次的涂擦痕迹等。如果课程目标是让儿童学习正确解答数学题目，那么多给儿童一些时间去完成，即便数学问题没有解答出来也无妨。

8）当让儿童展示对某个主题的理解时，应考虑采用各种演讲方式。例如，鼓励儿童口头演讲报告，利用图示表达他们的想法，在电脑上打出故事或报告，或者将故事或考试答案录制在磁带录音机上。

9）在可能的情况下，鼓励儿童口述故事、读书报告，或口头回答教师、自愿者或另一位儿童提出的理解性问题。对年龄大一些的儿童，当他们的声音模式已经成熟和稳定不变时，便可使用语音识别软件。

（2）在体育课上的干预训练。

1）将体育活动分解为较小的部分，保证每个部分有目标并能够实现。

2）选择能确保儿童在至少50%时间内能获得成效的活动，奖励儿童做出的努力而非他们的技能。

3）组合需要两个手臂或双腿协调反应的体育活动（例如，跳跃前行、弹跳和接住大球）。鼓励儿童以主导或协助的形式使用双手来发展技能（例如，使用棒球棒或曲棍球棒）。

4）在教授某种新技能时（例如，将棒球放在T形球架上），应尽可能保持环境的可预测性。在儿童掌握了技能的每个部分后，再逐渐引入变化的内容。

5）应将参与作为主要目标，而非竞争。对健身和培养技能的活动，鼓励儿童与自己本人竞赛，而不是与他人竞争。

6）让儿童在体育活动中担当领导角色（例如，球队队长、裁判），以鼓励他们发展组织或管理技能。

7）改善设备，以降低儿童在学习新技能时受伤的风险。例如，可采用不同尺寸的软球培养儿童接球和投球的技能。

8）如有可能，以手把手的方式指导儿童，帮助他们感受运动。例如，让儿童帮助教师向全班展示新技能。此外，在教授某项新技能时，应大声讲述，清楚地描述每一步要领。

9）将重点放在理解各种运动或体育活动的目的及其规则上。当儿童清楚地理解了他们需要做的，执行一项活动就更加容易了。

10）给出积极和鼓励性的反馈。如果做指导，应特别具体讲清楚动作的变化（例如，"您需要将双臂抬高一些"）。

3. 在社区中的干预训练

（1）鼓励儿童为了娱乐和参与目的，接触体育活动，强调健康和健身。

（2）考虑让儿童参与生活方式体育活动，例如游泳、滑冰、骑车和滑雪，以保持或改善力量和全身耐力。

（3）记住体育活动时对儿童进行额外支持或个别辅导的潜在需要，尤其是必须达到较高技能水平时，更应该注意这些需要。

（4）在进行体育活动时，使用防护器具（如护腕、头盔）确保安全。

（5）协助教练、体育教师和社区负责人了解儿童的实力和困难，以便他们能够支持和鼓励孩子获得成功。

（6）鼓励孩子们参加非运动性的活动，例如音乐、戏剧等各种俱乐部，以积累社会经验并从社会参与和交往中获得更多益处。

课后心理游戏

一、顶球

（一）目的：合作性。

（二）时间：20~30分钟。

（三）材料：两个卷纸筒，或以厚纸做两个纸筒、两个球。

（四）内容：

1. 将球放在纸筒上，小心从一方送到另一方，途中不可跌落。

2. 亦可确定一个目标，将组员分为两组，以接力方式来竞赛。

3. 偶尔也可用大球，另有一番趣味。

二、火箭登陆月球

（一）目的：合作精神。

（二）时间：20～30分钟。

（三）材料：铅笔、白纸（对开画纸，每组一张）、桌子一张。

（四）内容：

1．每组2～4人。

2．在纸中央画一圆形月亮（直径一厘米），其余组员在纸任何一角各画3架火箭作为发射基地。

3．猜拳决定先后次序。猜拳赢的人开始，用左手食指把笔尖竖立在其中一架火箭上，一边说"发射"一边用一只手指按着铅笔的顶部往月球方向滑进。

4．铅笔滑进时在纸上画出线条，就是火箭的前进方向，在线端画上*记号，然后猜拳输的人也以相同方法进行。

5．轮完后进入第二回合，要从*记号开始发射，线条到达月球表示登陆。

6．接着发射第二架火箭，比较哪一位组员及哪一队的3架火箭首先登陆月球。

课后知识巩固

1．如何开展口吃的诊断与矫治？
2．如何开展病理性偷窃的诊断与矫治？
3．如何开展注意缺陷与多动障碍的诊断与矫治？
4．简述学习障碍的症状及分类。
5．如何开展学习障碍的矫治？
6．如何开展言语障碍的干预训练？
7．如何开展运动技能障碍的干预训练？

参 考 文 献

[1] 车文博．心理咨询大百科全书[M]．杭州：浙江科学技术出版社，2001．
[2] 刘文敏，高燕，赵丹．大学生心理健康教育[M]．南京：东南大学出版社，2015．
[3] 苏京，詹泽群．大学生心理健康教育[M]．天津：天津科学技术出版社，2009．
[4] 罗新兰．大学生心理健康教育[M]．杭州：浙江大学出版社，2014．
[5] 杨中焕．大学生心理健康教育[M]．济南：山东人民出版社，2016．
[6] 熊淑萍．让幸福来敲门：高校心理健康辅导与矫治[M]．南昌：江西人民出版社，2015．
[7] 乐国安．社会心理学[M]．北京：中国人民大学出版社，2009．
[8] 林崇德．心理学大辞典：下卷[M]．上海：上海教育出版社，2003．
[9] 巴伦，伯恩．社会心理学[M]．10版．杨中芳，译．上海：华东师范大学出版社，2004．
[10] 司继伟，张庆林．自我意识的心理学研究理论进展[J]．西南师范大学学报（哲学社会科学版），1999（3）：63-68．
[11] 于璐，宋微涛，潘芳．儿童自我概念的发展及影响因素研究进展[J]．中国行为医学与脑科学杂志，2005，14（3）：278-280．
[12] 樊富珉，付吉元．大学生自我概念与心理健康的相关研究[J]．中国心理卫生杂志，2001（2）：76-77．
[13] 范凯．大学生积极自我概念的培养[J]，辽宁教育研究，2006（7）：39-40．
[14] 张松鹤．培养积极的自我概念，维护与促进心理健康[J]．河南教育学院学报（哲学社会科学版），2002（3）：27-29．
[15] 王志华，黄志能．自信的力量[M]．北京：中国言实出版社，2012．
[16] 孙洁．自信的力量[M]．北京：海潮出版社，2002．
[17] 戴维斯．增强自信[M]．冯羽，译．上海：上海科学技术出版社，2003．
[18] 津巴多．津巴多普通心理学[M]．5版．王佳艺，译．北京：中国人民大学出版社，2016．
[19] 吕佳微．儿童自我控制研究概况综述[J]．课程教育研究：学法教法研究，2018（6）：213，263．
[20] 邓赐平，刘金花．儿童自我控制能力教育对策研究[J]．心理科学，1998（3）：270-271．
[21] 谢军．3~9岁儿童自我控制能力的发展[J]．心理发展与教育，1994（4）：30-32．
[22] 谢超．论儿童自我控制能力的培养[J]．四川教育学院学报，2006（6）：7-9．
[23] 卫宇．儿童自我控制研究[J]．四川文理学院学报，2009，19（5）：69-71．

[24] 张野. 3~12岁儿童个性结构、类型及发展特点的研究[D]. 大连: 辽宁师范大学, 2004.

[25] 郭晓慧. 小学生课堂纪律问题及对策研究: 以潍坊市城区某小学为例[D]. 烟台: 鲁东大学, 2013.

[26] 姜月. 小学生自我控制能力培养的实验研究[D]. 大连: 辽宁师范大学, 2009.

[27] 吴秀凤. 小学生自我意识特点与父母教养方式对其影响研究[D]. 南京: 南京师范大学, 2014.

[28] 维尼老师. 内心的重建[M]. 北京: 天地出版社, 2018.

[29] 曹晓鸥, 古淑青, 赵蓬奇. 医务社会工作案例评析[M]. 北京: 中国社会出版社, 2017.

[30] 张卉妍. 重口味心理学大全[M]. 北京: 中国华侨出版社, 2018.

[31] 赵军政. 大学生常见心理问题及典型案例研究[M]. 咸阳: 西北农林科技大学出版社, 2016.

[32] 张伯华, 刘天起, 张雯. 心理咨询与治疗教程[M]. 济南: 山东人民出版社, 2010.

[33] 章志光. 社会心理学[M]. 2版. 北京: 人民教育出版社, 2009.

[34] 张小乔. 心理咨询的理论与操作[M]. 北京: 中国人民大学出版社, 1998.

[35] 俞国良. 社会心理学[M]. 北京: 北京师范大学出版社, 2010.

[36] 张日昇. 咨询心理学[M]. 北京: 人民教育出版社, 2009.

[37] 徐通. 注意缺陷多动障碍治疗的新认识[J]. 中国儿童保健杂志, 2010, 18 (4): 269-271.

[38] KOLLINS S H, MARCH J S. Advances in the pharmacotherapy of attention-deficit/hyperactivity disorder[J]. Biol psychiatry, 2007, 62(9): 951-953.

[39] BROWN R T, AMLER R W, FREEMAN W S, et al.Treatment of attention-deficit/hyperactivity disorder: over view of the evidence[J]. Pediatrics, 2005, 115(6): 749-757.

[40] PLISZKA S R. Pharmacologic treatment of attention-deficit/hyperactivity disorder: efficacy, safety and mechanisms of action[J]. Neuropsychol rev, 2007, 17(1): 61-72.

[41] KIM Y, SHIN M S, YOO H J, et al. Neurocognitive effects of switching from methylphenidate-IR to OROS-methylphenidate in children with ADHD[J].Hum psychopharmacol clin exp, 2009, 24(2): 95-102.

[42] 郑毅. 儿童注意缺陷多动障碍防治指南[M]. 北京: 北京大学出版社, 2007.

[43] STEIN M A, MCGOUGH J J. The pharmacogenomic era: promise for personalizing ADHD therapy[J]. Child adolesc psychiatr clin n am, 2008, 17(2): 475-490.

[44] 耿耀国, 苏林雁, 王洪, 等. 注意缺陷多动障碍儿童团体心理干预效果分析[J]. 中国学校卫生, 2011, 32 (4): 409-411.

[45] 郭长胜, 张浩然, 王微, 等. 儿童注意缺陷多动障碍中西医治疗进展[J]. 医学综述. 2022, 28 (14): 2833-2837.

[46] 王琛，李亚平．儿童注意缺陷多动障碍的非药物治疗进展[J]．中国学校卫生，2021，42（9）：1426-1430．

[47] 夏莹莹，吕莹波，吕兰秋．儿童注意缺陷多动障碍的研究进展[J]．现代实用医学，2023，35（2）：270-272．

[48] 王玉琴，张微．儿童注意缺陷多动障碍心理治疗研究进展[J]．中国学校卫生，2011，32（3）：382-384．

[49] 李友明，李诚．学前心理学[M]．北京：现代教育出版社，2015．

[50] 沈晓明，桂永浩．临床儿科学[M]．2版．北京：人民卫生出版社，2013．